【作者简介】 李霞，南京大学哲学博士，安徽大学哲学系主任、教授、博士生导师，安徽大学方东美研究所所长，安徽大学中国传统文化研究院副院长，安徽省学科带头人。长期从事中国哲学与宗教学的教学与研究，主要研究方向为道家哲学、佛教哲学及儒佛道关系研究。

主要学术职务：教育部哲学专业教学指导委员会委员、全国老子道学文化研究会副会长、中国哲学史学会理事、中国现代哲学史学会常务理事、安徽省炎黄文化研究会副会长、安徽省哲学学会常务理事、安徽省赵朴初研究会常务理事、安徽省朱子研究会常务理事、安徽人文讲坛讲席教授、涡阳县老子文化研究开发高级顾问，黑龙江大学中国哲学专业博士生导师。

主要社会职务：中国民主建国会中央委员、民建安徽省委副主委、安徽省政协常委、安徽省政协民族与宗教委员会副主任、安徽省人民检察院特邀检察员。

主要学术成就：主讲本科生、硕士生和博士生课程十余门；主持和参加国家级、省部级、教育厅以及横向合作项目共十余项；发表学术论文 80 余篇，其中多篇获省部级奖；出版学术专著《道家与禅宗》、《中国宗教》、《生死智慧——道家生命观研究》、《道家与中国哲学》(明清卷)、《圆融之思——儒道佛及其关系研究》；出版合著《中国理学大辞典》、《安徽文化史》等，其中作为骨干成员参与完成的六卷本《道家与中国哲学》获安徽省第六届社会科学优秀成果一等奖、第二届国家图书奖。

作者在马来西亚参加国际学术会议时留影

佛语人生

李霞/著

安徽大学出版社

图书在版编目(CIP)数据

佛语人生/李霞著.—合肥:安徽大学出版社,
2008.4

ISBN 978-7-81110-433-2

Ⅰ.佛… Ⅱ.李… Ⅲ.佛教—人生哲学—通俗读物
Ⅳ.B948-49

中国版本图书馆CIP数据核字(2008)第055753号

佛语人生 李霞 著

出版发行	安徽大学出版社	**经　销**	新华书店
	(合肥市肥西路3号 邮编230039)	**印　刷**	中国科学技术大学印刷厂
联系电话	编辑部0551-5108272	**开　本**	670×970　1/16
	发行部0551-5107784	**印　张**	17.25
电子信箱	ahdxchps@mail.hf.ah.cn	**字　数**	208千
责任编辑	程忠业	**版　次**	2008年12月第1版
封面设计	孟献辉	**印　次**	2008年12月第1次印刷

ISBN 978-7-81110-433-2　　**定价 29.50 元**

目 录

自 序 …………………………………………………………… 1

上篇 人生之梦的剖析

第一章 人生如梦 ……………………………………………… 3

一、人生如梦 ……………………………………………… 3
二、人生之梦是一场戏剧 ………………………………… 6
三、人生之梦是一次旅行 ………………………………… 8

第二章 人生之梦的形成 ……………………………………… 15

一、心识在宇宙万法中的地位 ………………………… 17
二、心识的作用与人生之梦的形成 …………………… 23

第三章 主体的虚假性 ……………………………………… 32

一、人从何处来 ………………………………………… 32
二、人的本质是什么 …………………………………… 37
三、觉者的忠告:当悟身空 ……………………………… 47

第四章　环境的空幻性 …………………………………… 50

一、人类的生存环境:三千大千世界 …………………… 50
二、人类环境的结构:世俗世界与佛国净土 ………… 53
三、人类环境的产生:法的缘起 ………………………… 59
四、人类环境的本质:法的空幻性 …………………… 65

第五章　梦境的痛苦性 …………………………………… 75

一、王子的体悟 …………………………………………… 75
二、生老病死苦 …………………………………………… 77
三、爱离怨会苦 …………………………………………… 85
四、欲求不得苦 …………………………………………… 88
五、三受皆苦 ……………………………………………… 92

第六章　人生之苦的根源:贪爱与无明 ……………… 97

一、人生的因果链条 ……………………………………… 98
二、善恶之业各有报 ……………………………………… 103
三、人生流转的过程:十二因缘 ……………………… 109
四、人生之苦的根源:贪爱与无明 …………………… 113

下篇　人生之苦的解脱

第七章　苦海无边　回头是岸 ………………………… 123

一、梦破人应醒 …………………………………………… 123
二、梦破了,生命尚存,生活还在 ……………………… 130
三、调整人生之舟的航向 ……………………………… 135

第八章　人生解脱　主宰在我 …………………………… 142

一、解脱的可能性:佛性常存 …………………………… 143

二、解脱的普遍性:佛性遍在 …………………………… 148

三、解脱的自主性:佛性本有 …………………………… 154

四、人生之路有两条,看你往哪儿走 ……………………… 160

第九章　信仰与正观 …………………………………………… 166

一、信仰与解脱 …………………………………………… 167

二、正观与解脱 …………………………………………… 174

第十章　道路与方法 …………………………………………… 190

一、三十七道品 …………………………………………… 191

二、戒、定、慧三学 ……………………………………… 199

三、六度 …………………………………………………… 213

第十一章　智慧与觉悟 ……………………………………… 221

一、五花八门的佛教智慧 ………………………………… 222

二、菩提觉悟 ……………………………………………… 230

第十二章　现世解脱　现世成佛 …………………………… 240

一、解脱就是生于斯世、超于斯世 ……………………… 241

二、解脱就是活得不累、活得自在 ……………………… 249

三、千佛万佛不是佛 ……………………………………… 253

四、佛在世间,佛在心中 …………………………………… 259

后　记 ……………………………………………………………… 265

自 序

随着一声清脆的啼哭，一个生命降生了。来到这陌生的人间以后，他要慢慢熟悉身边的人，慢慢了解周围的事，慢慢接受眼前的世界。他会抬起脚一步一步往前走，从幼儿走向少年、从青年走向中年、从老年走向暮年，然后再回到他所由来之处。在这期间，他有喜悦、有幸福、有收获、有成功，也有悲伤、有烦恼、有失落、有挫败。他希望自己的人生只有前者而无后者，然而事实上却不可能。于是，他不解，他困惑，他反问自己：人生为什么会如此？人生究竟是怎么一回事？我该怎样度过一生？……这些就是所谓的人生问题。

一个人有这样的问题，千千万万个人同样有这样的问题；凡人会出现这样的困惑，伟杰也不例外。于是，这些问题便构成了一个具有普遍意义的问题——哲学问题。

有问题，便会有人去反思、去探讨、去求索。古今中外，有多少文人雅士在咏叹人生之调、又有多少往圣先哲在追索人生之路！中国古代有高唱“路漫漫其修远兮，吾将上下而求索”之壮歌的屈原，西方古代亦有终身自省、至死不忘“认识自己”的苏格拉底；中国古代有矢志塑造“富贵不能淫，贫贱不能移，威武不能屈”之大丈夫品格的孔孟，西方古代同样有试图以人类之理性构筑一个理想世界的柏拉图；中国人发出过“对酒当歌，人生几何”的叹息，西方人也曾有过“人生如悲剧”的伤感；中国人有过“老夫聊发少年狂”的浪漫，西方人也有“人是万物之尺度”的豪情。这些深沉的或浪漫的人生感悟、这些低落的或高昂的人生格调、这些求善的或求美的人生境界，便构成了人类理性思维的结晶——哲学大厦的一部分，这就是我们所说的“人生哲学”。

不同的人有着不同的人生态度，不同的文化会滋生不同的人生哲学。就在上述中西文人雅士和往圣先哲孜孜追求人生之路的同时，在古印度这块神秘的土地上，也有一位神秘而又真实的伟人在进行着同样的甚至是更艰难、更执著的追求，他就是佛教创始人释迦牟尼。

释迦牟尼原名悉达多·乔答摩，本是古印度迦毗罗卫国的王子。按照常规，他原本可以像历史上绝大多数王子那样，继承父业，君临天下，手握重权，享尽荣华。若是这样的话，悉达多便永远只能是悉达多，而绝不可能成为千万个乃至千万代人崇奉的释迦牟尼。然而，悉达多没有选择这条常人趋之若鹜的人生之路，而是走上了一条天下最艰难、最辛苦的人生轨道。这一轨道的开启始于他的沉思。尚在青少年时代，这位天生伟岸而又充满仁心的王子即养成了沉思的习惯。农夫的艰辛、耕牛的血汗会引起他的沉思，人世间的纠葛、禽兽间的厮杀也会引起他的沉思；人的降生与衰老会引起他的沉思，人的疾病与死亡更会引起他的沉思。他沉思着人为什么会有生老病死之苦、人间为什么会有这么多的纷纷争争；他沉思着人如何才能从这些痛苦中解脱起来，人类又如何才能走上和平之路。从古书上，他找不到答案；在宫廷中，他理不清头绪。于是，他抛下古书，离开宫廷，告别美丽的王妃和富贵的生活，丢弃本属于他的倾国的权力和财富，毅然出家了。

悉达多出家后，来到一片树林中苦修。这期间，他餐风饮露，食草卧薪，受尽了风霜雪雨的洗练、酷暑严寒的煎熬以及野兽蚊虫的侵害，他刚健的体魄被折磨得瘦弱不堪、奄奄一息。这样的苦行，他整整修了六年！然而，六年过去了，人生解脱之道究竟在哪里？他仍然是茫无所知。这时，他猛然醒悟到自己走错了路，认识到苦行并不能使他走上解脱之道。因此，他果断地放弃了这种苦行，决心重新寻找一条解脱之道。于是，他跳进尼连禅河洗了个澡。六年积垢，一朝洗去，他感觉一身轻松。在饮下了一位牧女献上的奶汁后，他又恢复了元气，增加了体力。这时，他端坐在一棵毕钵罗树下，静静地思索着，思索着人生的本质和究竟，思索着人生解脱的道路与方法。思索中，时间的间隔在他眼前消逝，空间的藩篱在他脑中化解。他用明净的双眼寻找着众生过去、现在与未来之间的联系，用智慧的大脑求索着众生从地狱来到人间、从此岸通向彼岸、从世俗世界走向佛国净土的道路。终于，他找到了这种联系，他求出了这条道路！与此同时，他的身份也发生了根本变化：由过去的悉达多变成了现在的释迦牟尼，由过去的王子变成了当下的佛陀，由过去的储君变成了眼前的佛教始祖！

也许有人会问，释迦牟尼当时究竟悟出了什么道理而能使他的身份发生如此重大的变化？应该说，无论是站在佛教立场还是站在世俗文化的立场来看，他悟出的道理都的确具有划时代的意义。因为他悟出的不是关于某一问题的小道理，而是关于整个人生的大道理，是关于人生的本原和本质问题的道理，是关于人生解脱的道路与方法的道理。这个道理就是“四圣谛”。

“四圣谛”是指四种人生真理，即苦谛、集谛、灭谛、道谛。它们揭示了人生之苦的本质，挖掘了人生之苦的根源，指出了灭除诸苦的途径以及灭苦后的境界。它们的展开则构成了佛教人生哲学的完整体系。

“苦谛”展示了人生的本质与状况。佛教认为，人生的本质为苦，人生的状况是诸苦相续。任何人的一生都要经受无尽的苦难，诸如生苦、老苦、病苦、死苦、爱别离苦、怨憎会苦、求不得苦，等等。人生如海，海水的味道是苦涩的。众生就浸泡在这个苦海中，时时品尝着海水的苦味，日复一日，年复一年。有的人是清醒地品尝着，他本不想品尝，却又无可奈何；有的人则是糊里糊涂地喝了一肚子苦水，到头来尚不自知；也有的人原本可以少喝些苦水，可他非要多渴。俗话说，人生的真味是三分甜，七分苦；佛教说，七分苦是真的，三分甜则是假的，因为甜中亦有苦。

那么，苦从何处而来呢？“集谛”回答了这一问题。它指出，人生之苦的形成有很多原因，但主要的根源是众生的“贪”、“嗔”、“痴”，佛教谓之“三毒”。“贪”即贪得无厌，“嗔”指怨憎意识，“痴”指愚痴无明。人人都有贪得之欲，人人都产生过怨憎之心，人人也都做过愚痴之事；而贪得之欲会引来烦恼，怨憎之心会使人痛苦，愚痴之事会招致灾祸。因此，众生降临人世之后，品尝人生之苦是不可避免的。

如此看来，难道说人生之苦是无法摆脱的，众生只有长沉苦海永远也不得解脱吗？在佛教来说：绝非如此！众生原本可以不入苦海、不尝苦水；已入苦海、已尝苦水者，也并非永远不能上岸，而是完全可以拥有另一块生存天地、另一种生存状况、另一番生存境界。这就是涅槃境界、解脱境界、“常乐我净”境界——这便是“灭谛”的主要内容。

那么，这种境界如何达到？佛教认为，这要靠信仰、靠修行、靠智慧、靠觉悟。信仰的对象不应是旁门邪教，而应是佛教真理；修行的方法不应是苦修苦行，而应是“八正道”，即正见、正思、正语、正业、正命、正精进、正念、正定；依靠的智慧不是俗智俗慧，而是般若智慧；企求的觉悟不是小觉小悟，而是大觉大悟。一旦大觉大悟，便能跳出苦海，步入涅槃，便会断除诸苦，快乐永恒。

简言之，在佛教人生哲学体系中，“四圣谛”中的前二谛揭示了现实人生的本质及其根源，后二谛则指明了理想人生的境界与途径。就现实状况来说，人生是苦，苦源自“心”，源自心中的无明贪爱；而由心中的无明贪爱所制造的人生之苦以及整个人生，归根到底又只是一场梦，所谓“人生如梦”。何以言此呢？佛教指出，因为人生的主体是虚假的，人生的环境是空幻的，人生的内容是多变的，所谓人生不过是虚假的主体在空幻的环境中所做的一件件变动不居之事的聚合体，这些事的形成过程就构成了一场场梦。倘若这梦是甜蜜的，那也就罢了；可这梦偏偏是苦涩的。人人都不想吃苦，因而人人都想从梦境中醒来。遗憾的是，很多人挣扎了一辈子，也仍然醒不过来。两千多年前的那位古印度王子正是悲悯于天下众生之苦，才以自己的巨大牺牲为代价而创造出一套人生解脱之道。他指出，众生要想从梦境中醒来，要想从苦海中跳出来，就必须了悟人生的究竟，掌握解脱的方法。而他认为自己所创立的佛教正是通过向人们介绍一套人生觉悟之理与解脱之方法而架起了此岸与彼岸、现实与理想、苦海与佛国之间的桥梁；人们只要踏上这座桥梁，就能由此岸走向彼岸、由现实进到理想、由苦海跳入佛国。

主要由“四谛”说所构成的这套佛教人生哲学虽产生于过去、流行于过去，但它的影响却并未终止于过去。从人生实践上说，古人会做梦，今人同样会做梦，有的梦比古人之梦更聪明，而有的梦则比古人之梦更糊涂；古人有烦恼、有迷惑、有痛苦，今人的烦恼、迷惑与痛苦可能比古人更多；古人梦醒时分的到来需要有大师的开示和智者的指点，今人的醒悟岂不同样需要良师益友的点拨和真知灼见的启迪？良师益友者，并不限于现实生活中的老师和朋友，亦应包括早已逝去的智者与哲人；有真知灼见者，也不仅仅存在于现代的高科技中，而是同样存在于那些线装古书、那些光辉灿烂的古代文化中。而在众多的往圣先哲中，被人们视为世界第四大名人之一的释迦牟尼理应得到人们应有的重视；在数不清的线装古书和无比丰富的古代文化中，佛教的典籍、佛教的文化亦应有其独特的位置。释迦牟尼当年的谆谆教导、佛教文化中的人生哲理在今天并非全无价值。当你春风得意、事事顺心的时候，当你穷愁潦倒、倍感失落的时候，当你遭遇挫折、一蹶不振的时候，朋友，你不妨坐下来翻开佛祖禅师的语录读上一二页，相信你狂热的心绪会慢慢平静下来，你失衡的心态会重新平稳起来，你冷暗的心灵也会感觉到一丝光亮、一息热气。尽管其中不全是真理、不全是精华，但也绝非毫无真理、毫无精华。究竟哪些是真理、哪些是谬误，哪些是精华、哪些是糟粕，还要靠你自己去鉴别。

李　霞

2006年10月于幽兰书屋

上篇

人生之梦的剖析

第一章

人生如梦

顿觉了，如来禅，六度万行体中圆。梦里明明有六趣，觉后空空无大千。

——《永嘉证道歌》

一、人生如梦

中国禅宗有一位著名禅师名叫方会，他说过这样几句话："释迦老子说梦，三世诸佛说梦，天下老和尚说梦。且问诸人，还曾作梦么？若也作梦，向半夜里道将一句来。"（《杨岐方会和尚语录》）我们知道，释迦牟尼、三世诸佛、天下和尚说的原都是关于人生解脱的大道理，方会作为一代名师，为何却道他们是在说梦呢？其实，道理很简单。因为在佛教看来，人生原本就如梦，就是梦。

说到梦，人人都不会陌生；说到人生，人人也都曾经过或正在经历着。至于这两者之间的联系，醒着的人已经明了，而睡着的人并不全知。不过，不管是明了还是不知，这两者之间的联系毕竟存在着。

每一种生灵来到世间以后都要度过自己的一生，作为万物之灵的人所度过的一生便是人生。每个人的一生都与“梦”有着不解之缘，因为每个人都会做梦，既会做自然的生理学意义上的梦，也会做人生的哲学意义上的梦。并且，几乎每个人在一生中都做过无数的梦：美梦、噩梦、甜蜜的梦、苦涩的梦、憧憬的梦、怀旧的梦、令人发笑的梦、让人流泪的梦……梦是什么？用科学术语来说，梦是人们在睡眠状况下局部大脑皮层仍处于兴奋状态时所表现的一种现象。就是说，它是人们在既不完全清醒而又并非完全不清醒的状态下所发生的现象。人生现象亦情同于此：它也是人们在既不完全清醒而又并非完全不清醒的状态下所作所为的一份记录。同自然之梦一样，这份有关人生之梦的记录既有美好的部分，也有遗憾的成分；既有令人发笑的东西，也有让人流泪的故事，甚至还有令人啼笑皆非的内容。自然的梦，有的人醒来了还想再接着做下去；而有的梦，人们却希望从来不曾做过。同样，有的人生之梦让人流连忘返，而有的人生之梦却令人毛骨悚然。自然的梦不全是偶然产生的，而是必然性与偶然性相结合的产物，现代心理学甚至更强调其中的必然性，弗洛伊德对梦的看法即是如此。他认为：“梦的内容在于愿望的达成，其动机在于某种愿望。”(《梦的解析》)同样，人生之梦也是由某种愿望促成的。作为一个有意识、有意志的人，他的任何梦想都不是无缘无故产生的，而是代表了一种愿望或欲求。如此说来，人生与梦确是极为相像。难怪人们常说：“人生如梦。”

正因为在生活中有了人生如梦的体验与感慨，那些文人学者才从这种体验与感慨中得到了丰富的创作与思索的素材或主题。请看历史上有多少文人雅士在咏梦吟梦、感梦叹梦！文人笔下的梦固然不乏豪放豁达的情感，但更多的还是表达了人生的无奈与悲凉。“世乱遭飘荡，生还偶然遂。邻人满墙头，感叹亦嘘唏。夜阑更秉烛，相对如梦寐”（杜甫《羌村三首》），这是杜甫对战乱年代流亡生活的感叹；“夜深忽梦少年事，梦啼妆泪红阑干”（白居易《琵琶行》），这是白居易对下层人民不幸人生的写照；“梦里不知身是客，一晌贪欢”（李煜《浪淘沙》），这是李煜对国破家亡之境遇的叹喟；“人似秋鸿来有信，事如春梦了无痕”（苏轼《寻春》），这是苏轼对世事人生的禅悟；“二十余年如一梦，此身虽在堪惊”（陈与义《临江仙》），这是陈与义对人生无常的感慨；“梦魂纵有也成虚，那堪和梦无”（晏几道《阮郎归》），这表达了多少凄婉之情；“眼前名利同春梦，醉里风情敌少年”（刘禹锡《春日书怀》），这虽表现了刘禹锡的豁达，但其中也不乏几分伤感。至于“南柯之梦”、“黄梁之梦”、“红楼之梦”，更是使人在梦境中得意适意，在梦醒后徒然感伤。

不惟常人感叹人生如梦，不惟文人唱吟往事如梦，即使是具有深邃的理性思维和深沉的理性精神的佛教也认为：人生如梦。它似有而无，似无而有，真真假假，虚虚实实，它的复杂多变有时让人觉得不知自己究竟是在梦中还是在醒着。中国佛教天台宗的著名大师智𫖮说过这样一段话：

> 当知有而不有，不有而有，惑心尚尔，况不思议一心耶？又如眠梦见百千万事，豁寤无一，况复百千。未眠不梦不觉，不多不一。眠力故谓多，觉力故谓少。庄周梦为胡蝶，翾翔百千，寤知非蝶，亦非积岁。无明法法性，一心一切心，如彼昏眠，达无明即法性，一切心一心，如彼醒寤云云。又行安乐行人，一眠梦初发心，乃至作佛坐道场转法轮度众生入涅槃，豁寤只是一梦事。（《摩诃止观》）

这是说，世间万法万事犹如梦境一般，人在做梦时觉得梦境中的一切都是真实的；及至醒悟过来后，才知一切皆空。即使是佛教生活的一切内容，诸如修作佛、坐道场、转法轮、度众生、入涅槃等等，这些“佛事”若用佛教本身的空观来衡量，原来都是一“梦事”。不仅佛事如梦，人生的一切行事也都似梦。在佛教看来，人生的一切内容，不管是竖着看还是横着看，都是一场梦。什么叫做人生竖着看是一场梦？人生竖着看是一场什么样的梦，横着看又是一场什么样的梦？如果有人对佛教这种抽象的说法不太理解，那么，我们先试着用一种世俗的语言把它重新表述一下，这就是：横着看（即从空间上看），人生之梦是一场戏剧；竖着看（即从时间上看），人生之梦是一次旅行。

二、人生之梦是一场戏剧

每一出戏都要由不同的角色构成，每一个角色都要有人扮演。每个人的人生之梦就是一场戏，这场戏中的每一角色都是由他（她）自己扮演的。他（她）要扮演儿女、孙辈，也要扮演父母、祖辈；他（她）要扮演丈夫或妻子，又要扮演上司或下属；他（她）还要扮演君子或小人或是亦君子亦小人，要扮演英雄或凡夫或是亦英雄亦凡夫……每个人在一生中都要扮演这些角色，至少是其中的一部分。人们在上演这场人生之戏时，有的角色与他（她）的“本我”正相吻合；如此，他（她）在演戏时便可直率地演、动情地演、忘我地演。而有的角色与他（她）的“本我”正相冲突；如此一来，他（她）演这场戏就很费脑筋了，必须巧妙地演、精心地演、费尽心机地演，以免把自己的本来面目暴露了出来而把戏演砸了。不管他（她）本人与角色是不是一回事，既然扮演了某一角色，就必须演得逼真、演得精彩、演得动人。于是，人们为了扮演好某些角色，为了演好人生这场戏，必须用尽体力、智力和精力，必须榨尽自己身上的每一滴血，直至枯槁。

绝大多数人在一生中都要扮演“上司”或“下属”这一角色，扮演这对角色并不轻松。扮演“上司”的时时要想着怎样管好下属，怎样使下属听话，以及怎样保住自己的位子和权利，不让下属越权。扮演“下属”的也整天要观察上司的所恶所好，以便避其所恶、投其所好，他思忖着如何才能迎得上司的欢心和宠信，进而谋划着如何使自己也爬上领导的宝座，扮演“上司”的角色。“上司”与“下属”，这其中的任何一个角色扮演不好，都会影响自己的前途，甚至危及自己的政治生命，因而每一个扮演者都是忧心忡忡，小心翼翼。并且，不少人还会同时扮演“上司”与“下属”这两个角色，对自己的上司来说，他是下属；对自己的下属来说，他又是上司。这出戏若是演砸了，他不但“上司”的角色演不成了，恐怕就连“下属”这一角色也会演得灰溜溜的。如此演戏，能不累吗？

在所有角色中，扮演“父母”是最难的了。因为扮演这一角色的人，他们所要面对的是自己最亲最爱的人，他们所要保护的生命比自己的生命更重要，他们要把自己的心血一点一滴地注入子女的生命中，直到注完为止。子女的健康、成长、发展、前途，以及生理、心理、情感的变化均时时困扰着他们，使他们没有一刻休闲之时。子女刚到人世，父母担心他们是否会健康长大；子女长大了，父母又会担心他们上学时是否会取得好成绩；子女考上了大学，父母又担心他们将来是否能找到一份理想的工作；子女工作了，父母则又担心他们能否找到一个称心的伴侣；子女成家了，父母还在担心，担心他们是不是幸福、会不会吵架，担心他们的衣食住行，担心他们的孩子……总之有担不完的心。在人生舞台上的所有角色中，没有比扮演“父母”这一角色更让人辛苦、更使人劳累的了。然而究竟有几人能免于扮演这样的角色呢？这不是谁在强迫谁扮演，而是几乎所有的人都自愿套上这根绳索的。

从横向来看，每个人就是由这众多的“角色”再加上他的“自我”构成的，而有些人根本就没有“自我”，他仅仅是不同角色的聚合体。人生就是由这些角色所组成的一出戏。人们在演这出戏时，有的将某一角色演得很精彩，对另一些角色则无暇顾及，从而使这出戏虽有精彩之处，但总体上却残缺不全；有的想将所有的角色都演好，但终因心力有限，结果什么都没有演好，从而使这出戏没有一点精彩处，从头到尾都很平淡，没有高潮；而有的人对任何角色都抱着应付的态度，敷衍了事，得过且过，结果他所演的这出人生之戏成了真正的游戏。精彩也好，平淡也罢，每个人的人生之戏或许都有欢乐之时，有某些喜剧色彩；但同时，每一出人生之戏也一定都有悲伤痛苦之处，有某些悲剧成分，只是每出戏的悲喜比例不等而已。然而真正可悲的是，很多人对自己人生之戏中的喜剧成分与悲剧成分、可喜可乐之处与可悲可哀之处并不了解，可喜可乐之时不知喜不知乐，可悲可哀之时不知悲不知哀。因为每个演戏的人都是当局者迷，很少有清醒的时候。人们在上演自己的人生之戏时就如同一个睡眠中的人在做梦一样，演戏者迷惑，观戏者清醒，而观戏者又没有办法让演戏者也意识到自己的成功与失败之处。并且，每一位观戏者在观看别人演戏时是清醒的，但在演自己的人生之戏时又变得迷惑起来了。如此一来，天下便很少有真正清醒的人了。这就在“人生如梦”与“人生如戏”之间划了等号。

三、人生之梦是一次旅行

每个人都有过旅行的经历，每一旅行都有其目的地。要到达这一目的地，就必须走过一段或长或短的路程。这段路程可能比较平坦，也可能比较坎坷；可能比较直，也可能比较弯。但不管是平坦还是坎坷，是直还是弯，一个人要去旅行，要到达目的地，就必须走过这一路程。

人生也是一次旅行。所不同者，对于主体来说，一般的旅行具有可选择性，即究竟是不是要旅行、应不应该旅行，其主动权大多掌握在某一主体手中，他可以选择去，也可以选择不去。而人生之旅则不同，一个人只要来到了人世间，他就必须进行一次或长或短的旅行。某一生命的诞生这一事实本身就决定了该生命对于其人生之旅的无可选择性。他没有选择的主动权，他的人生之旅的必然性是由其父母决定的。早在他的父母双双结合的一瞬间，就决定了他这一未来的小生命必然要经历一次人生的旅行，除非这一生命尚未诞生就已夭折。难怪有些人在人生之旅中遇到坎坷时会报怨父母说："你们当初为什么要生我！"而另一些在人生的旅途上饱尝欢乐与甜蜜的人则会对父母感激涕零，感激他们给了自己一个可享受人生之乐的生命。

其实，不管每个人的人生之旅有何不同，若仅仅从父母赋予自己生命这一原初意义上说，我们对父母既不应报怨，也不必感恩。因为从原初意义上说，父母仅仅给了我们生命，至于这一生命如何去行走其人生之旅以及会有一次什么样的人生旅行，这种决定权则主要是在我们自己手中。如果这一旅行不顺利，那么我们没有理由去责怪父母，因为路毕竟是自己走的，旅行目的地也是自己定的。反过来，如果自己的人生之旅非常顺利，我们也不必去感谢父母当初所给予我们的生命。因为一般来说，父母的结合并非仅仅为了创造某一生命。高层次的两性结合，其派生的生命是爱情的结晶；低层次的结合乃至于苟合，其派生的生命是动物本能的产物；层次不高不低的大多数男女两性的结合，其派生的生命是生物繁衍的自然规律起作用的结果。在这些不同种类的两性结合中，绝大多数都是要派生新生命的。至于他们的结合所派生的生命究竟是个什么样子，那则是偶然的，在此时此地派生的生命是这个样子，在彼时彼地派生的生命又是那个样子。也就是说，父母的结合所派生的生命并不一定就是"我"这个样子，也有可能是"他"那个样子。所以，仅仅就给予生命这一点来说，不管"我"这一生命的情形如何，也不管以后会有一次什么样不顺利的人生之旅，"我"都没有理由报怨父母；同样，不管"他"那一生命的情形如何，以后会有一次什么样美好的人生之旅，"他"也没有理由去感激其父母。我们所要报怨的，是父母由于自己的过错而使我们的生命不能顺畅发展，或是使我们的人生之旅途变得崎岖坎坷；我们所要感激的不是父母给了我们生命，而是他们为了哺育这一生命所流的血汗、所付的艰辛、所作的努力。至于这一生命以后要面对一个什么样的人生，要经历一次什么样的人生之旅，那主要是由自己决定的。

那么，我们的人生之旅究竟是怎么样的呢？从普遍的意义上说，这仍然像一场梦。每一场梦的发生，其情形如何，这既是偶然的，也是必然的。从可能性上说，每个人都想做好梦、美梦。梦代表了一个人的理想和抱负，表达了一个人最真实的情感和心愿。现实中想得到而又无法得到的东西、实际上存在着而又无法流露的情感，都会在梦中表现出来。至于这个梦能否实现，那就要看他的所作所为了。

人生之梦是处于动态之中的，在不同的人生阶段上，我们有着不同的梦。一个人的一生，就是由一系列破灭的梦与实现的梦、苦涩的梦与甜蜜的梦组成的。一个生命诞生不久，他的人生之梦就开始了。这个梦会不断变化，会由小到大、由简单到复杂、由低级到高级。这个梦的变化是在一条或长或短的路途上发生的，是在一次忧喜交加、得失并存的旅行中发生的。人生之梦就是一次旅行。

在幼年时期，我们的人生之梦是很单纯的。我们梦想着能吃到自己喜欢吃的食物、能穿上自己喜欢穿的衣服、能玩到自己喜欢的玩具，或者是能得到别的孩子已经拥有的东西。有了这些以后，我们就满足了。这时，我们不会去做儿童少年的梦，因为此时的我们还没有能力去做那样的梦。在这个时期，我们所做的每一个梦都是既强烈而又朦胧的。

到了少儿时期，我们固然还在做着幼儿时所做过的梦，仍然梦想着吃得好、穿得好、玩得好，仍然梦想着能拥有别人已经拥有的东西；但又不仅仅如此，我们还梦想着其他的东西。我们梦想着在学校能成为最优秀的老师最宠爱的学生；梦想着每个学期都能评上“三好学生”，让家里满屋子都贴上奖状；梦想着能当班长、当少先队大队长，胳膊上能有三道“杠子”；还梦想着长大后能当科学家、文学家或其他什么“家”。总之，在这个时期，我们有很多的梦，有五颜六色的梦。有的梦离自己很遥远，有的梦虽很近，但很快就破灭了。不过这不要紧，一个梦破灭了，再做一个更好的梦，反正少儿时的我们有着做不完的梦。梦实现了，我们会欣喜若狂；梦破灭了，我们也只是会伤心一阵子或是掉几滴眼泪而已，决不会躺在破碎的梦中起不来。相反，我们会很快地站起来，然后再去做一个新的梦。这就是少儿较之成人的可爱可敬之处。

在青年时期，人们所做的梦数量减少了，然而梦时却增长了。这一时期，人们不外乎做两个梦，一是梦想将来的事业如何如何，二是梦想未来的恋人如何如何。与幼儿少儿不同，青年人在做过每一个梦之后，都会立即付诸行动，用主观努力去将他的梦变成现实。他梦想自己学业有成，将来能在某一领域有所建树，他便会在知识的海洋里拼命地遨游，不断向着梦中的目标奋进。他梦想拥有一个美丽的恋人，如果已发现了现实的目标，便会立即发起攻势，并且穷追不舍，不达目的决不罢休。青年人对自己所做的为数不多的那几个梦倾注了极大的热情，并且愿意花极大的心血和精力去实现它。梦实现了，他会觉得自己是世界上最幸福、最了不起的人；梦破灭了，他也会感到自己是世界上最可怜、最倒霉的人。而且，青年人成功后的幸福感和自信心会维持很长时间，并会不断增加其强度，导致其事业上的狂热和情场上的热恋。同样，青年人失败后的挫折感和自卑感也会持续很长时间。较坚强、较清醒的人倒也迟早会站起来，再去构造新的梦境；而较脆弱、较迷惑的人则会长时间沉浸在梦碎后的痛苦中，自艾自怜，或是怨天尤人，他会无数次地品尝和回味自己所经历过的痛苦，从而越品尝越回味就越感到苦。同一人生之梦所遭遇的这截然不同的两种情形，都会对青年人造成或大或小的终身影响。所以，笔者忠告那些正值青年时期的朋友们，你们在编织自己的人生之梦时，千万要小心谨慎，别做太离谱的梦。

人到中年以后，梦还是会做的。所不同的是，此时人们每做一个梦都经过了深思熟虑，人们不太关注自己所做的梦是否美丽、是否动人，而主要是在乎它能否实现、怎样实现以及实现之后能为自己带来什么。相对于青年人来说，中年人的梦更加成熟、更加拥有现实基础和实现的可能性。虽然同样是梦，但在幼儿的梦、少年的梦、青年人的梦以及中年人的梦中，只有后者才是人们在最清醒的时候做出来的。由于太成熟、太清醒，中年人的梦有时让人觉得不像梦。这个梦没有动人的幻想，没有美丽的色彩，它太现实，让人感到它很世俗。但对很多中年人来，做这样一个现实乃至世俗的梦，又是出于迫不得已。他的现有的一切使他只能做这样的梦，甚至他过去的梦亦决定了他现在只能做这样的梦。他没有太多的选择权，他所能努力的就是如何将过去的梦变成现实，而不是如何再去构造更美丽的梦。同时，中年人所做的梦也很沉重，其中既包含了自己的理想，也融入了家庭责任和社会的义务。就是说，中年人所做的梦并不完全是由他本人的理想所决定的，还要受到家庭和社会的影响。所以，同样是梦，青年时期以前所做的梦一般都表达了自己的理想，都是美丽动人的；而中年时期以后所做的梦则比较复杂，其中或许有一些色彩，但已算不得美丽，并且还可能有几分无奈。中年人的梦若是实现了，他的人生顶峰也就达到了，以后很难再有境界更高的梦；这个梦若是破灭了，他也不会再去做更好的梦，最多只会再去做一个更加无可奈何的梦。甚至，他连无可奈何的梦也不想再做了。因为此时的他，在人生大半程的旅途中，已经跋涉得精疲力竭，已无力在梦破之后再去做梦了。他知道，即使他做了，那多半也只能永远是一个

“梦”,他已没有气力将其变成现实了。

到了老年,人们便彻底走出了梦境。此时的人们只能收获、品味过去所做的一系列人生之梦的结果,而不会再去做梦了。过去之梦的结果是苦是甜、是酸是辣,他都得品尝,没有选择的余地。他必须全盘接受由自己一手塑造的由一个个梦积累而成的“我”,这个“我”使他欣慰也好,让他遗憾也罢,他都必须泰然受之,因为他的人生之旅已快走到尽头,他已没有机会和心力再去重新做梦、重新构造一个“我”了。感到欣慰者,会由欣慰伴他走完人生之旅;感到遗憾者,也只好由遗憾将他送到人生的终点站。到了此时,一切的后悔与懊恼都已失去了意义。可喜的是,很多人在经历了一次次的梦圆梦破之后,其情感与心境已平静如水,能够泰然地接受自己的一切,这是最理智的做法。那少数到了暮年还怨天尤人或是悔恨交加的老人实在是跟自己过不去,也着实让人同情。当然,那些曾经有过伤天害理之举的人不在同情之列,他的所作所为决定了他应该也必须在悔恨交加的自责中告别最后一个梦,走完最后一程路。

生命到了终点,梦彻底破了,人生也就完结了,人生当真像一场梦。

人生之梦像一场戏剧,戏剧总有谢幕的时候;人生之梦似一次旅行,旅行亦有结束的地点。戏剧谢幕了,旅行结束了,人生之梦也就消失了。梦的消失亦即人生的消失,所以在佛教看来,人生之梦如同泡沫幻影一样,即归虚无。泡沫幻影从虚无中来,又必须回到虚无中去;人生亦如是,也是从无到有,再到无。说它有,它不会永恒存在;说它无,它又确实存在过。实际的情形是,它亦真亦假,亦有亦无,亦实亦虚。若看不破此理,对人生强取强求,患得患失,那就必然要在逐求与失落、烦恼与痛苦中度过一生。只有窥透此理,才能得失随缘,属于自己的不丢弃,不属于自己的亦不强求,如此则能坦然走完人生之旅。

佛教人生哲学的根本宗旨就是要人们选择后一种人生态度，而避免前一种人生境况。为了让人们明白这一人生之理，让人们能选择后一种人生态度，佛教曾不厌其烦地告诫人们人生如梦的道理。请看佛教经典上是怎么说的吧：

一切有为法，如梦幻泡影，如露亦如电，应作如是观。（《金刚经》）

众因缘生法，我说即是空，亦为是假名，亦是中道义。（《中论》）

色不异空，空不异色；色即是空，空即是色。（《般若波罗蜜多心经》）

心生种种法生，心灭种种法灭；一心不生，万法无咎。（《坛经》）

人生是一种"有为法"，它像梦幻泡影一样，它像露珠闪电一样，转瞬即逝；人生是一种"缘生法"，它缘聚则有则实，缘散则无则虚；人生由心而生，亦随心而灭；人生不异空，人生即是空。这就是佛教对人生的总看法。

当然，仅以这种总看法，仅有上述笼统的说教，是不能令人信服的，佛教当然知道这些，它的人生哲学的内容当然不止这些，它还要回答下列问题：人生为何如梦？人生之梦是怎么产生的？做梦的主体即"人"是从哪里来的？其本质是什么？做梦的环境是怎样的？它是怎么形成的？梦境的特征是什么？何以会如此？人如何从梦中醒来？又如何把握自己的命运？人如何才能使自己似有似无的一生过得有价值、有意义，过得无烦恼、无痛苦？如果烦恼痛苦已经产生，那该怎样除却？如果感到人生无价值、无意义，那又该怎样调整？什么样的生存方式和生活方式最明智、最能使人达到理想的境界？如此等等。佛教关于这些问题的答案，正是本书所要介绍的内容。

第二章

人生之梦的形成

> 心是根，法是尘，两种犹如镜上痕。痕垢尽除光始现，心法双忘性即真。
>
> ——《永嘉证道歌》

关于梦（一般意义上的梦）的形成，天台大师智顗曾作过详细讨论。他说：

> 为当依心故有梦？依眠当有梦？眠法合心故有梦？离心离眠故有梦？若依心有梦者，不眠应有梦。若依眠有梦者，死人如眠应有梦。若眠心两合而有梦者，眠人哪有不梦时。又眠心各有梦，合可有梦；各既无梦，合不应有。若离心离眠而有梦者，虚空离二应常有梦。四句求梦尚不得，云何于眠梦见一切事？（《摩诃止观》卷五）

这是说，梦既不是人心独自产生的，也不是睡眠独自产生的，也不是心与眠合而产生的，更不是离心离眠而产生的。那么，梦到底是怎么产生的呢？要了解这一问题，我们还是得先看看智𫖮对万物产生的看法，了解了他的宇宙观，自然也就了解了他对梦的看法。关于万物的本原问题，智𫖮提出了“一念三千”说，意即万物皆是一念心的产物。他说：

> 夫一心具十法界，一法界又具十法界，百法界。一界具三十种世间，百法界即具三千种世间。此三千在一念心。若无心而已，介尔有心，即具三千。亦不言一心在前，一切法在后；亦不言一法在前，一心在后……只心是一切法，一切法是心故。（《摩诃止观》卷五）

这段话的意思是，心与法的关系不应以先后而论，不是说先有心再去产生法；而是只要有心就自有法，心即法，法即心。但两者的关系仍有本末之分，心是本，法是末，是心具法，而非法具心。梦这种现象也一样，不是先有心而后有梦，而是一有心就有梦。所以智𫖮又说：“若得此意，俱不可说俱可说。若随便宜者，应言无明法法性生一切法，如眼法法心则有一切梦事。心与缘合，则三种世间三千相性皆从心起。”（《摩诃止观》卷五）说到底，梦的根源还是心；确切地说，是人的心识，也就是我们所说的“意识”。

人刚生下来时并不会做梦，因为此时他尚无意识能力，而只有欲求，只会无意识地即本能地去满足欲求。譬如，婴儿对饮食的欲求便是出于本能，本能只有在欲求强烈时才会去求得满足。但婴儿渐渐长大后就不一样了，他有本能，亦有了浅层的意识。有了意识以后，他有本能冲动时会有所追求，他的本能没有发生冲动时也会有所追求。婴儿只有在饥饿时才要吃要喝，但有意识的幼儿在并不饥饿时也会去追求好吃好喝的，他会在一定意识的支配下去寻求那些他喜欢但眼下并不为身体所特需的东西，并将一个个不能满足的欲求变成梦。梦与人的意识有着内在联系，有什么样的意识，就会做什么样的梦。

虽然有时会转弯抹角，但总是万变不离其宗。

一般的梦是这样形成的，人生之梦亦是如此。研究人生，研究人生之梦，就必须研究人的意识。

对于这一点，佛教有深刻的见解。佛教原先仅仅是要解决人生问题的，但要解决人生问题就必须解剖人的生理、心理，必须研究人的情感、意识。因此，佛教又详细考察了人的心理、意识、情感等问题。在佛教看来，人一生的生存状态均取决于他的意识；不仅人生，即使是整个宇宙，也都起源于人的意识。

一、心识在宇宙万法中的地位

佛教将宇宙间的存在称为"法"，又将"法"分为"有为法"与"无为法"两种。"有为法"泛指一切依因缘而产生、处于相互联系和生灭变化中的现象，它有生、住、异、灭四大根本特征。"生"指随因缘相聚而产生；"住"指随因缘的稳定而住持于一定形态；"异"即是随因缘关系的变异而变异；"灭"则是随因缘的离散而灭失。由于这种法一切以因缘为转移，没有自性，故亦称为"缘起法"。"无为法"是指不依因缘、无生无灭的法。

佛教对"有为法"做了分类，如小乘佛教中的说一切有部及大乘佛教中的瑜伽行派和法相宗将其分为四类，这就是"色法"、"心法"、"心所有法"及"心不相应行法"。

(一)色法

"色"的含义大致相当于"物质"概念，但又不完全是一回事。《俱舍论》给它下的定义是："变碍故名为色。"此处的"变"即变异、变坏，"碍"指质碍，即具有不可入性。"色法"指的是能变异变坏、具有不可入性的事物。

简单地说，色法就是指物质。佛教把所有的物质现象分为两大类，一类是不依他起即不由因缘而产生的地、水、火、风四大元素，另一类是依他起即由因缘而产生的事物。前者是构成物质现象的四种基本元素，故称为“四大”或“四大种子”、“四大种”、“四大能造”。这里所谓“四大”与我们通常所说的地、水、火、风四种具体的物质形态不同，有其特定的含义，只是佛教各派对这一含义的理解有所不同。小乘佛教中的说一切有部认为，“四大”本身是不可见的，只有它们的性质即坚、湿、暖、动可以被感触到；大乘佛教中的某些派别则认为，“四大”是有形可见的实体，即使把它们分析到“极微”时，也是可见的。“极微”是佛教对“四大”进行分析直至不能再分析时所得的结果。《俱舍论》所理解的“极微”是这样的：“隙游尘”（在虚空中自在飞扬的尘埃）的七分之一叫做“牛毛尘”，“牛毛尘”的七分之一叫做“羊毛尘”，“羊毛尘”的七分之一叫做“兔毛尘”，“兔毛尘”的七分之一叫做“金尘”，“金尘”的七分之一叫做“微”，“微”的七分之一即为“极微”。佛教一般不把四大元素直接列入色法，而是将因缘和合而生的事物称为“色法”。根据佛教的理解，色法有十一种，即眼、耳、鼻、舌、身、色、声、香、味、触、法。

（二）心法

“心法”是指精神活动的主体，因为它们能够产生并支配一定的精神心理活动，故又称“心王”。小乘佛教中的说一切有部认为，“心法”或“心王”是对“六识”的综合。就是说，“心法”只有一个，它分为眼识、耳识、鼻识、舌识、身识、意识这六个方面；大乘佛教中的瑜伽行派则把“心法”分为八种，称为“八识”，这就是在上述“六识”的基础上，再加上“末那识”和“阿赖耶识”。

（三）心所有法

此法亦称为“心所法”或“心所”，指相应于“心法”而生起的心理活动和精神现象。“心法”是指认识主体“心”的各个构成部分，“心所有法”则是指随从“心法”而生起的各种心理作用与精神活动。前者是对“心”的分析，后者是对心理活动的分析。

佛教认为，在接触对象时，“心法”总是把握对象的整体即所谓总貌、总相；而“心所有法”则能同时把握对象的整体与部分、总貌与细节、总相与别相。根据大乘佛教瑜伽行派的理解，“心所有法”共有五十一种，它们可分为六类：①遍行五种。这是指任何认识发生时都会生起的心理活动，因这类心理活动带有普遍性，故名“遍行”，包括触、受、思、想、作意五种。“触”指心识具有的感触事物的能力，大致相当于触觉；“受”是指在外界影响下而产生的痛痒、苦乐、忧喜、好恶等感受；“思”指能造作身、口、意三业的精神作用，相当于思想意志等；“想”指认识直接反映的影像以及据此而形成的种种名言概念，相当于感觉、知觉、表象、概念等；“作意”指使心警觉以引起活动的精神作用。②别境五种。“别境”与“遍行”相对，指由特定境界所引起的心理活动，包括欲、胜解、念、定、慧五种。“欲”指希求、欲望；“胜解”是指对所缘之境作出正确的判断；“念”指记忆；“定”指心专注一境而不散乱的精神状态；“慧”指通达事理、决断疑念、取得决断性认识的那种精神作用。③善十一种，即信、精进、惭、愧、无贪、无嗔，无痴、轻安、不放逸、舍、不害。其中，“信”是指对佛教根本原理坚信不疑；“精进”指按佛教教义，在修善断恶、去染转净的修行过程中不懈地努力；“惭”指对所作过错在自己心里感到羞耻而起的防止重犯的心理作用；“愧”指对所作罪业在别人面前感到羞耻、害怕责罚而起的防止重犯的心理作用；“无贪”指对生存和维持生存的一切条件没有贪欲之心；“无嗔”指对任何痛苦和造成痛苦的条件皆不愤恨；“无痴”指遵守佛教教义的思想活动；“轻安”指使身心轻适安稳的精神作用；“不放逸”指努力修持善法以制服贪、嗔、痴诸烦恼；“舍”亦称“行舍”，指离诸分别执著，达到不偏颇、平静和平的心境；“不害”指以慈悲为怀，不害众生。④烦恼六种。“烦恼”是指扰乱众生身心，使其发生迷惑、苦恼的精神作用，包括贪、嗔、痴、慢、疑、恶见等六种。“贪”指贪爱、贪欲；“嗔”指仇恨和损害他人的心理；“慢”

指傲慢自负；“疑”指对佛教教义疑惑不信；“恶见”指违背佛教真理的见解。⑤随烦恼二十种。“随烦恼”是指随从“根本烦恼”而起的烦恼。上述六种烦恼皆为“根本烦恼”，“随烦恼”是随之而产生的烦恼，有二十种，即忿、恨、恼、覆、诳、谄、骄、害、嫉、悭、无惭、无愧、不信、懈怠、放逸、惛沈、掉举、失念、不正知、散乱。其含义分别是：“忿”是指暴怒；“恨”是指怨恨心理；“恼”是指愤恨恼怒；“覆”是指隐藏己过的心理活动；“诳”是指贪图私利而欺骗他人的思想行为；“谄”是指矫揉造作以掩饰自己过错的思想活动；“骄”是指依仗自己的长处，骄矜自恃、高傲凌人的心理活动；“害”是指损害他人的心理情绪；“嫉”是指对别人的成功产生嫉妒的心理；“悭”是指对财施、法施悭吝的心理；“无惭”是指做坏事不感羞耻；“无愧”是指做别人认为罪恶的事，不感惭愧，也不害怕；“不信”是指心不清净，不相信因果报应等佛教教义；“懈怠”是指对佛教善行不努力；“放逸”是指离善放纵，不修善法；“惛沈”是指昏沉蒙昧的精神状态；“掉举”是指使心浮躁不静的精神作用；“失念”是指对于所缘之境及诸善法不能铭记在心；“不正知”是指不符合佛教教义的认识，它有败坏戒律的作用；“散乱”是指贪、嗔等烦恼使心思分散的心理作用。⑥不定四种。这种法的特点是善恶性质不定，其性质取决于同何种心理相联系，同善的心理相联系即为善法，同恶的心理相联系则为恶法。这四种法是睡眠、恶作、寻、伺。“睡眠”是指心处于昏迷而不由自主的状态；“恶作”指恶于以前所作之事的心理；“寻”是对事理的粗略思考作用；“伺”是对事理的细密深入的思考作用。

(四)心不相应行法

心不相应行法是指既不属于“色法”亦不属于“心法”、既不与“色”相对应又不与“心”相对应、同时又有生灭变化之特征的现象。不过，这种现象也不是离开色、心、心所有三法而另有实体，而是依据于色、心、心所有三法的差别而形成的。根据大乘佛教瑜伽行派的理解，心不相应行法有二十四种：得、命根、众同分、异生性、无想定、灭尽定、无想事、名身、文身、句身、生、住、老、无常、流转、定异、相应、势速、次第、方、时、数、和合、不和合。其含义分别是："得"是指获得或成就佛教的某种思想、功德或事业；"命根"是指因过去世之业而引起在今生维持寿命的依据；"众同分"是指众生的共性或共相；"异生性"是指处于六道之中未得佛法的有情众生；"无想定"是指使一切心识活动全部停止，以求证得"无想果"而修的禅定；"灭尽定"是指克制思想使之停止活动的一种禅定；"无想事"是指由修无想定、死后受生无想天处的一种果报，在无想天处、五百劫中，自生至死，心与心所都灭，其间一直处于无想的状态；"名身"之"名"是事物的称谓，如松、柏、梅、竹，"名身"则是指两个以上的名称概念，如青松、翠柏、红梅、修竹；"句身"是指表达完整思想的句子；"文身"则是指构成"名身"和"句身"亦即概念和句子的梵文字母；"生"是指事物的产生和形成；"住"是指事物形成后的相对稳定；"老"指事物的变异衰败；"无常"是指事物处于变动不居的状态；"流转"之"流"是相续之义，"转"是生起之义，"流转"是指事物生死相续，轮回不已；"异定"之"定"指决定，"异"指差别，"异定"是指一切法善恶因果互有差别而不混乱；"相应"是指因果现象互相依存；"势速"是指一切生灭法变化迅速；"方"即空间；"时"即时间；"数"是指事物有一、十、百、千等数目差别；"和合"是指形成心色诸法的因缘能够和合的性质；"不和合"则是指与形成心色诸法的因缘相乖违而不能和合的性质。

与上述四种"有为法"不同，"无为法"是不依因缘和合而成、不具有生住异灭之特性、不生不灭、不来不去的绝对存在。小乘佛教说一切有部认为这类存在有三种：虚空无为、择灭无为和非择灭无为；其后法相宗在此基础上又增加三种：不动无为、想受灭无为和真如无为。如此，佛教所谓"无为法"便有六种，现分述如下：

1.虚空无为

小乘佛教说一切有部所说的“虚空无为”是指无边无际、永不变易、无任何质碍而又能容纳一切色法的空隙、空间。《俱舍论》说：“虚空但以无碍为性，由无碍故，色于中行。”婆沙宗又进一步将虚空和空界加以区别，认为虚空无为，空界有为；虚空非色，空界是色；虚空是非物质存在，空界是物质存在。后来的法相宗又把“虚空无为”归结为“真如”，“真如”是显现空无的真理，真空寂灭，离开各种障碍，犹如虚空，故以“虚空”为名。

2.择灭无为

“择”即简择，是判断、选择之意；“灭”指断灭。“择灭”即自觉的寂灭，说一切有部视为“涅槃”的异名，意指通过智慧的简择力（判断力、选择力）而达到的寂灭（涅槃）境界；达到这一境界，便可断离一切烦恼，永不轮回。《俱舍论》说：“诸有漏法远离系缚证得解脱，名为择灭。”法相宗则将“择灭无为”理解为通过“无漏智”（断除三界烦恼、证得佛教真理的智慧）的简择作用，灭除烦恼，证得真如。

3.非择灭无为

这是指不通过智慧的简择力而达到的寂灭境界。说一切有部将其解释为一切现象本由因缘和合而生，如果所需因缘已不存在即缺乏“生缘”，就永远妨碍未来事物的产生，称为“缺缘不生”，不生则无灭，此即“非择灭无为”。法相宗则将其理解为真如本性本自清净，不因人的智慧简择力达到寂灭后才显现出来，此即“非择灭无为。”

4.不动无为

这是指当禅定进入色界第四静虑时而达到的不为苦乐所动的精神境界。

5.想受灭无为

这是指当禅定进入无色定的“无所有处”境界时，六识心想及苦乐二受皆灭，亦即想受俱灭，此时所处的“无为”状态即是“想受灭无为”。《成唯识论》说：“想受不行，名想受灭。”

6. 真如无为

“真如”之“真”是真实之意，“如”是如常之意，“真如”指的是真实如常之理，也就是佛教所说的绝对真理或本体。法相宗将观悟我法皆空以后所显现的真实如常之理称为“真如无为”。

“有为法”与“无为法”是佛教对宇宙万法所作的最基本的分类。在由此而构成的宇宙万法中，意识居于主导地位，宇宙万法就是人的心识不断展开、不断变化所造成的一幅图景。依此推理，意识在“人”这类存在的活动中亦即在人生过程中，亦居于主导地位，它的一步步展开和变化便形成了一系列的人生之梦。

二、心识的作用与人生之梦的形成

(一)“思”、“作意”、“欲”与人生之梦的形成

佛教对上述“心所有法”所作的分类与解剖，事实上就是对意识的分类与解剖。由这里可以看出，人的意识可以分为不同的层次，有“遍行”性即普遍性，也有“别境性”即特殊性。在形成人生之梦的过程中，具有普遍性的“思”、“作意”及具有特殊性的“欲”起着最重要的作用。

佛教所说的“思”是指能造作身、口、意之业的精神作用，也就是我们所说的思想。人生离不开思想，没有思想(广义的思想)的存在不可以称为“人”，没有思想的生存不可以称为“人生”。人与其他动物的根本区别之一就在于人有思想。正因为人有思想，他才可确立自己的人生价值，才能了解人生的意义，才会为自己的生存而思考、设想，才会为自己的来来而憧憬、谋划。但若光有思想没有行动，那么任何人生之梦都永远只能是梦。要使梦能成真，还要付诸行动，佛教将行动得以产生的精

神作用称为“作意”。有了“作意”，人们便会为了满足自己的欲望而寻找方法，会为了实现自己的理想而孜孜追求。而每一种思考、设想都是一个梦，每一个憧憬、谋划也都是一个梦，每一次寻找、追求仍然会造出一个梦。因而，正因为有了思想、作意和欲求，才衍生、形成了一个个的人生之梦。并且，有什么样的思想、作意与欲求，就会有什么样的人生之梦。

有的人将拥有政治上的权力视为唯一的人生价值，他的一切思考、设想，一切憧憬、谋划，一切寻找、追求都是围绕着这一轴心而展开的，他所做的每一个梦都与“权”字相关联。他最初梦想自己能成为三五人之长，梦想着随时随地都有几个人围在他的身边，听他的号令、受他的支配、向他献殷勤、看他的脸色行事，虽然官不大，也许只是个科长，但这毕竟也是一种“官”，也是一个“长”。有了这个“官”与“长”，意义绝对不同：过去，他只能听别人的号令、受别人的支配、看别人的脸色；如今，他虽仍然要听别人的号令、受别人的支配、看别人的脸色，但与此同时，他也可以像别人那样对另外的别人发号施令、行使职权了！难怪很多先得“官”而后失“官”或先无“权”而后有“权”的人都感叹道：“在位与不在位当真不一样！”当然不一样。不仅如此，在高位与在低位、当大官与当小官也不一样。而“位”与“官”是可以不断变化的，于是很多人终身都在那个不断变化的“位”上爬来爬去，在为使自己的“官”不断升高而绞尽脑汁。他当上了科长又想当处长，当上了处长还想当厅长。对“官”与“位”之升迁的每一次设想与谋划就构成了一个梦，一个梦实现了，他又会去做另一个更大的梦。他的一生就是在关于“官”、“位”、“权”的梦境中度过的。而这每一个梦都是受其思想、意志及欲望支配的；没有思想、意志与欲望，人便不可能做任何梦，当然也不可能做当官、升官之梦。

另一些人则将拥有财富视为唯一的人生目标，他一生都在做着发财的梦。他在一贫如洗、饥肠辘辘的时候，梦想着自己能拥有一点柴米油盐；当他温饱不愁的时候，又想拥有漂亮的家具、成套的电器和宽敞的住房；他在拥有了这一切以后，又想拥有一张五位数的存折；存款真的达到了五位数以后，他又嫌位数太少，又梦想着它能变成六位、七位、八位数；当这一切都实现了以后，只要还有一口气，他还是不会满足。因为财富是最使人贪得无厌的东西，人的发财欲一旦形成，就不会知道"满足"是什么。为了满足那永远也满足不了的物质金钱的欲望，他就一次次地做梦，又一次次地去为梦的实现而筹划、而拼搏、而挣扎。他关于发财的梦太多，以至于财富带给他的快乐究竟是什么，他都没有心思、没有心力去品味。

还有一些人将拥有"名"视为唯一的人生意义之所在，他们一生都在做着成名成家的梦，有的梦想当科学家、有的梦想当文学家、有的梦想当艺术家，不一而足。与升官发财的欲望一样，成名成家的欲望也是没有止境的。人首先想在同事中出类拔萃，在本单位出名；当这个"名"他得到了时，又想在本行业或本地出名；等到在本行业或本地小有名气以后，他又想冲出本行业与本地，让全国的人都知道他、崇拜他；及至在国内拥有了很高的名望以后，他还不知足，还想让国外的人、让全世界的人都知道他的存在，都仰慕他的成就。为了让这一个个的梦想变成现实，他必须牺牲很多东西，他要牺牲物质的享受、生活的舒适，甚至身体的健康。至于他的梦能实现到哪一步，他并不很清楚，他只知道一个劲地做着成名之梦，又一个劲地去实现所做之梦。直至他的生命之灯即将熄灭，他才不再做梦。而梦停了，生命之灯也就真得要熄灭了。

还有的人什么梦都做，他既想当官，又想发财，还想成名。当他是以当官为主的时候，他就着重做着升官之梦，但也不失时机地去做一些发财与成名之梦，并且在做梦的第二天即着手去实现这些梦，或是用自己的"权"去换一点"钱"，或是利用自己的职务之便去谋个"名"，或是用由自己的"权"所换得的"钱"

再去买个文凭。如此，他便一举而三得了。如果这个梦实现得很容易，那么他还会做同样的更大更美的梦，梦想做更大的“官”并由此得到更多的“钱”和更大的“名”。当某人是以赚钱为主的时候，他就着重做着发财之梦，但也时刻梦想着能否用手中的钱谋个一官半职或买个“名”。如果他自己实在不能三位一体，那他至少也要让最亲近的人作为其替身去实现他的梦。有钱而无文凭的人总想找个无钱而有文凭的人为妻或为夫，斗大字识不得一箧的人也想找个大学生甚至硕士、博士当“伴侣”；至于能否真得相伴于人生之旅，那并不重要，重要的是他（她）的梦想终于借助于她（他）而实现了。而这种情形之所以会出现，也与另一种人即有“名”而无“钱”的人梦想着既有“名”也有“钱”直接相关，这两者正好相互为用，故往往一拍即合。至于有“名”的人想要“权”，那也是很常见的。与前几种人拥有“这个”又赤裸裸地梦想要“那个”不同，这些有“名”的人一般墨水喝得比较多，与知识相联系，是知识分子，所以他在追求其他东西时，其心迹总是比较隐蔽，常常心口不一，心里想当官、想发财，可口头上却表现得十分清高，仿佛他不食人间烟火，其实他什么都想要，并且他谋取的手段较之前几种人更“高超”、更“机巧”。如果他的当官发财之梦破灭了，他好像也不会受到太大的打击，反正他有的是“名”，并且他还很会安慰自己，说“我本来就不想要这些东西”。他知道这是在自欺欺人，但他习惯于这么想。“自欺欺人”的品格不惟鲁迅笔下的阿Q才具有，中国许多知识分子也都程度不同地具有，这种品格反映了他们的软弱与无奈。但当他在拥有“名”的同时也拥有了“权”与“钱”以后，情形就不一样了，他不再软弱，不再无奈，他会很快地学会一口“官腔”，做出一副“官相”，他的生活也不再清苦，而是很“潇洒”，并且是带着几分情调、拥有相当品味的“潇洒”。

不管是哪一种人，不管他们做着什么样的人生之梦，这其中都渗透了一种主宰力量：思想、欲望与“作意”。佛教能那么早地揭示出人的心理与人生现象之间的内在联系，这确属不易。

（二）“十一善法”与人生之梦的形成

佛教所谓“心所有法”中的十一善法，是对人的意识中善的成分的概括，是形成善的行为的动因。在佛教看来，人生之梦中诸种善的梦就是在这些意识的支配下产生的。这里仅对其中的“信”与人生之梦的关系略加说明。

“信”是第一善法。佛教所谓“信”是指对佛教根本原理坚信不疑，引申为对人生之善所持有的信念。信念是任何一个人生之梦的开始。没有信念，就不可能有任何的打算、筹划、谋虑、追求，甚至连动机也难以产生。每个人的一生有一个总的信念，这个总信念就是一个大的梦，它要落实在对每一具体事物的看法上、对每一目标的设想上、对每一境界的追求上。而这每一种看法、每一步设想、每一个追求都是那人生大梦中所包含的较小一点的梦。一个人生信念包含了一系列的观念、设想与追求，因而也就有一系列的梦。信念的渐次展开与逐步实现的过程就是人生之梦的演进过程。

“信念”是抽象的，每个人的信念又是个体的，且是千差万别的，由此才构成了宇宙间多彩的人生之梦。

有人的人生信念是求“真”，他便为着求“真”而活着。他将一个个事物的真理、人生的真理化作一个个美丽的梦，然后便不停地向着这个梦奔跑。尽管旅途遥远、道路崎岖，他也毫不畏惧；纵然要流尽每一滴血、用尽每一分力，他也在所不惜；有时甚至要付出生命的代价，他也心甘情愿。佛教本身就是在求“真”的过程中诞生的，释迦牟尼当年所要追求的是人生之“真”。而他之所以能求得人生之“真”，首先是因为他对此有坚定的信念。他曾坐在菩提树下发誓：不证得人生真理，宁可粉身碎骨也决不起身。正是在这一坚定信念的支撑下，他战胜了数不清的艰难险阻，不断走向真理之梦，然后又把它们变成现实。他终于实现了自己的信念，因此而变成了人类文化史上的一代伟人。

有人的人生信念是求“善”，他便为着求“善”而活着。他将种种善的境界变成一个个梦，然后为着实现这一个个梦而不懈地反省自己、修正自己、磨炼自己、陶冶自己。为了实现这样的信念、这样的梦，他可以牺牲自己，成就他人；可以忍辱负重，成就善行；可以视人之身如视其身，视人之家如视其家，视人之国如视其国。他希望将天下所有的恶人都改造成善人，使天下所有的善人都能达到至善的境界。中国历史上的孔子、孟子便是这样的典范。孔孟无数次地梦想着将人的道德上的善心变成政治上的善政，将人的仁心变成仁政。为了使这一梦想变成现实，他们周游列国，费尽心力，即使四处碰壁、受尽冷落与嘲讽，亦无怨无悔，“知其不可而为之”。孔子甚至为此而几次险些丧命，但他从不后悔，而是每次都能坦然面对险恶的境遇，泰然处之。其所以如此，原因只有一个：他有坚定的求善信念作支柱。

也有人的人生信念是求“美”，他便为着求“美”而活着。他将一个个美丽的境界、美丽的创作、美丽的发现变成一串串绚丽多彩的梦，然后为着实现这一个个梦而忘我地工作着、创造着。通过不断的工作和创造，他终于将一个个梦变成了美的现实。这美也许是一首诗、一幅画、一篇文章、一座雕塑、一部乐章，也许是沙漠上的一片绿洲、荒山上的一丛葱翠，抑或是一首生命的交响曲、一个动人的故事。他就这样梦想着、创造着，又将一个个美丽的梦想和创造带给人间，撒向大地。

求真是“信”之所使，求善是“信”之所使，求美亦是“信”之所使。真可贵，善可贵，美亦可贵。正因为有了这些可贵的信念，人类才会有希望；正因为有了这些信念所化成的人生之梦，人生才会有理想；正因为有了这些梦所引出的创造和追求，人生才会有意义；正因为有了这些创造追求所带来的物质财富和精神财富，人间才会有幸福。

(三)“烦恼法”与人生之梦的形成

佛教所谓“烦恼法”共二十六种，它们是指二十六种不良的心理意识。这些意识的存在是产生一切人生噩梦的根源。

烦恼法之首为“贪”，它不仅是造成一切人生噩梦的根源，也是人生诸苦的根源，故放在后面详述。

居于烦恼法第二位的是“嗔”，即仇恨和损害他人的心理意识。按照一般的理解，这种心理意识不能一概被斥之为恶，因为对仇敌产生这种心理意识便是理所当然的。譬如，对严重伤害过自己的人，我们很难不恨他；对严重损害过自己的人，我们也无法不怨他。人类心灵中的正义的仇恨之火、人类历史上的自卫战争、反侵略战争等正义战争就是如此产生的。我们不能说它们不该产生。别人先将屠刀架在我们的脖子上、先将枪口对准我们的胸膛，我们必须进行自卫、进行还击，这有什么不对呢！

但佛教不这么看。它以人类的终极理想作为现世的理想。人类的终极理想之一是没有战争，没有仇恨他人的意识和损害他人的行为，人与人之间和平相处，平等以待。就世界范围来说，这种和谐的人际关系在很长的时间内还不可能具有普遍性，它只是人类孜孜追求的一个美好理想而已。但佛教却把它当做现实生活中的人生准则，因而反对一切仇恨心理和伤害行为，并将这些心理和行为视做导致人生噩梦的根源之一。

不过话又说回来，人在仇恨的心态下所做的绝不可能是美丽的甜蜜的梦，不管这种仇恨心理的产生有无道理。假如这种仇恨心理是由被仇恨对象激起的，是被对方逼出来的，那么这种仇恨心理本身的产生是情有可原的。但是，在这种心理意识的缠绕和支配下所产生的人生之梦一定是个噩梦，这就是复仇之梦。仇恨是人类一切情绪中色彩最鲜明、程度最强烈的一种，它是刻骨铭心的，且是长久存在的。俗话说，“君子报仇，十年不晚”,“女子报仇,三十年不晚”,可见这种情绪之强烈与恒久。在这漫长的时间长河中,仇恨者一直在做着复仇之梦,有的将复仇当做某段时期的重要人生内容,有的甚至当做根本的人生目标。在所有情感中,仇恨是最煎熬人心的,因而复仇之梦总是一场噩梦,其中充满了你死我活的厮杀和血雨腥风的残酷。

如果仇恨的种子不是根源于别人,而完全是由自己播下的,那么由此而做的梦就不仅仅是一场噩梦,而且是邪恶之梦。历史上发生过很多不义之战,有的起源于贪婪,有的则起源于邪恶之梦。现实生活中也有极少数对社会怀有仇恨心理的人,他们自认为自己的恶劣处境或所受惩罚是社会造成的或他人给予的,故不惜以自己的性命作赌注,整天做着复仇之梦,有的甚至将复仇视做人生的终极目标和唯一内容。而事实上,他们所受到的惩罚完全是咎由自取,仇恨的种子归根到底是自己一手播下的。如此复仇的结果,对自己来说无疑会落得悲剧下场,对社会则会造成严重危害。

烦恼法中的第三位是“痴”,即不明事理,愚昧无知。这种心理状态的存在是科技落后、缺乏教化与反思的民族和时代所不可避免的缺憾。即使是在文明社会文明时代,亦有不少人存在这种缺憾。由“痴”而引起的人生之梦是荒唐的梦、滑稽的梦、愚蠢的梦、可怜的梦、可叹的梦、可悲的梦。由这样的梦所引导的人生之旅一定是失败的,做梦者要不断地品尝由自己的愚昧无知所造就的苦果,然后再把这一切归咎于苍天或上帝的不公。这种人即使到了梦断时分,也不会知道自己为什么会走过这样一条人生之路,也不知道为何饱尝这么多的苦果。痴梦是痴人做的,“痴”与“梦”历来被连在一起,所谓“痴人说梦”即是。痴人的存在是社会的不幸,痴人之梦的存在是人类的不幸,因为它会给人类带来悲剧性的历史或现实,甚至未来。

在一切不良的心理意识中,“嫉”即嫉妒心理是最消极亦是最普遍的一种。心理学家的观察和研究表明，人在幼儿时即会产生这种情绪。不过，此时的嫉妒心理尚不具有破坏性，因而消极性不明显。但少儿时期以后就不一样了，人们会因“嫉”而引起“忿”、“恨”、“恼”、“害”、“嗔”等恶劣的情绪和不良的心理意识。被这些情绪和意识所缠绕的人整天都生活在阴影之中，整天都在做损人之事；而被损被害的往往都是某一群体中的出类拔萃者。释迦牟尼在成佛之前因为自己的出众而曾为另一太子所嫉恨、所残害而险些丧生；皇宫中、朝廷上屈死的亦大多是优秀的人物。历史的长河中漂荡着多少冤魂，其中很多就是为“嫉妒”这种卑劣的情绪和意识所残杀的。人类精英、伟人豪杰会遭人嫉恨，寻常百姓、普通平民也会遭人嫉恨，只要他在自己的小环境里比较突出，就会被嫉。嫉妒心理往往产生在一些无能之辈心中，他们自身虽无多少正当的能力，却有一种顽强的毅力和决心，亦有一套损人害人的功夫，这毅力、决心和功夫使得他们不把所嫉对象击垮而决不罢休、决不放手。他们将所有的好时光用来做同一个梦：如何将嫉恨对象踩在脚下，如何逼迫他（她）去寻死。所幸的是，被嫉者也有着顽强的毅力和决心：决不让对方打倒！最终的结局往往是，被嫉者冲破重重阻力后，踏上征途，继续赶路；而嫉恨他人的人则往往要被生活所淘汰。因为他们只会梦想着如何去绊住别人的腿或是如何在别人前进的路途上设置障碍，却不知自己应迈开双脚赶上别人。所以，嫉妒者的损人害人之梦终究是要破灭的。

佛教对人的不良情绪和意识的分析相当详细，因篇幅有限，笔者不能在此一一道出。但佛教对此有一个总的观点，即这些不良的情绪和意识亦即“烦恼”都会演变成一个个不良的人生之梦，这些不良的人生之梦又会引出一条条偏斜的人生轨迹。人生的轨迹既已偏斜，人生的滋味又如何会甜蜜？

第三章

主体的虚假性

> 了了见，无一物，亦无人，亦无佛。大千沙界海中沤，一切圣贤如电拂。
>
> ——《永嘉证道歌》

欲知人生之梦的情形，须先知晓“人”的由来、认识“人”的本质。

一、人从何处来

人是宇宙中的一种存在，是多种存在中的生物，是生物中的动物，是动物中的灵者，这是很久以前的古人早已认识到而又为近现代科学所证明了的一种观念。然而，“人”这种万物之灵究竟是从何而来的？是怎么产生的？对这一问题，大多数人不会关心，也不会追究，因为这和他们的现实利益并无什么关系。对大多数人来说，这是一个太不切实际、太无现实意义的迂腐的问题。对这一问题产生兴趣的主要是三种人：一种是刚到人世不久、对什么都感兴趣而又什么都不知道的幼儿，他们会不断地问父母："我是从哪里来的？"父母说："你是从妈妈肚子里掉下来的。"他们又会问："那妈妈是从哪里来的？"父母就又答曰："你妈妈是从你姥姥肚子里掉下来的。"他们还会追问："那姥姥又是从哪里来的？"如此等等，只要父母能每问必答，他们就会这么一直追问下去。第二种是科学家，他们力图从生物演化的角度揭示人类的来源，追究人类的祖先。第三种是思想家，他们喜欢追根究底，喜欢思考一些毫无现实利益可图的问题。他们中的很多人便成了人类文明史上伟大的思想家、哲学家和拥有千千万万个崇拜者的宗教领袖。这些人虽然不能直接创造物质财富，但假如没有这些人，那整个人类文明史都将变得苍白无力，将会因为没有底蕴和根基而缺乏生机。

也许，对于"人从何处来"这一问题，现代的很多人会不屑于回答。因为他们会脱口而说："人是由猴子变来的，是劳动创造的。"但是，在马克思主义的人类起源说以及达尔文的进化论提出以前，无数往古先哲却为回答这一问题而苦苦思索、绞尽脑汁，他们提出了各种关于人产生的理论，令人眼花缭乱。

（一）众说纷纭道人"生"

《易传》说："天尊地卑，乾坤定矣。卑高以陈，贵贱位矣。动静有常，刚柔断矣。方以类聚，物以群分，吉凶生矣。在天成象，在地成形，变化见矣。是故刚柔相摩，八卦相荡，鼓之以雷霆，润之以风雨，日月运行，一寒一暑。乾道成男，坤道成女。"这段话是对狭义的《周易》即《易经》宇宙观的解释。按照《周易》作者的理解，宇宙大自然的秩序是"天尊地卑"，而天地不过是宇宙间两种力量的一种表现形态，这两种力量便是乾道和坤道。乾坤可成天成地，同样也可成物成人。人之所以有男女之别，原因就在于宇宙间有这两种力量，乾道成男，坤道成女。就是说,“人”作为一种类存在,他的产生之所以可能,最终的根源乃在于宇宙间有这两种伟大的力量,人的本根在宇宙,在自然。这是中国古代颇有影响的一种人类生成说,后来儒家的人生观念便是由这一学说滋生出来的。然而,这一学说却有令人难解之处。乾坤是宇宙间的两种力量,它是无形的;而人作为一种实体性存在,却是有形的。无形的东西何以能化生出有形的东西呢?为了解决这一问题,后来的儒者引入了“阴阳说”与“五行说”,认为万物包括人的最初根源是“无极”或曰“太极”,“太极”动而生阳,动极而静,静而生阴,于是“太极”便蕴生了阴阳两种力量以及相应的两种物质形态:阴阳二气。阴阳二气的变化又生出水、火、木、金、土“五行”。阴阳二气交感,五行妙合而凝,便形成了千万种物质形态,人便是其中之一。

在中国古代,另一种颇有影响的人类起源说是道教的创生说。太上老君《开天经》说,宇宙间一切存在包括人类产生的终极根源是“道”。在人类产生之前,宇宙已存在了十分漫长的时期,第一大世纪为“洪元”,“洪元”经历万劫而至“混元”,“混元”又过万劫而至“百成”,“百成”经八十一万年后而至“太初”。“太初”为宇宙第二大世纪,这时,太上老君从虚空而下,口吐《开天经》一部,共四十八万卷,一卷有四十八万字,一字辟方一百里,这时才分别天地,形成日月。老君又上取天精,下取地精,中间和合,造出人类,剩下的“朴气”构成了山石,“动气”形成了鸟兽。接着,宇宙又进入第三大世纪:“太始”。此时,太上老君下凡为师,口吐《太始经》一部,创生了万物。再接下来又是“太素”之世,此时的天地已不再是荒凉不毛之所,而是“天生甘露,地生醴泉,人民食之,乃得长生”。人类终于有了得以维持生命的物质要素,可在宇宙间生存繁衍了。这种创生说与《周易》、儒家关于人类起源的观点在具体说法上虽有差别,但又贯穿着同一个基本观念:人类的产生缘自一种终极性的客观力量,或是“乾坤”(《周易》),或是“太极”(儒家),或是“道”(道家道教）。

与此不同，西方古人往往将人类诞生的根源归结为某种神秘的具有人格特征的神灵。伊斯兰教称这一神灵为“安拉”，认为世界万物包括人类都是由“安拉”创造，他在六天内创造了世界：他先升起了天空、伸展了大地、高挂起日月、密布了繁星，又让大地生长出万物，最后还创造了万物之灵——人。基督教则称此神灵为“上帝”，认为整个世界包括人类都是“上帝”的创造物；他一开始只创造了天地，天是空虚的，混混沌沌，地是黑暗的，到处是水。他感到要是有光就好了，于是便把光与暗分开，称光为“昼”，称暗为“夜”，如此便有了白天、黑夜。这些是“上帝”第一天的劳动成果。第二天，“上帝”造出了空气，并将空气上下的水分开，空气以上的水为云和雨。第三天，“上帝”将天下的水汇集在一起，成为江河海洋，无水之处则为陆地，又在地上创生了花草树木。第四天，上帝创造了两个光体，大的照耀白昼，小的照耀黑夜，于是天空便有了太阳和月亮。第五天，“上帝”说，水里、地上和空中都要有生灵，于是便创造了游鱼、走兽与飞鸟。第六天，上帝又照自己的样子创造了人，人分男女。完成这一切创造之后，到第七天，“上帝”终于疲倦了，他要休息了。现在全世界的人都在星期日休息，这个福分还得归功于“上帝”呢！

东西方文化史上存在的这几种代表性的人类起源说各有特点，《周易》、儒家的观念具有思辨性，道教的说法具有神秘性，伊斯兰教、基督教的创世说具有幻想性。以今天的科学发展水平来衡量，这些观念当然不能使人信服。在《周易》、儒家的人类起源说中，“乾坤”、“太极”或“阴阳”、“五行”都是无意识的存在，它们怎么能化生出有精神意识、有感觉思维的人呢？构成人与构成物的物质基础与化生机制既无本质区别，那么人又何以能成为万物之灵而根本有别于物呢？从终极层面上看，《周易》、儒家的人类起源说均解释不了这些问题。道教创生说把人类归结为“道”的化身“太上老君”的杰作，“太上老君”究竟是人还是神？如果是人，那么他如何能创造其他的人？如果是神，他便是无所不能的主宰者，那么他本身又怎么会是由无生命、无意识的宇宙“大道”创造的呢？因此，道教创生说同样存在着自身解决不了的难题。至于基督教与伊斯兰教将人类的诞生归功于一种异己的人格神“上帝”或“安拉”，这种观念只能存在于信仰领域，而经不起科学与理性的诘问。

同样是一种古代文化，甚至同样是一种宗教，佛教的人类缘生说又是怎样的呢？

（二）慧眼探源：人乃“五蕴”的聚合体

释迦牟尼为了找到解脱人类生老病死之苦的途径与方法，曾对宇宙间一切存在的所以然之理作过深刻的反思与解剖。他反思和解剖的结果是认为，宇宙间一切事物和现象都不是孤立存在的，而是由多种因素聚合而成的，其中的“有情”则由“五蕴”构成。“有情”亦称“众生”或“有情众生”，是指人和一切有情识的生物；与此相反，花草树木、山河大地等无情识的存在，则被称为“无情”或“非情”。在佛教看来，“无情”也好，“有情”也罢，均无独立自存的实体，而是多种因素的聚合体，其中的人便是由五种因素即“五蕴”聚合而成的。“五蕴”亦称“五阴”、“五众”，是指色、受、想、行、识五种现象。“色蕴”是指构成人的眼、耳、鼻、舌、身等感官和身体的物质；“受蕴”指人的感官在外界事物的作用下而产生的痛、痒、苦、乐等感受和体验；“想蕴”指人的感官摄取外界事物的表象而形成语言概念的精神活动；“行蕴”指人的思想中支配和决定人的行为的心理趋向、意志决断、目的筹划等以及由这些因素所决定的行为本身，亦即泛指一切身心活动；“识蕴”则是指一切认识活动赖以发生的精神主体，早期佛教将其分为六种，称为“六识”，即眼识、耳识、鼻识、舌识、身识、意识。

“五蕴”中的后四蕴即受、想、行、识相对于第一蕴“色”来说，亦称“非色四蕴”，简称“名”，故“五蕴”又叫“名色”。佛教认为，一切有情识的东西包括人在内，都是由“五蕴”或“名色”在一定条件下和合而成的；并且，这种和合是暂时的、易变的、不稳定的，条件变了，“五蕴”和合而生成的对象亦随之而变，即不一定生成人，可能是生成猫狗，也可能是生成牛马等。

那么，“五蕴”是在什么情况下和合成人的呢？要解答这一问题，须先了解佛教的一个基本观念：“业报轮回”。佛教认为，有情众生的生命不过是一系列因果相续的现象，一切众生都将根据自己前生所作的善恶之业而在“六道”中生死相续，轮回不已。“六道”是有情众生的六种转生趋向，从高到低依次为：天(天神)、人、阿修罗(古印度神话中专与天神搏斗的一种恶神)、畜生、饿鬼、地狱。生前作善业者，死后转生天、人二善道；生前作恶业者，死后堕于四恶道。在佛教看来，“人”原来是前生作善业的“众生”转生而来的，这个转生成“人”的“众生”前生也许是猪马牛羊，也许是恶魔饿鬼。而“众生”又是由“五蕴”聚合而成的，其中的作善业者，其构成元素“五蕴”便聚合成人或神；其中的作恶业者，其构成元素“五蕴”则聚合成畜生、饿鬼等。简言之，人从何处而来？在佛教看来，人是由“五蕴”在善业的作用下聚合而来。在现代高度发展的生命科学面前，这一回答当然不能令人信服。然而在历史上，这一观念早已深入到中国老百姓的灵魂深处，是他们用来止恶扬善的一种武器，也是他们严于律己的内在动力和教诲子孙的思想工具。而对于一种宗教来说，其学说能起到这样的作用，就足够了。因为宗教毕竟不等于科学，它只是一种信仰。

二、人的本质是什么

作为一种与宇宙间其他存在既有联系又有区别的存在，人究竟是一种什么样的存在？其本质属性是什么？这是人类自有自我意识以来一直在探讨的问题，多少古圣先哲为了解答这一问题而苦思冥想，各自在寻找着自己的答案。奇怪的是，对于“人是什么”这同一个问题，先哲们的回答却是如此的不同。

（一）不同文化的选择：自然的人抑或社会的人

孔子说：“人而不仁，如礼何？人而不仁，如乐何？”（《论语·八佾》）意思是说，人如果没有有别于其他物类的仁爱之心，那么只为人类所特有的礼乐文化对他又有什么意义呢？孔子视“仁”为人异于物的根本，故仁学乃儒学的灵魂。在孔子以及儒家那里，“仁”的最基本含义是“爱”。儒家之爱的对象很广泛，其中当然也包括爱自己，即爱惜自己的身躯与先验善性。但爱己只是一种最低层次的小爱，这种爱并非人区别于物的根本属性，因为动物也知道爱自己、保护自己。儒家的仁爱显然超越了这一范围，它不仅指爱己，更指爱人。所以，在儒家那里，既爱己又爱人才是人异于其他物类的本质属性。这种情感使得人能够克制自己的自然欲望即动物本能，使其动物性受到人性的约束，其自然性受到社会性的约束，从而将自己的欲望限制在他人及社会利益所许可的范围内。这种意识和特性只有人才可能具有，并且只要是一个人，他就必须具有这一意识和特性，因为这是人之为人的根本；反之，一个人即使有人之形，却无这种约束自我、仁爱同类的意识与特性，那他也不能算是人。孟子将这种意识与特性扩充为“四心”，即所谓“恻隐之心”、“羞恶之心”、“辞让之心”、“是非之心”。他认为无此“四心”则不可以称为人，所谓“无恻隐之心，非人也；无羞恶之心，非人也；无辞让之心，非人也；无是非之心，非人也。”（《孟子·公孙丑上》）这一观点看起来平淡，但若细细追究的话，在我们这个人类占绝对优势的地球上，徒有人形而无人心、被孟子视为“非人”的还真不少！然而，他们毕竟还是人，只不过是生物学意义上的人，而不是道德伦理意义上的人。也就是说，孔孟关于人的本质的理论是有偏颇的，因为，他们只强调了人的道德性，而忽视人的自然性。而在原始儒家这里已显偏颇的理论，又被后来儒者一步步引向了极端。至宋明理学家那里，孔子“克己复礼”的口号被演变成了“存天理，灭人欲”以及“饿死事极小，失节事极大”的说教。人们不禁要问：人若无欲，连生命都不可能产生；即使产生了，也不可能存续，还谈什么“天理”！至于后一句话即“饿死事极小，失节事极大”，则是专门针对女人尤其是寡妇而言的，女人失节或寡妇再嫁，在理学家那里会引起天崩地裂般的震惊，会遭到极其刻薄的辱骂：“你是淫女！”“你是荡妇！”“你不是人！”失节或再婚的女人中可能确有淫女荡妇，从而被视为非人；但若将失节者或再婚者与“不是人”等同起来，那么中国古代的男人中除了无力纳妾的穷男人外，几乎都不是人或可曰“淫男荡男”！而最“不是人”的还要数皇帝，因为他是天下欲望最多而又最不知节制的人。然而，理学的本质又恰恰是为皇权的至上性和合理性作论证的，它居然为一个“不是人”的人所拥有的权力作论证，这真是莫大的讽刺！从这里也可看出，儒家关于人的本质的理解是偏颇的。儒学家们强调了人的社会性、道德性，却忽视了人的自然性、动物性；他们高扬了人的德性而抑制了人的本能，在回答“人是什么”的问题时，他们的答案是不完整的。

被儒家所忽视的另一半答案，还是有人认识到了，告子便是其中较早的一个。在回答“什么是人”、“什么是人的本质和本性”时，告子提出了两个观点：一曰“生之谓性”，二曰“食色性也”。前者是将人的天生资质视为人的本性，这实际上是说，人一生下来所具有的特质就是人的本质，他有两只手、两条腿，而不是有四条腿或两只翅膀加两条腿；他稍长时能直立行走而不是爬行于地；他有一个有别于其他物类的身躯，这就是人。后一句话是说，人作为一种存在，其本质特性就是好美味、好美色，饿了知道找东西吃，有东西吃时知道挑好的吃；见到美色知道追逐，想要占有，这就是人。如此理解人，不知道人与牛、马、鸡、狗有多大区别。因为任何动物饿了也都知道找东西吃，有东西吃时也知道挑好的吃；任何雄性动物都知道寻找、追逐雌性动物，而雌性动物也会以其美丽的羽毛或动听的声音来引诱其雄性的同类，具有“人”这种形体的动物与具有千姿百态不同形体的其他动物在这两方面是如此相似，其间究竟有多少分别呢？实在看不出！难怪孟子骂告子是“禽兽”了，因为告子所理解的人原本就无异于禽兽。由此看来，告子对“人是什么”的回答仍未切中要害，他只看到了人的自然属性和动物本能，却忽视了人的社会属性，比儒家的观点失误更严重。

然而，告子的人生观在后世却颇有市场。上世纪初的中国思想界曾围绕着“科学”与“人”的关系问题展开了一场激烈的论战，其中一派以吴稚晖、胡适等人为代表，提出了一种“人欲横流的人生观”。吴稚晖对这种“新人生观的大旨”作过如是说：“所谓人生，便是用手用脑的一种动物，轮到宇宙大剧场的第亿垓八京六兆五千万七千幕，正在那里出台演唱”，演唱的内容便是“吃饭、生小孩、招呼朋友”这三件大事（吴稚晖《人生观》）。不知阴阳两界是否相通，如果相通，那么有了吴稚晖，则告子便不会孤独；而有了现代的某些享乐主义者，吴稚晖也同样不会孤独。

可以说，对于“人是什么”这一问题，儒家与告子等人的观点各执一端，均有偏颇。这说明，仅仅以社会道德属性或自然本能来理解人及其本质，都是极不完整而又极易产生消极影响的。

与历史上所有的哲人均不同，对于“人是什么”、“人的本质是什么”这一问题，佛陀有着自己独特的理解，其根本观点是认为：人幻我空。

（二）智破迷津：人幻我空

在两千五百多年以前的古印度，有一个国家叫迦毗罗卫国，其第六世国王——净饭王娶了邻国公主摩耶为妻。相传一天夜里，摩耶夫人梦见一个仪表堂堂的男子骑着一头白象从虚空中向她走来，他变得越来越小，最后一下子从她的右肋下钻入腹中。摩耶夫人骤然惊醒，从那一天以后，她就觉得有一个小生命在腹中悄悄生长。她怀孕十月以后，仍不见临产的迹象，净饭王便请来一位高明的相者为夫人面相。这位相者观察一阵之后，连连向净饭王道喜。净饭王忙问其故，相者说，人类的天赋有五等，每一等人的天赋都与其在母腹中住胎的月数有关，住胎十四月而生者为圣人，十二月而生者为贤人，十月而生者为明达之人，九月而生者为常人，八月以下而生者则为愚人。夫人要到四个月以后才能分娩，将来的太子必为圣人无疑。按照古印度的风俗，女人怀孕以后要到娘家去分娩。在公元前565年4月8日那天，摩耶夫人在众多宫女的陪伴下启程回娘家。关于摩耶分娩的情形，在佛教中有一则美丽的传说：在路经兰毗尼花园时，夫人被那美丽的景色迷住了，便游览了一下，又坐在一棵无忧树下休息片刻。她随意举起右手去攀摘花果，就在这时，奇迹发生了：一个小生命从她的右肋下缓缓降生，最后哇哇落地了！当时，这位小太子没有哭，他身上光芒四射，地上涌出莲花，天空中飘来了幽雅的音乐，并撒下了五彩的奇花。据说，太子一生下来就会说话会走路。他走了七步后，一手指天，一手指地，高声说道："天地之间，唯我独尊！"他的肤色似黄金，浑身有三十二种好相。净饭王为他这个奇特的儿子取名为"悉达多"，意即他出生时有种种奇异祥瑞。他就是后来的佛陀释迦牟尼。

净饭王做梦也没有想到，他这位生来与众不同、有种种奇特之相、英武伟岸、仪表堂堂的太子后来却否定了一切事物的真实性和永恒性，对权利、王位、金钱乃至人本身，也一概否定。在他看来，万物万象都是虚幻的，人本身也不例外。他对"人是什么"这一问题作出了惊世骇俗的回答："人幻我空！"

“人”为什么是幻？“我”何以是空？佛教认为，人及一切有情识的众生均是由“五蕴”聚合而成的。“五蕴”遇到一定条件后，于此时此地聚合在一起，形成了“此”；“五蕴”遇到另一种条件后，又于彼时彼地聚合在一起，形成了“彼”。一个个具体的人就是如此产生的，人与人之间在品性、天资、命运等等方面的不同，乃是由于“五蕴”在聚合成人时所遇到的条件不同所致。这些条件不是别的，就是每个人前世所作的“业”。前世作善业，今世成福人；前世作恶业，今世成罪人。然而，福人也好，罪人也罢，他们都只是“五蕴”暂时的聚合体，没有独立自存的自性。佛教将独立自存、不依赖于因缘条件而生起而存在的特性亦即“自性”称为“我”，“我”是一种有绝对自由的独立存在的精神实体；人作为“五蕴”的聚合体，他没有这种特性，这就叫做“人无我”或“人空”。人的自性为空，那么单就人的形体而言，是否也是空幻的呢？佛教的回答是肯定的。其原因就在于，构成人的“五蕴”本身就是空幻的，所谓“四大本空，五蕴非有，缘聚则合，缘散则离”(《金刚经》)。构成人的“五蕴”既是空幻的，那么由“五蕴”构成的人自然也是空幻的，他们缘聚则合，好像是存在的；但缘散则离，又毕竟是空。打个比方，“人”这种存在好似由一对夫妻所组成的“家”，缘分来了，他们便走到了一起，组成了“家”；及至缘分尽了，他们便又各奔东西，“家”也就没有了。就一个个“家”而言，说它是无，它毕竟存在过；说它是有，它又是如此的不稳定。那么，它到底是有还是无？按佛教的观点，它是“亦有亦无”，有为假有，即现象为有；无为性无，即本性为无。人也一样，他是“亦有亦无，非有非无”的一种存在。一个个人好似一个个肥皂泡，他曾经存在过，但并非真实的存在，因为他没有独立的自性，不能脱离特定条件而“自己”独立存在。决定他存在的条件存在一天，他便存在一天；决定他存在的条件消失了，他也随之消失。人又好似露珠，在夏日的清晨，那小草上、那鲜花上、那树叶上，挂满了水晶般的露珠，晶莹发亮，美妙无比；然而它经不起阳光的照射，太阳一出，它就无可挽回地消失了。泡沫与露珠是有是无？佛教认为，它们亦有亦无；情同于此的人是有是无？他们同样是亦有亦无，佛教谓之“空幻”。空幻并不意味着不存在，而是说这种存在并非真实的存在，其存在是一种假象、幻象，是相对的，其不存在才是真实的、绝对的。其实，这并不难理解。任何人的“生”都是有限的、有条件的、相对的，而他的“死”则是无限的、无条件的、绝对的。那么，究竟是“生”更根本、更实在，还是“死”更根本、更实在？这一问题，即使没有学过佛学的人也不难回答，佛陀只是对这一生命现象作了一番理性反思而已。这种人幻我空的观念，是佛教从缘起论的角度来考察“人”所得出的结论。

人既生以后，从他的各种构成要素来看，也是空幻的。佛教认为，一个活生生的人是由三方面因素构成的，这便是生理因素、物理因素和心理因素。佛教将人的生理因素称为“六根”，“六根”亦名“六情”或“内六处”，是指具有感觉和思维功能的眼、耳、鼻、舌、身、意等感觉和思维器官，亦即人的生理器官。物理因素则是指人生存的各种物质条件，佛教称为“六境”。“六境”亦名“六尘”或“外六处”，是指“六根”所感觉和认识的六种“境界”，亦即对象：色、声、香、味、触、法。“眼”能视“色”，“耳”能听“声”，“鼻”能嗅“香”，“舌”能尝“味”，“身”有所“触”，“意”能识“法”。佛教又将人的心理因素称为“六识”，“六识”是指“六根”对“六境”所具有的六种感觉与思维功能，即眼识、耳识、鼻识、舌识、身识、意识。“六根”、“六境”、六识”加起来便是十八种因素，佛教称之为“十八界”。这“十八界”便是任何一个活生生的人都具有的生理、物理、心理三大因素，三者相互依存，相互作用，缺一不可。在任何一个现实的人身上，这三者之中的任何一个因素出了故障，那么其他两个方面也都不会是正常的。这好比一个车轮由三个部分组成，其中任何一个部分失去了或是损坏了，那么这个车轮就会断裂或解体。人也是如此。

譬如，光有“六根”与“六识”而无“六境”，即光有感觉思维器官与功能，却无感觉思维对象，那么这个“人”便不可能存在。感觉思维对象也就是人类生存的物质基础和环境，我们不能想象光有生理器官和感觉功能却无生存条件与环境的人如何能生存。在科学、教育如此发展的今天，连几岁幼童都知道，一个人要活着，就必须具备三个最基本的条件：阳光、空气和水。感觉对象亦即生存环境虽然不是人本身，但若没有了它，我们无论如何也不能想象人怎么生存。如此说来，没有了“六境”，那么由“六根”与“六识”所组成的“人”便只能是“空”。

我们换个角度来看，假如一个人具有“六根”与“六境”却无“六识”，那会出现什么情形呢？那情形是：五彩的云朵飘在天空，绝美的景物摆在眼前，他有眼却看不见；动人的音乐在耳边萦绕，他有耳却听不见；香气袭人的鲜花放在他面前，他有鼻却嗅不到；美味佳肴摆在那里，他有舌却尝不到味；周围有万事万物在生生化化，他有身却感触不到；大千世界纷呈在面前，他有脑却意识不到。这样的人还是一个真实的人吗？也许有人会说，残疾人中也有这种情况，但谁也不能怀疑其真实性。不错，谁也不能怀疑残疾人的真实性，而且其中很多比体格健全者还要真实，因为他们可以创造出连许多四肢健全的正常人也创造不了的人生价值。然而，假如一个人不仅四肢残缺，而且根本就没有任何感觉意识功能，那么他还能算是残疾人吗？我们知道，对这种病人，医学上有一个称呼，叫做“植物人”。一个植物人，他究竟是更近似于植物还是更近似于人？他没有了感觉意识，没有了意义世界，甚至连自己的存在都不知道，除了具有一副人的身躯以外，他与植物有什么本质区别呢？是此时成为植物人的“他”更真实呢，还是过去那个健康的“他”更真实？假如有谁能预知自己将来某一天会成为植物人，那他绝对不会承认那时的“他”就是真实的他，一个没有感觉意识、没有生机活力、不会劳动的“他”同那个曾经生机勃勃、充满创造力的“他”怎么能相提并论呢？从具体意义上说，道理是如此；从抽象意义上说，又岂不一样！具体的没有感觉意识的“植物人”不能算是真实的人，那么抽象的没有“六识”的“六根”组合物又岂能算是真实的人！

再换一个角度来看，假如在构成人的“十八界”中，只有“六境”与“六识”，而无“六根”，那根本就不可能组合成“人”，而且连“六识”也无从谈起，更不要说什么“人”的真实性了。

如此说来，“人”这种生命形式真是脆弱得很，在其生理、心理、物理这三大构成要素中，缺少任何一种要素，都将不再是健全的真实的人。佛教认为，不仅在缺少任何一种要素的情况下，“人”会不健全、不真实，就是在三大要素都健全或具备的情况下，“人”也是不真实的。其理由是：这三大要素中的任何一种都无自性，不能独立存在。按照佛教缘起论的观点，“六根”无自性（因为“五蕴”非有），“六境”无自性（因为万法皆空），“六识”更不能独立存在。构成人的“十八界”即“六根”、“六境”、“六识”本身就是虚幻不实的，那么，由“十八界”所构成的“人”这种生命形式又怎么可能是真实的呢？

这样一来，关于“人”的本质问题，无论是从“人”之类存在的生起上说，还是从其存在形态上说，佛教通过上述分析，都得出了相同的结论：人幻我空。这一观念是佛教人生哲学的起点，亦是其一切价值判断和人生信念的基石。对这一观念，《佛说大乘金刚经论》中有一段集中的论述：

> 一曰空身，二曰空心，三曰空性，四曰空法。云何空身？身是父母所生，亦是父母息气，九孔常流，种种不净，四大假合，终须败坏。有智男女，知身是幻，未死之前，当死一般，借此幻身，学佛修行，名悟身空；复观自心，非生非灭，最圣最灵，遇境似有，境灭还无，令悟真心，常觉不昧，不随妄想流转，但依真性主行，名悟心空；复观自性，寂然不动，感而遂通，变化无穷，威

灵莫测，明明了了，自觉自知，灵灵寂寂，无为常为，名悟性空；复观如来，所说经法，皆是方便，引导法门，如水洗尘，似病与药，令证心空法了，病退药除，名悟法空。

人究竟是什么？这在大多数人看来根本不成为问题的问题，自古以来却不知困扰了多少古圣先哲。在佛陀看来就是：人是空幻！这一反常识的奇论一出，立即吸引了古印度千千万万个苦苦思索人生之究竟而又无力寻找到答案的善男信女们，他们有的过去曾嫉恨过佛陀的才华，此时却因佛陀说出了他们所欲说却又说不出的道理而对其佩服得五体投地；有的过去是婆罗门教徒，对佛教这一异教曾极力诽谤过，但当他们闻知佛陀这一骇世之论以后，也不得不惊叹其智慧的高超，不得不承认佛教这一新生宗教的魅力，最后都纷纷弃旧从新，归依到佛陀的门下。

人幻我空，这一反常之论真有这么大的魅力吗？对于只知道生存而从不追问人生之究竟的人来说，这无异于痴人梦语。但对那些关怀人生之究竟的人来说，这一言论是不会遭到被嗤之以鼻的尴尬处境的，人们会多少思考一下这一观念有无一定道理或是在什么情况下有一点道理。我们每个人都是社会性存在，来到人间都要担当一定的社会角色，但决不应只是这些角色的聚合体，除了这些角色而外，还应有属于自己的“自我”。没有了自我，人便只是在扮演角色，只是在演戏。演戏对于一个人的人生来说，是真是假？这恰恰应了佛教的一句话：亦真亦假！当然，这里的“假”并非指“虚伪”，而是指“自我”的丧失。有些人一生都在为权利而活着，为金钱而活着，为名利而活着，为责任义务而活着。不可否认：人生不可缺少这些东西中的某些内容，特别是不可缺少责任感义务感；但如果仅仅为着这些而活着，那他就失去了自我。

三、觉者的忠告：当悟身空

当年，悉达多太子终日陷于对人生的苦思冥想之中，甚至对宫中美女婀娜的舞姿和优美的歌声亦视而不见、听而不闻，对此净饭王感到了不安，害怕有什么意外的事发生。为了拴住太子的心，他在积极筹划选妃之事。迦毗罗卫国的邻邦天臂城之善觉王有一位美丽无比的公主，名叫耶输陀罗。净饭王有意为儿子娶回这位绝世超群的美人，正好这位公主对悉达多太子情有独钟。于是不久，迦毗罗卫国举行了一场最隆重、最豪华的婚礼，悉达多太子与耶输陀罗公主成婚了！洞房花烛夜，这该是人生最美好、最甜蜜、最幸福的时刻。然而，对于悉达多来说却并不是这么回事，他不仅没有感到喜悦和幸福，反而觉得心情无比沉重。因为，当别人只看到公主此时此刻的绝世之美时，他却仿佛看到了她正在由美丽无比变为红颜消退直至最后花谢人亡这一生命之流的流动，他也看到了自己以及千千万万生灵由年轻、年壮到年衰直至老死的生命轨迹。正当他在为寻找人生解脱之道而烦恼、而绞尽脑汁、而欲远离尘俗时，父王却将婚姻的枷锁套在了他的脖子上，他怎么能快乐起来呢？于是，在芸芸众生梦寐以求的新婚之夜，悉达多太子逃走了。新房里传出了公主伤心的哭泣声，哭声惊动了宫女，惊呆了国王。净饭王派了大队人马四处寻找，终于将太子找了回来。为了稳住他，人们仍在以世俗的药方医治他的心病。那些天性好色、以己度人的大臣们认为，天下没有在美女面前不动心的男人，太子对王妃不动心，一定是王妃尚不足以让他动心。他们便建议净饭王挑选了一百名美女，日夜相伴于太子身边，做尽媚态，竞相勾引。也许换成任何一个男人，都不会对此毫不动心的。试看历史上有多少英雄豪杰最终都拜倒在石榴裙下，又有多少帝王将相为了美人而江山易主、朝代易姓，但悉达多却是一个例外。他最初的伟大之处就在这里。在人们看来，那是一个个娇艳夺目的美人；然而，在他眼里，那是一个个由色、受、想、行、识“五蕴”构成的聚合体，由眼、耳、鼻、舌、身、意“六根”组成的会说话、会作态的动物，是一个个只有形式没有内容的躯壳。她们似真实幻，似有实无。悉达多是发誓要拯救天下苍生于痛苦之中的，他怎么会为这些空幻的躯壳所动心而改变初衷呢？相反，这只能使他更加感觉到尘俗的污浊和众生的愚昧。见美色打动不了太子的心，一位大臣又献一计，他乘王妃回娘家之机，让一名美女于深夜太子入睡后，一丝不挂地躺在其身边，企图以色欲来消磨太子出家的意志。男子的力气虽大，伟人的意志虽坚，但我不知道世上有多少男子于此时此刻、此种情境中能有力量、有意志将她推下床去。而悉达多做到了，他岂止是将她推下去，他简直是气疯了！他感到自己的人格受到了极大的污辱，他终于狂怒地呼喊道：“这个污秽不净的地方，我再也呆不下去了，我要出去！我要出去！”

悉达多太子终于出走了。若干年后，当他觉悟了人幻我空的道理后，便孜孜不倦地对深为形色所困扰的人们进行开导。他向人们畅谈人的虚幻、美色的虚幻以及整个人生的虚幻。他说，世上的人无不为自己的形色所困扰。美丽者沾沾自喜，自高自大，进而以美色为资本去勾引异性，去换取自己的所求。结果呢？无论他是得到了，还是没有得到，都将归于空幻。没有得到固然是空幻，得到了终必失去，仍然是空幻。并且，美色是什么？它只不过是一副具有诱惑力的幻相。透过那副美丽的皮囊，我们会发现里面的肮脏，那七窍九孔在不停地流着不净的污浊，那五脏六腑在不停地与死亡搏斗，力量越来越小、越来越弱，最后终于停止了搏斗，而那副美丽的皮囊便也不再美丽，它将黯然失色，将枯萎死亡，将腐败发臭，将为万蚁所噬。悉达多还说，世上另有一种人也常常为自己的形色所困扰，这就是那些形体丑陋者。他们常常责问苍天：“你为何对我如此不公平，没有赐给我一具美丽的身躯、一张可人的脸儿？”其实，他们哪里知道，身躯是空，脸儿是空，整个人都是空！如前所述，在佛教看来，人的身躯只是“五蕴”在因缘作用下的假合体，“五蕴”遇缘则聚，聚而成人，或为美者，或为丑者，或为平常者；但美也好，丑也好，平常也好，他们都只是因缘的假合，缘来则聚，缘尽则散，散而复归于虚无，如此则美者亦无，丑者亦无，平常者亦无，这些幻相都将随因缘的消失而一同消失。对这样一个虚幻不实的假合之身，我们有什么理由去执著它，为它所烦恼、所困扰呢？

这的确是一种智者的忠告。而佛陀所忠告的对象又岂止是两千五百多年以前生活在他周围的为形色所烦恼所困扰的人们，又何尝不包括两千五百多年以来的芸芸众生！为形色所困扰，为身躯性命所牵累，这难道不同样是我们这些芸芸众生的烦恼所在吗？如果一定要认虚幻为实有，认为可以万无一失地永远拥有它，那么到头来只能得到“空悲切”的结果。可叹的是，在茫茫人海中，悟此之理者太少，而深受身躯之牵累、形色之困惑者太多。所以，佛陀关于“身空”的忠告虽不符合科学常识，但对于那些太执著于自我的人来说，却不乏一定的启迪意义。

第四章

环境的空幻性

> 不求真，不断妄，了知二法空无相。无相无空无不空，即是如来真实相。
>
> ——《永嘉证道歌》

人总是生活于一定环境之中的，从狭义来说，人的环境是指与人的生存有关的文化背景、社会状态和自然事物；从广义来说，人的环境则是相对于人类主体而言的整个宇宙客体，包括宇宙中的一切存在及其相互间的关系。佛教对这一问题的考察是从后一角度着眼的。就是说，它在探讨人的生存环境时，是把整个宇宙作为考察对象的。

一、人类的生存环境：三千大千世界

为了回答“宇宙构成的人类生存大环境的情形是怎样的”这一问题，佛教构造了一个“三千大千世界”的宇宙图景。

“三千大千世界”说是佛教的宇宙图式论，是佛教对人类生存环境的理解和构想，其中虽融入了科学的观察、大胆的猜测，但更多的是宗教的幻想。据《长阿含经》等佛典的描述，“三千大千世界”的情形是这样的：世界的中心是须弥山，它原是古印度神话中的山名，为佛教所采用。佛教将以须弥山为中心、以铁围山为外廓、同一日月所照的世界称为一个“小世界”；以“小世界”为单位，如此的一千个“小世界”为一“小千世界”；又以“小千世界”为单位，如此的一千个“小千世界”为一“中千世界”；再以“中千世界”为单位，如此的一千个“中千世界”为一“大千世界”。换算一下就是，一千个“小世界”为“小千世界”，一百万个“小世界”为“中千世界”，十亿个“小世界”为“大千世界”。由于一个“大千世界”包含有小千、中千、大千三种“千”，故合称“三千大千世界”。佛教宣称，宇宙是由无数个“三千大千世界”构成的，在空间上无边无际，无法测量，犹如微尘或恒河沙数无法测量一样，故亦称“十方微尘世界”。在这无限的空间里有无数的森罗世界，其中有一个叫做“娑婆世界”，这是由六道众生杂处的世界。佛为了解救众生离苦得乐，便在这里教化众生。

佛教还对它所构想的人类生存环境即“三千大千世界”的形状和构造进行了描绘。它说，每一个世界都以一个物质性的大地为基础，大地是圆柱形的，人们能看见的是其顶上的平面。大地由许多层不同的物质（佛教称为“轮层”）构成，下面是无限的空界即空间。大地之所以能够凝结、形成，从而构成人类生存的环境，是由于众生共同所造之“业”所致。众生所造的“业”能形成一种强大的力量，称为“业增上力”，它使空界中十方风起、互相激荡，到后来便形成紧密不动的“气”，称为“妙风轮”。“妙风轮”厚达一百六十万由旬（“由旬”为梵文音译之词，亦译为“俞旬”、“揄旬”、“由延”、“逾阇”“逾缮那”等，是古印度计算距离的单位。以帝王一日行军之路程为一“由旬”，相当于印度的三十里）。此轮形成后，又有金色云彩遍布空界。接着，倾盆大雨降落在妙风轮上，称为“水轮”。水轮形成后，就使宇宙在风层气层之上又有了水层，水层深达八十万由旬。后来，大风再起，冲击水轮，并在水层上结成金，称“金地轮”(实际上即是指石层)，深达三十二万由旬。金地轮之上，即构成大地的软土，此土层深为八万由旬。软土上有山，周围是海洋、大洲等，这就是我们能感觉到的生存环境。

佛教宣称，宇宙最美妙的地方是其中心须弥山。须弥山由金、银、琉璃和玻璃四宝所构成，相传此山高为八万四千由旬，山顶上为“帝释天”，此处宫殿林立，香气缭绕，树繁叶茂。须弥山的四面山腰为四“天王天”，是四天王及其眷属居住的地方。“四天王”亦称“护世四天王”，佛教说他们各居于须弥山腰之一方，各护一方天下(中国内地寺院中“四大天王”的塑像一般为：东方为“持国天王”，其塑像是身白色，持琵琶；南方为“增长天王”，身青色，持宝剑；西方为“广目天王”，身红色，手缠一龙；北方为“多闻天王”，身绿色，右手持伞，左手持银鼠)。据《长阿含经》卷十八记载，四天王所居住的四天王天高达四万二千由旬，“所居宫殿，有七重宝城栏楯、七重罗网、七重行树、七重诸宝铃，乃至无数众鸟相和而鸣”。佛经上说，须弥山的周围有七香海、七金山(亦称“七轮围山”)。七重香海位于须弥山和七金山之间，总名为“内海”。第七重金山之外是由铁围成的铁围山，铁围山环绕着咸海。咸海中有四大洲、八中洲和无数小洲。四大洲亦称“四大部洲”，指的是东胜瀛洲、南赡部洲、西牛货洲、北俱卢洲。每一大洲两侧又各有两个中洲，四大洲共有八中洲，每洲皆有人居住。

上述图景就是佛教所构造的众生包括人的生存环境，这幅图景是着重从众生生存环境的物质结构上进行描绘的。同时，佛教又从宗教立场出发，将整个宇宙一分为二，即分为世俗世界和佛国净土这两个相对的部分，并进而把世俗世界分为欲界、色界和无色界三界，从而又形成了佛教的宇宙结构论。

二、人类环境的结构：世俗世界与佛国净土

（一）世俗世界

世俗世界是指有情众生所居处的世界，佛教对它作了多层次的考察，将其划分为欲界、色界、无色界三种境界。

1.欲界

这里的“欲”是贪欲的意思，主要指食欲和淫欲。“欲界”即是指受到食欲和淫欲支配煎熬的众生所居住的世界。欲界里的众生分为六类，即前文提到的“六道”，由低到高依次为：地狱、饿鬼、畜生、阿修罗、人、天。六道及其空间位置与情形各有所属。

(1)地狱。“地狱”亦称“不乐”、“可厌”、“苦具”、“苦器”等，为六道中的三恶道之一。佛教设置了无数个地狱，不同的佛典对这些地狱作了不同的分类。《俱舍论》、《大乘义章》等将其分为八种，称为“八大地狱”或“八热地狱”，分别是指：①等活地狱，投生此地狱者互相残杀，尸体经凉风吹后又死而复活，再受更大的痛苦；②黑绳地狱，投生此地狱者，要被黑铁绳所绞勒；③众合地狱，投生此地狱者，要受到众多野兽及刑具的残杀；④号叫地狱，投生此地狱者，受尽苦难的折磨而发出悲号；⑤大叫地狱，投生此地狱者，所受的残害较前更重，故要大声呼叫；⑥炎热地狱，投生此地狱者，要受到铜镬、炭坑的煮烧；⑦大热地狱，罪人受煮烧较前更烈。⑧阿鼻地狱，亦称“无间地狱”，位于南赡部洲之下二万由旬，深度与广度亦为二万由旬，造“十不善业”重罪者堕入此地狱，受苦无间。有的佛典则指出，地狱有以下几大类：一是“孤独地狱”，由八万四千小地狱组成，位于大地上面，处于山间旷野之中以及水上树下等处；二是“近边地狱”，位于世界边界之外；三是“八寒地狱”，位于南赡部洲下面极度寒冷的地方，分别是指：①阿部陀地狱，堕入者身寒生疮；②尼

刺部陀地狱，堕入者身寒疮破；③阿吒吒地狱，堕入者唇舌冻僵，发出颤音；④臛臛婆地狱，堕入者口发“臛臛婆”声；⑤虎虎婆地狱，堕入者不能发声，只能在喉咙里发出“虎虎婆”响声；⑥温钵罗地狱，堕入者身体冻裂，像青莲花；⑦钵特摩地狱，堕入者身体大裂，像红莲花；⑧摩诃钵特摩地狱，堕入者骨折如白莲花。佛经上说，地狱之王是阎罗王（亦称“琰魔王”），他手下有十八判官以及成千上万的差役，内中设有法庭以审判受报者，并由鬼卒分掌处置。

（2）饿鬼。饿鬼是“六道”中的恶道之一，据称种类很多，总的特征是常常苦于饥饿，其中有的腹大如鼓，喉细似针，没有人给他们举行祭祀，因而经常忍饥挨饿。他们居于阎罗王的地下宫殿，也居于人间坟地、黑山洞等地。

（3）畜生。住在地面上，多半在水中。

（4）阿修罗。此种众生居于须弥山低处和轮围山一带。

（5）人。佛经上说人居住在南赡部洲的地面上。

（6）天。“天”亦称“天人”、“天众”、“天部”，是高于人类的上界生类，而不是指天空。“天”的另一种含义是指这些生类所生活的环境，包括“欲界六天”，具体是指：①四天王天。此种天前文已提及，佛教说它是欲界六天中最低的天，也就是最接近人世的天。佛经上宣称，在须弥山腰有一座犍陀罗山，此山有四峰，每峰居住一天王，各护一天下。四天王在中国又俗称“四大金刚”，是东、南、西、北四方的守护者，具体即是前面提到的东方持国天王、南方增长天王、西方广目天王、北方多闻天王。四天王各有九十一弟子，辅佐四王守护空间十方。四天王又各有八个大将，代理天王管理所居各处的山河、森林以及其他地方的小神。八大将中居首位的是韦陀，是专门保护出家僧尼的，因此极受中国僧人的尊崇。②忉利天。亦称“三十三天”，是欲界六天中的第二天，位于须弥山巅，四方有四峰，四峰各有八天，总共三十二天。它们共同辅佐居于中央的帝释天，合称

"三十三天"。此天的主管者是帝释天，其王城位于须弥山巅的太平地正中，王城每边长二千五百由旬，由高一由旬半的金城围绕，地面用金铺成，并饰有五颜六色的珠宝。王城中央为帝释天的宫殿，四周总长为一千由旬，城外周围是四苑，苑中各有如意池，池里积满了功德水。城东北有高达百由旬的神树，终年散发出芳香；西南有会堂，为天人讲经说法处。③夜摩天。此天在忉利天之上八万由旬处，昼夜不分，光明灿烂。④兜率天。此天位于兜率天之上十六万由旬处，居住在这里的天人通体光明，能照耀全世界。⑤乐变化天。此天位于夜摩天之上三十二万由旬处，居住在这里的天人，其主观欲望都能立刻变成现实快乐。⑥他化自在天。此天在乐变化天之上六十四万由旬处，是欲界六天中位置最高的一天，居住此天的天人能自由变化，自在受乐。这里的统治者叫做"他化自在王"，他亦是整个欲界之王。

2.色界

色界位于欲界之上，是已离开食淫二欲的众生所居住的地方。由于居住在这里的众生仍有形状和身体，亦有所居住的宫殿、国土，即有"色"，故称"色界"。据《俱舍论》等所载，色界包括"四禅天"，共十七层梵天，称"色界十七天"。其中的前九天三个为一排，连同后八天，高居于欲界之上。

(1)初禅天。生于此处的众生不食人间烟火，故无鼻、舌二识，但有眼、耳、身、意四识生起的喜、乐二受和寻、伺思维能力。初禅天包括三层梵天：一为梵众天，"梵"即天王、天神，此天为大梵天王所统领；二为梵辅天，是大梵天王的辅相；三为大梵天，为初禅天之王。

(2)二禅天。生于此处的众生既无眼、耳、鼻、舌、身五识，亦无寻、伺思维能力，只有意识与喜受及舍受(非苦非乐之感受)相应。二禅天也包括三层梵天：一为少光天，此处光明最少；二为无量光天，即光明增加为无量无限的光天；三为极光净天，此天光明遍照，而且说话亦口出净光。

(3)三禅天。生于此处的众生唯有意识活动，与乐受、舍受相应。此天亦包括三层梵天：一是少净天，离喜受乐为“净”，少净天即“净”少之天；二是无量净天，即“净”增为无量之天；三是遍净天，即“净”周遍一切之天。

(4)四禅天。生于此处的众生唯有与舍受相应的意识活动。此天包括八层梵天：一是无云天，即此天无云；二是福生天，这是有胜福力者方能往生的天；三是广果天，即果报最胜最广的天；四是无烦天，指没有烦乱之天；五是无热天，即离诸恼热的天；六是善观天，指果德易彰之天；七是善见天，指见极清澈的天；八是色究竟天，此天是色界最高的天，上有大自在王，主大千世界，也是所谓十住菩萨的最后生处。

3. 无色界

无色界位于色界之上，是三界中最高的一界，为既无欲望亦无形体的生存者居住的地方。此处没有宫室和自然国土，亦无任何物质性的东西，故名“无色界”。

“无色界”的居住者与“无色定”的修行者相对应。“无色定”是一种对治色的束缚、灭除一切对外境的感受和思想的修行以及由此达到的精神境界。这种修行方法与相应的境界分为四等，称“四无色定”，即“空无边处定”、“识无边处定”、“无所有处定”、“非想非非想处定”(此“四无色定”的内容于后文详述)。佛教说，修习四无色定的人死后生于相应的四无色界。四无色界亦称“四无色天”，它与四无色定的名称及高低等次均一一对应：①空无边处天，此为修习“空无边处定”者死后所生之处。②识无边处天，此为修习“识无边处定”者死后所生之处。③无所有处天，此为修习“无所有处定”者死后所生之处。④非想非非想处天，此为修习“非想非非想处定”者死后所生之处。

与上述欲界、色界、无色界这一世俗三界相对的是佛国净土。

(二)佛国净土

小乘佛教一般不讲佛国净土,它认为一般众生只能修成阿罗汉果,是很难成佛的。“佛”只是对释迦牟尼的尊称,释迦牟尼佛教化的地方,是佛和众生共同居住的世界,因而没有专门的佛国净土。大乘佛教则认为,一切众生都能成佛,三世十方处处是佛,其数量如同恒河沙子一般难以计量。这无数的佛所居住的世界就是佛国净土。“佛国净土”亦称“佛国”、“净国”、“净刹”、“净界”,它是与世俗众生所居的所谓“秽土”、“秽国”相对的。

关于佛国净土的情况,大乘佛教的不同典籍有不同描述,其中影响最大的有以下几种说法:

1. 弥陀净土

“弥陀净土”也称“阿弥陀佛西方净土”或“极乐世界”,是《无量寿经》及《佛说阿弥陀经》所宣扬的净土。这些经典描绘了这一净土中尽善尽美、庄严奇妙的景象。如《无量寿经》说,在这里,“衣服饮食,花香璎珞,缯盖幢幡,微妙音声,所居舍宅,宫殿楼阁,称其形色高下大小,或一宝二宝,乃至无量众宝,随意所欲,应念即至”。在这里一应俱全,所求必应,没有痛苦,只有欢乐。这些经典还宣称,众生只要信仰阿弥陀佛并称念此佛名号,死后即可往生弥陀净土。

2. 华藏世界

“华藏世界”亦称“莲华藏世界”,是《华严经》宣传的净土。该经宣称,世界是毗卢舍那佛的显现,山河大地、各种生物及一切现象均是佛体,一切声音都是佛法的狮子吼。毗卢舍那佛是华藏世界的教主,华藏世界是毗卢舍那佛教化众生的地方。这里的一切均由须弥山无数风轮所持,最下面的风轮能住持上面的一切宝焰,最上面的风轮能住持香水海,香水海中有大莲花,四周为金刚轮山所围绕。《华严经》宣称，华藏世界有无数香水海，每一香水海中各有大莲花，每一莲花中又包藏无数世界。这些世界次第排列，其中第十三重为“娑婆世界”，是人类居住的地方。在娑婆世界里，人人都有佛性，人人都可成佛。

3. 密宗宣扬的十三天

密宗将佛国净土置于一种动态变化之中，与众生修行的境界联系起来。该宗认为，菩萨修行有十三地，他们功德圆满、修成佛果后所达到的佛国境界也有十三天，毗卢舍那佛住在最高的一层天。一般佛教徒只要修行圆满，死后也都可辗转经过“十三天”而到达毗卢舍那佛所在之天，其顺序是：①在不动明王处度过初七日；②在释迦牟尼佛处度过第二个七日；③在文殊师利处度过第三个七日；④在普贤处度过第四个七日；⑤在地藏处度过第五个七日；⑥在弥勒处度过第六个七日；⑦在药师处度过第七个七日；⑧在观世音处度过百日；⑨在大势至处度过一年；⑩在阿弥陀处度过三年；⑪在阿闳处度过七年；⑫在大日如来处度过一段时间；⑬到达毗卢舍那佛处。

4. 唯心净土

有的佛教典籍反对在世俗世界之外去建立佛国净土，将净土之“净”理解为心灵之净，提倡唯心净土，认为真正的净土就在心中。印度佛典《维摩经·佛国品》说：“若菩萨欲得净土，当净其心，随其心净，则佛土净。”中国禅宗突出了这一思想，大力提倡唯心净土。慧能说：“迷人念佛求生于彼，悟人自净其心。所以佛言：随其心净，即佛土净……凡愚不了自性，不识身中净土，愿东愿西；悟人在处一般，所以佛言，随所住处恒安乐。”（《坛经》）

显然，在佛教构造的宇宙图式中，所谓佛国净土只不过是一种虚构，除了佛教徒以外，大概无人相信它存在的真实性。即使是佛教所说的世俗世界，也与我们所理解的外在世界有相当大的差异。不过，佛教宇宙观中也包含着某些符合常识乃至科学的成分，如其关于时空无限性及宇宙无限性观念，其关于人类生存环境的某些描述，都于大胆猜想中透出智慧的闪光。

现在要解释的问题是，这样一个生存环境是怎么形成的？是由什么构成的？构成这一生存环境的东西本身又是怎么产生的？对这些问题，佛教是这么看待的：宇宙即人类生存环境是由种种“法”构成的，而“法”又是在因缘的作用下产生的。这一观念反映在其缘起论中。

三、人类环境的产生：法的缘起

（一）“法”的概念

“法”是佛教中概括性最大、使用范围最广的一个概念。这一概念的提出，是佛教在人类思想史上的一种独创，它标示着佛教不只是一种信仰，同时亦是一种有着高度思辨性、有着博大精深之理论体系的独特哲学，只不过对于佛教徒来说，这种哲学同时亦是一种信仰罢了。

“法”是梵文“达摩”的意译，据《成唯识论》等所释，其含义是“任持自性，轨生物解”。意思是说，任何事物都保持着自身的性质和相状，有其一定的规则，使人看到了便可以对它有所了解，对它产生一定的认识，这就是“法”。例如，水有湿性、火有热性、冰有凉性，它们各有自己的存在规则，人们看到它们以后便能产生一定的认识，从而对它们有所了解，它们都是“法”。简言之，凡是具有质的规定性、并能引生一定认识的事物和现象，都可以称为“法”。在佛教典籍中，“法”大致有三种用法：一是指佛的教法，或称“佛法”；二是泛指一切事物和现象，包括物质的和精神的，存在的和不存在的，过去的、现在的和未来的；三是特指某一事物和现象。这里所说的构成人类生存环境的法是指第二种意义上的，尤其是其中的物质方面。作为这一意义上的“法”，大致相当于我们今天所说的“物质”概念。熊十力对此有一段说明，他说："法字义，略当于中文物字之意。中文物字，乃至普遍之公名，一切物质现象，或一切事情，通名为物。即凡心中想象之境，亦得云物。物字亦恒与事字连用，而曰物事或事物。物字所指目者，犹不止于现象界而已，乃至现象之体源，即凡云万化所资始，如所谓道或诚者，亦得以物字而指目之……故中文物字，为至大无外之公名，佛书中法字，与物字意义相近，亦即至大无外之公名。"(《佛家名相通释》)

(二)"缘起"概念

"缘起"是"诸法由因缘而生起"的简称，"缘"是结果所赖以生起的条件，"起"即生起之义。佛教缘起论所揭示的是事物之间的因果关系。此论认为，宇宙间一切现象无一不是由因缘和合而生起的，任何现象的生起都有赖于因缘，所谓"因缘合，诸法即生"(《俱舍论》卷六)。在生"果"中起直接的主要作用的条件为"因"，起间接的辅助作用的条件为"缘"。有时，"因"与"缘"也简称为"缘起"之"缘"。佛教关于"缘起"的定义是："此有故彼有，此生故彼生(起)；此无则彼无，此灭则彼灭。"(《杂阿含经》卷十二)意即"彼"的生起依赖于"此"，故"此"是"彼"的缘。

"缘起"的重心在"缘"。对于"缘"，佛教作了分类，提出了"四缘"说。"四缘"是指一切事物赖以生起的四类条件，它概括了佛教所说的一切因缘。

1. 因缘

佛教通常将"因"和"缘"加以区别，从产生的结果来看，直接的主要条件是"因"，间接的辅助条件为"缘"。这里所说的"因缘"，是指"因"就是"缘"，"因缘"即指在事物生成或观念生成中起主要作用的条件。如饭是由米做成的，米即是形成饭的因缘；又如竹篮是由竹子做成的，竹子即是形成竹篮的因缘。"因缘"包括"六因"中除"能作因"以外的其他五因，即"俱有因"、"相应因"、"同类因"、"遍行因"、"异熟因"。因缘之"缘"适用于任何物质和精神现象。

2. 等无间缘

“等无间缘”也叫“次第缘”，这种缘只适用于精神现象，特指前念的消灭为后念的产生让路，从而构成后念产生的条件，故前念为后念之缘。这就是说，先前产生的认识活动的消失构成了继后之认识活动产生的条件，所以前者就成了后者的缘。“等无间缘”的“等”是等同、相等的意思，“无间”指持续不间断。佛教认为，主观思维的产生具有连续性，前行思维大致决定了后起思维的性质与种类，前后等同，此即为“等”。如果前行思维与后起思维之间没有其他障碍，那么前者就会引导后者持续下去，不会中断，此即为“无间”。这样一来，前行思维就直接成为后起思维生起的条件即“缘”，这就叫做“等无间缘”。

3. 所缘缘

所缘缘是指认识主体“心”所攀缘的境界，也就是指一切认识对象。佛教称认识主体“心”为“能缘”，这个“缘”是缘虑、思虑的意思；称认识对象为“所缘”。有“所缘”，才能引起“能缘”的缘虑活动，即能思虑的“心”必须依赖于外境亦即认识对象才能产生思虑活动。反过来说，认识对象具有能使认识主体“心”产生思虑的作用，并且还能限制主体思虑的范围，因而认识对象本身既是一种“所缘”，同时又是一种“缘”，即构成“心”产生思虑活动的“缘”，这就叫做“所缘缘”。这里前两个字即“所缘”指的是认识对象，后一个“缘”指的是这种认识对象构成了认识活动产生的条件。

4. 增上缘

增上缘是指除上述三种缘之外，剩下的各种有助于或无碍于现象发生的条件。这种缘分为两类，一类是“有力增上缘”，这是从积极方面着眼的，是指对其他事物的生长能起增益帮助作用的条件。例如，对于作物来说，阳光、空气、雨水、肥料等，都有益有助于它的生长，那么这些就构成了作物生长的“有力增上缘”。另一类缘是“无力增上缘”,这是从消极方面着眼的,指对其他事物的生长不起妨碍作用的条件。按照佛教的说法,宇宙间任何事物都具有增上缘的功能,只是有些事物不能影响另外的事物,对另外的事物既不起有益的促进作用,也不起有害的妨碍作用,那么前者就构成后者的“无力增上缘”。

佛教认为,宇宙间任何事物都是在“缘”的作用下而生起的;对于人类来说,由“缘”而生起的形形色色的“法”便构成了其生存环境。那么,宇宙万法究竟是如何被“缘”生起的呢?对此,不同的佛教派别有不同的解释。

(三)几种主要的缘起论

在佛教那里,不同派别、不同典籍提出了不同的缘起论,有的偏重于揭示人生现象的缘起,有的偏重于说明自然现象亦即诸法的缘起。我们现在是介绍佛教对“人的环境”的看法,故这里主要是介绍后一种缘起论,即“法”的缘起论。

1. 六大缘起论

六大缘起论是《阿含经》、《俱舍论》及密教宣扬的宇宙生成论。“六大”也称“六界”,指周遍一切法界构成有情无情世界的六种基本元素,即地、水、火、风、空、识。《中阿含经·度经》说:“云何六界法?……谓地界、水、火、风、空、识界。”《俱舍论》对此六种元素作了分类,它将地、水、火、风称为“四大种”,认为它们是构成一切物质现象的基本因素;“空界”则指“内外窍隙”即空间,它亦是构成物质现象的必要条件,如房屋无门窗等空隙处则不成其为房屋,动物无眼、耳、口鼻亦不成其为动物;“识界”则指众生的意识,是一切有情众生生成与存在的基本条件。

后来的密教据此提出了“六大缘起论”。它首先对“六大”作了分析,指出地、水、火、风、空、识之所以被称为“六大”,是因为此六种元素弥纶整个宇宙,无所不在,无处不存,所以是“大”,是宇宙物种中的大种。“六大”就是宇宙中的六种大种,即六种最基本、最原始的存在。“地大”指一切坚硬的东西；“水大”指一切流性的东西；“火大”指一切发光发热的东西；“风大”指一切气体；“空大”指虚空；“识大”指心，包括“五蕴”中的受、想、行、识四个部分。“六大”分别有六种颜色、六种形状、六种性质、六种业用：“地大”的颜色为黄，形状为方，性质为坚，业用为不坏；“水大”的颜色为白，形状为圆，性质为湿，业用为摄持；“火大”的颜色为赤，形状为三角形，性质为暖，业用为离散；“风大”的颜色为黑，形状为半月形，性质为动，业用为长养；“空大”的颜色为青，形状为宝形，性质为无碍，业用为自在；“识大”的颜色为杂，形状亦为杂，性质为了别，业用为识别。密教认为，宇宙中一切现象都是由这六色、六形、六性、六用交错构成的。“六大”中的前五大即地、水、火、风、空属于物质现象，为色法，亦叫做“理”；后一大“识”属于精神现象，是心法，也叫做“智”。

那么，“六大”是如何缘起宇宙万法的呢？密教以“六大无碍”的原理对此进行了解释。“六大无碍”意即地、水、火、风、空、识六种元素遍及整个宇宙，彼此互具互融，圆通无碍，由此而构成一切现象缘起的本原。“六大无碍”又分为两种，一是“同类无碍”，二是“异类无碍”。前者是指此种现象与彼种现象属于同类，其六大相望，无碍无障，相互涉入。譬如，此之“地大”与彼之“地大”无碍涉入，此之“水大”与彼之“水大”无碍涉入，如此等等。由此也可以说，一地融摄了无穷无尽的地，一水融摄了无穷无尽的水，此即是“同类无碍”。“异类无碍”又分为两种情况：一是互具而无碍，即“六大”中的任何一大均互具其他五大，如地大之中含具了水、火、风、空、识五大，这五大在地大中无障无碍；水大之中含具了地、火、风、空、识五大，这五大在水大中无障无碍；其他情形亦如是。二是各具而无碍，即“六大”各守自性，互不相乱，互不妨碍。密教认为，正因为“六大”既各持自性，又相互涉入，才重重交织，构成了宇宙万物。

2. 阿赖耶识缘起论

阿赖耶识缘起论是印度瑜伽行派及中国法相宗提出的宇

宙生成论。此论认为，宇宙万法皆是依托因缘而生起的，此谓“依他起”。“他”指引生一定现象的因缘，这种因缘是什么呢？瑜伽行派与法相宗认为是“阿赖耶识”这一“种子”。

“阿赖耶识种子”又是什么呢？瑜伽行派与法相宗认为，它是一切现象的本原，是宇宙万法产生的最直接的原因。我们知道，植物的种子能生长发育成新的植物，新的植物又生出新种子，新种子又生长发育成更新的植物，自然万物便由此而生长不已，绵延不断。瑜伽行派与法相宗便借用了“种子”这一概念来比喻“阿赖耶识”具有蕴生世界一切现象的能力。所谓“阿赖耶识”，说到底，指的就是人的一种意识。印度瑜伽行派与中国法相宗对人的意识活动进行了极为细致的研究，将其分为八类，称为“八识”，即眼识、耳识、鼻识、舌识、身识、意识、末那识、阿赖耶识。第八识“阿赖耶识”是梵文的音译，意译为“藏识”，意即它包藏了诸法的种子；也译为“无没识”，意谓它能执持诸法种子不失；又称为“种子识”，意指它是一切诸法种子的种子。“阿赖耶识”有三种“相”：一是“因相”，这是说“阿赖耶识”能永恒地产生并执持世界一切事物的“种子”，从而成为万法之产生与存在的根本原因；二是“果相”，这是指此识能按照众生前世所作善恶等业，引生后世的相应果报，从而保持精神主体的永恒相续，并以不同的形体和身份生于特定的环境；三是“自相”，这是上述“因相”与“果相”的统一，指“阿赖耶识”由其前七识的杂染“熏习”（即前七识对“阿赖耶识”的连续熏染影响作用），构成“种子”，此“熏习”为因，“种子”为果；“阿赖耶识”的种子又能生起前七识的杂染“现行”（“现行”即指“阿赖耶识”中诸法种子派生的七转识，即一切现象），此“种子”为因，“现行”为果。这种互为因果、连续不断的识体使一般人认为它就是自己的“内我”即灵魂，这就叫“阿赖耶识”的“自相”。总之，在瑜伽行派及法相宗那里，“阿赖耶识”被看成整个物质世界、人的精神活动以及人自身能够生起的终极根源。

“阿赖耶识”种子又是怎样派生宇宙万法的呢？瑜伽行派及法相宗认为，首先，人们的经验认识遗留在“阿赖耶识”里，成为种子；接着，“阿赖耶识”种子又生起眼、耳、鼻、舌、身、意、末那、阿赖耶八识，这八种识发生作用时必定会变现出种种影像，如眼识变现形体、耳识变现声音、鼻识变现气味，等等。不过，前七识所变现的只是影现于内心的影像，而非心外的实有事物。真正能变现心外实有事物的是第八“阿赖耶识”。前七识的种子都摄藏在“阿赖耶识”中，“阿赖耶识”既摄藏了前七识的种子，又能将前七识所变现的影现于内心的影像显现出来，转化为心外的物像。因而归根到底，“阿赖耶识”是宇宙万法得以产生的最后根源和依据。

在佛教的宇宙生成理论中，除了“六大缘起论”及“阿赖耶识缘起论”以外，还有各种各样的缘起理论，如“真如缘起论”、“中道缘起论”、“法界缘起论”等等，因篇幅所限，这里不再一一介绍。

四、人类环境的本质：法的空幻性

在不同的佛教典籍、不同的佛教学派中，宇宙万法产生的具体情形与途径虽然不同，却又有一个共同的特点，即“法”是被某种“缘”所派生的，没有了某种“缘”，那么，“法”就不能生起；“法”生起后，如果“缘”消失了，那它亦会一同消失。这说明，“法”没有自主性、没有独立性，它不是独立自存的实体，没有自性，它的自性是“空”。正是在这个意义上，佛教提出了宇宙观上的一个重要观念：法空观念。《中论》对这一观念作过经典性概括：“因缘所生法，我说即是空，亦为是假名，亦是中道义。”

法空观念在佛教不同派别中亦有不同的表述。譬如，瑜伽行派、法相宗在法的产生问题上主张阿赖耶识缘起论；与此相应，在法的本质问题上，它们提出了“唯识无境”的理论。《成唯识论》说:“外境随情而施设,故非有如识;内识必依因缘生,故非无如境。”意思是说,外境即外界的法是由情识变现的,所以是空无;内识是依因缘而生起的,所以是有。这就是所谓“唯识无境说”。这一观念认为一切法都离不开“识”,因为任何法都是“识”的一部分,都是“识”的显现。这样一来,法的真实性被否定了,法的本质变成了空。

华严宗一般称法为“幻相”,它认为“法”只是“心”的一种幻相,因而没有真实性,所谓“尘是心缘,心为尘因。因缘和合,幻相方生”(《华严义海百门》)。这是说,客观的法并不是存在于主体心之外的独立实体,而只是作为主体心认识的对象而存在的。心是法存在的条件,只有主体与对象发生联系时(因缘和合),才产生了宇宙万法。由于万法不是自己产生的,没有自性,所以它虽然存在,但只是“幻相”,因而从本质上说,万法皆空。

佛教不仅将万法的本质断定为“空”,而且还对万法之“空”作了详细的分别辨析。集中论述佛教诸法性空观念的佛典《大品般若经》将“空”分为十八种,称为“十八空”。该经分别从十八个角度对诸法进行解析,最后得出法空的结论,所谓“十八种观,令诸法空”。十八空指的是:①内空。指眼、耳、鼻、舌、身、意等“内六入”(亦即“六境”)为空。②外空。指色、声、香、味、触、法等“外六入”(亦即“六根”)为空。③内外空。指综合上述“内六入”与“外六入”的“十二处”为空。④空空。这是说对前述空的观念即“空见”本身也要否定,名为“空空”,前一“空”字为动词,是对后一“空”字的否定,这叫做“以空舍空”。以上四空所破除的对象均为“有为法”,即受因缘条件制约的各种现象。佛教认为,这些现象的本性为空。⑤大空。这是对非因缘法的破除,特指对表示方位的“方”的否定,因为“世间以方为大”,人们总认为世界在空间上是无边无际的。佛教认为,这其实是一种误解,它视“方”为空,则“十方相空,是为大空”。以上五空所否定的对象，都属于世间法；此外还有一种对出世间法的否定，这便是⑥第一义空。此“第一义”有两层含义，一是指“实相”，二是指“涅槃”。佛教认为，宇宙万法，本质都是空，而诸法的实相即是性空。所以，“第一义”可以用来否定一切世间诸法。但“实相”和“涅槃”也是空无所有，所以“第一义”也是空的，此即是“第一义空”。⑦有为空。⑧无为空。这二空是对前六空的再概括。因为按照佛教的分类，宇宙万法可以分为两大类，即有为法和无为法。有为法即是因缘所生之法，其特点具有生、住、异、灭的特性；无为法就是指非因缘法，其特点是不生不灭、不住不异。这两者是相互依存的，若破除了有为法，则无无为法；破除了无为法，亦无有为法。否定了其中的任何一方，他方即不复存在。“有为空”就是断定有为法为空，因为一切有为法都是因缘和合而生起的，没有自性，所以是虚无空幻的，这是用无为法破除有为法；“无为空”是断定无为法为空，因为无为法自身无独立的实体，无所表现，只有通过对有为法的否定才能实现，这是用有为法破除无为法。对有为、无为诸法的否定也就是对一切法的否定，这就叫做⑨“毕竟空”。“毕竟空”着重强调一切法中的空是绝对的、无条件的，所以亦叫“真空”。⑩无始空。这是说宇宙在时间上没有开端，其“有始”是不存的，这是以“无始”破“有始”；而“无始”本身也只是一种假说，因为“无始”的含义就是“无穷”，无穷则无前、后、中“三际”之分，无三际之分则与佛教因果律相矛盾，因而也是空的。⑪散空。这里的“散”是指构成复合物的诸元素的离散，按佛教的说法，诸法和合故有，诸法离散故空，此即“散空”。⑫性空。此处的“性”是指不待因缘而自有的东西，所谓“性名自有，不待因缘。若待因缘，则是作法，不名为性”。然而事实上，一切法均是由因缘和合而生起的，因而没有“自有”者，即没有“性”，此即“性空”。⑬自相空。在佛教中，一般认为“性”与“相”是没有实质区别的，但也有一些细微的不同，《大智度论》说：“性言其体，相言可识,如释子受持禁戒是其性,剃发、割截、染衣是其相。”“相”指人们可以感觉的表象、现象;“性”指诸法内在的本质、本体。诸法既无“性”,则其现象便也表现为虚假的,此即“自相空”。⑭诸法空。这是指,诸法“相”的种类很多,有“有相”、“知相”、“识相”、“缘相”、“增上相”、“因果相”、“总相”、“别相”、“依相”、“乃至无量法门相”,它们“摄一切法”。诸法之“相”既是空的,则诸法本身也是空的,此即“诸法空”。⑮不可得空。此处的“得”是指主体获得或成就某种品德、品质、智慧、能力等,“不可得”则指主体不能也不可能反映、把握和摄取任何客观实在,“于诸法中求实不可得,是名不可得空”。⑯无法空。“无法”是指法已灭或未生,已灭或未生则是无,名为“无法空”。例如过去已灭之法、未来未生之法,都不是在现实中可以获得的法,此“无法空”就是“无法可得”的意思。⑰有法空。这是指诸法是因缘所生,并非实有,所以是“空”。⑱无法有法空。这是对上述“无法空”与“有法空”的综合,“无法”是空,“有法”亦是空,故名“无法有法空”。佛教认为,由对这最后一空的认识,人们可以达到得失无动于心、除却世间烦恼的境界,这就是“十八空”在人生哲学上的意义。

佛教进一步指出,这“十八空”是从十八个方面说明“一切皆空”的方法,但诸法并非因为运用了“十八空”的方法才“空”起来的,而是原本就是空的。《大智度论》说:“非十八空故令色空,何以故?不以是空相强令空故。”这是说,事物之“空”是其自身原本如此,并不是主观强加给“空相”才令其变空的。《大智度论》对此又作了进一步的说明:“不以空智慧破色令空,亦不以破色因缘故有空,空即是色,色即是空。”这一“空即是色,色即是空”的观点是大乘佛教对其空观的最简洁的概括。而且,这一原理并不仅仅适用于一切物质现象,同时也适用于一切精神现象,它具有普遍的意义。如此一来,大乘佛教的空观既全面又彻底,它不给“有”留下任何余地。如果有人仍执诸法为有，那就是“执著”，是佛教力破的一种邪见。《中论·观五阴品》中有一首著名的“空义赞”，强调在任何认识活动中都要贯彻这种空却一切、一切皆空的观念：“若人有问者，离空而欲答，是则不成答，但同于彼疑；若有人难问，离空说其过，是不成难答，俱同于彼疑。”

需要强调指出的是，大乘佛教所说的法空是指诸法“自性空”，而“自性空”并不等于空无所有，法“空”不等于法“无”。若把诸法皆空的思想理解为诸法皆无、诸法不存在，那就是“恶趣空”而非“自性空”，而“恶趣空”正是佛教所要破除的另一种邪见，即所谓“断见”。对大乘佛教空观的最好表述乃是：“色不异空，空不异色，色即是空，空即是色。”（《般若波罗密多心经》）意思是说，法（色）作为现象形态是存在的，但由于无自性，故自性为空；诸法自性为空，便使得诸法的现象形态虽是“有”，却又非真有，而是“假有”。“假有”与“性空”在诸法之中是统一的，是一体二面。任何一种法（有为法）都是现象为有，本质为空，其现象之有是一种假有、幻有，其本质为空则为性空。性空与假有统一在一“法”中，所以任何一法既是空亦是有，这便是所谓“色即是空，空即是色”。“色即是空”并不是说“色”不存在，而是说“色”的自性为空；“空即是色”并不是说“空”与“色”完全是一回事，而是说“空”是“色”的自性、本质。这种色空不二、空有统一的空观蕴含了丰富的思辨性，它破除了思维的极端性、片面性，贯彻了思维的辩证法，佛教称这种思维方式为“中道观”。

中国有一位著名的僧人和佛学大师曾将佛教的空观与中道观有机地结合起来，非常精辟地论述了佛教“色即是空，空即是色”的般若空观，他就是东晋时期的僧肇。僧肇对般若空观领会至深，在当时被誉为“解空第一”。他著有《不真空论》一文，系统论证了诸法亦有亦无、不有不无的中道空观。此文逻辑性强，论证严密，文字简洁，这里不妨摘录其中一段：

试论之曰：《摩诃衍论》云：“诸法亦非有相，亦非无相。”《中论》云：“诸法不有不无者，第一真谛也。”寻夫不有不无者，岂谓涤除万物，杜塞视听，寂寥虚豁，然后为真谛者乎？诚以即物顺通，故物莫之逆；即伪即真，故性莫之易。性莫之易，故虽无而有；物莫之逆，故虽有而无。虽有而无，所谓非有；虽无而有，所谓非无。如此，则非无物也，物非真物；物非真物，故于何而可物？故经云：“色之性空，非色败空。”以明夫圣人之于物也，即万物之自虚，岂待宰割以求通哉？是以寝疾有不真之谈，《超日》有即虚之称。然则三藏殊文，统之者一也。故《放光》云：“第一真谛无成无得，世俗谛故，便有成有得。”夫有得即是无得之伪号，无得即是有得之真名。真名故，虽真而非有；伪号故，虽伪而非无。是以言真未尝有，言伪未尝无。二言未始一，二理未始殊。故经云：“真谛俗谛，谓有异邪？”答曰：“无异也。”此经直辨真谛以明非有，俗谛以明非无。岂以谛二而二于物哉？然则万物果有其所以不有，有其所以不无。有其所以不有，故虽有而非有；有其所以不无，故虽无而非无。虽无而非无，无者不绝虚；虽有而非有，有者非真有。若有不即真，无不夷迹，然则有无称异，其致一也。故童子叹曰：“说法不有亦不无，以因缘故，诸法生。”《璎珞经》云：“转法轮者，亦非有转，亦非无转，是谓转无所转。”此乃众经之微言也。何者？谓物无邪？则邪见非惑；谓物有邪？则常见为得。以物非无，故邪见为惑；以物非有，故常见不得。然则非有非无者，信真谛之谈也。故《道行》云：“心亦不有亦不无。”《中观》云：“物从因缘故不有，缘起故不无。”寻理即其然矣。所以然者，夫有若真有，有自常有，岂待缘而后有哉？譬彼真无，无自常无，岂待缘而后无也？若有不能自有，待缘而后有者，故知有非真有。有非真有，虽有不可谓之有矣。不无者，夫无则湛然不动，可谓之无。万物若无，则不应起，起则非无。以明缘起，故不无也。故《摩诃衍论》云："一切诸法，一切因缘，故应有。一切诸法，一切因缘，故不应有。一切无法，一切因缘，故应有。一切有法，一切因缘，故不应有。"寻此有无之言，岂直反论而已哉？若应有，即是有，不应言无；若应无，即是无，不应言有。言有是为假有，以明非无，借无以辨非有。此事一称二，其文有似不同；苟领其所同，则无异而不同。然则万法果有其所以不有，不可得而有；有其所以不无，不可得而无。何则？欲言其事，有非真生；欲言其无，事象既形。象形不即无，非真非实有。然则不真空义，显于兹矣。故《放光》云："诸法假号不真。"譬如幻化人，非无幻化人，幻化人非真人也。

这段话意思是说，关于般若空观，僧肇要作如下论述：《摩诃衍论》亦即《大智度论》说，诸法既不是固定的形象，也不是不固定的形象。《中论》说：我们之所以说诸法既非有亦非无，是因为这里所说的乃是第一真理。我们探究诸法不有不无，难道是要把万物从世界上清除掉，把耳目感官封闭起来，把世界看成空荡荡的，这样才算是体现了真理吗？当然不是。我们所说的诸法不有不无，实际上是指顺应外物而不摒弃它，而外物也不会和我们的认识相抵触；不脱离假象亦不脱离真实，所以本性就不会有所丧失。本性不会丧失，故虽然是无，它又是有；外物与认识不相抵触，所以虽然是有，而又是无。虽然事物是有而又是无，这就是所谓"非有"；虽然事物是无而又是有，这就是所谓"非无"。如此，则不是说没有外物，只不过外物不是真实的罢了。外物既不是真实的，那么为什么要给它强加上"物"之名呢？所以佛经说：物质的本质就是不真实的亦即空的，并不是物质毁灭以后才是空的。由此可见，圣人对于物的态度，是认为物本来就是不实在的，哪里是把世界加以分割、然后才贯彻空无的原理呢？因此，《维摩诘经》有患病不是真病的说法，《超日明三昧经》有“四大”是虚幻的说法。尽管佛经的词句有所不同，其原则是一致的。所以，《放光般若经》说，着眼于真理，就没有所谓各个修炼的阶段和成就；着眼于俗见，则有这些。有所成就即是无所成就的假号，无所成就则是有所成就的真名。是真名，则虽真实而非有；是假号，则虽虚假而非无。因此，说它是真，却未尝实有；说它是假，却未尝是空无。两种说法虽然不同，其道理并没有差别。所以佛经说，真理与俗见，能说它们有差别吗？答曰：“没有。”这就是佛经通过真理以阐明非有、又通过俗见以阐明非无的道理，岂可认为有真俗两种观点，便说真理也有两种呢？如此，则万物毕竟有其所以不存在的一面，也有其所以存在的一面。万物有其所以不实在的一面，所以它虽然存在，却不能认为是存在；万物有其所以存在的一面，所以它虽然不实在，却不能认为是不存在。万物虽然是“无”，而又不是“无”，因为这里所谓“无”不是指绝对的虚无；万物虽然是有，而又不是“有”，因为这里所谓“有”不是真实的“有”。如果说“有”不是真实，“无”不是消除形迹，那么“有”和“无”称谓虽异，其最终归宿却是一样的。所以有一位童子感叹地说，说法不是有也不是无，只是由于因缘的缘故，诸法才得以产生。《璎珞经》说，所谓转法轮，既不是说有法轮在转，也不是说没有法轮在转，而是说转就是不转。这是许多经典的深奥宗旨。为什么呢？如果说万物是空无，那么相信世界是空无的邪说就不是错误的了；如果说万物是实有，那么相信世界是永恒不变的错误学说就可以算做真理了。但事实并非如此。正由于万物不是空无的，所以认为世界是空无的邪说就是错误的；正由于万物不是实有的，所以认为世界是永恒不变的学说不是真理。那么，只有认为万物非有亦非无的观点才是真理。所以，《道行经》说，心既不是有，也不是无。《中论》说，物是因缘产生的，所以不能说它是有；但它又确实由因缘而生起了，所以又不能说是无。立足于真理，就是如此。其所以如此，是由于“有”如果是真正的“有”，那它就应该永远是“有”，哪里是要等到条件成熟后才是“有”呢？同样，真正的“无”应当永远是“无”，哪里要等到条件消散后才成为“无”呢？如果“有”不能自己构成自己，须凭一定条件而后才能构成自己，那么“有”就不是真正的“有”。“有”不是真正的“有”，则它虽然是“有”，也不能认为是“有”。所谓世界不是“无”，因为只有湛然不动，才可以叫做“无”。万物如果是“无”，就不应有万物的产生；万物既已产生了，它就不是“无”。所以《大智度论》说，一切现象都由因缘和合而成，所以是存在的；一切现象都因因缘离散而消失，所以又不存在；一切消失了的现象待因缘聚合以后又会存在，故虽消失而非真无；一切存在的现象既是因缘和合而成，则虽存在而又并非真实。实际上，我们说世界万物是“有”，为的是通过“有”以表明世界万物不是空无；又通过“无”以表明世界万物非真有。这是一件事的两种说法，只是词句表达有所不同而已。如果真正理解了其中的道理，那么所有的差异都可以说是相同的。如此，则任何事物均确有其所以不存在的根据，不能说它是“有”；同时，任何事物又确有其所以存在的根据，不能说它是“无”。为什么呢？因为如果说它是“有”，它又不是真正的存在；如果说它是“无”，它又确已出现了。事物既已出现，它就不是“无”而是“有”，只不过它不是真实的“有”而只是虚假的“有”罢了。那么，不真空的道理现在可以明了了。所以《放光般若经》说，诸法只是虚假的称号，不是真实的。这就如同“幻化人”一样，不是没有“幻化人”这回事，只是说“幻化人”不是真实的人罢了。

在这一大段论述中，僧肇所阐发的中心思想是，世界万物皆是因缘和合而成的，它们虽无而有，虽有而无，或者说是亦有亦无、不有不无，是“不真”的，故为“空”。为了论证这一思想，僧肇提出了两个命题，一个是“即万物之自虚”，这一命题有两层含义：一方面是承认万物是一种“有”，是存在的；但另一方面又认为这种“有”、这种存在的自性是虚幻不实的。也就是说，在僧肇看来，世界万物从现象形态来看是“有”，但这种“有”只是一种假有、假象，他称之为“假号”。因为从本质上看，万物皆是因缘所生，没有自性，是虚幻不真的，这便导出了第二个命题：“不真故空。”把宇宙万物的本质断定为“不真”，因而是“空”的，这是僧肇般若空观的基本观点，亦是大乘佛教对大千世界、对宇宙万法、对人的生存环境的根本看法。

第五章

梦境的痛苦性

> 豁达空，拨因果，莽莽荡荡招殃祸。弃有著空病亦然，还如避溺而投火。
>
> ——《永嘉证道歌》

在佛教看来，一个个虚假的人，在一片空幻的天地中，做了一个个梦。这梦是甘是苦？佛说，这梦是苦的："众生身诸苦随逐，谓生苦、老苦、病苦、死苦、怨憎会苦、爱别离苦、违愿等苦，常与相随，故知身为众苦之聚。"(《成实论》)人生之梦是苦的，任何人在其一生中都要经历生老病死之苦、爱憎别离之苦、欲求不得之苦，人的一切感受归根结底也都是痛苦的，并且这一痛苦会随着人生之梦的延续而存存续续，永无绝期。这就是佛教所理解的人生之梦的境况，这一理解首先来自一位王子的体悟。

一、王子的体悟

洞房花烛夜，这是世上芸芸众生梦寐以求的时刻，多少人会沉浸在娇妻美酒、鲜花红烛之中，多少人企求这一幸福时刻能变成永恒。然而这一切果真能变成永恒吗？早在结婚之前，悉达多王子就已思索出了这一问题的答案：这一切都是短暂的，短暂绝不可能变成永恒！他知道，红烛会燃尽，美酒会饮干，鲜花会枯萎，娇妻会衰老。他知道，他无法将这些短暂的东西变成永恒。他不能拥有永恒，便也拒绝拥有短暂。所以，几乎与所有的人不同，他在新婚之夜逃走了。

第二天，悉达多坐着象车畅游于野外。途中，他遇见了一位老态龙钟、骨瘦如柴的老人，艰难地行走在道路上。悉达多对这位老人产生了无限的同情与怜悯，想把他接到宫中赡养。可老人却说："好心的王子，你救得了我一个，却救不了天下所有的老人。因为每个人有生必有老，有老必有死，你救不了天下所有的人。"接着，象车车夫又向他讲了一番生老病死的道理。他说："人生好像瞬间的梦境，人一生下来就同死结下了不解之缘。从幼年到少年、从少年到青年、从青年到壮年、从壮年到老年，这中间，人们要经历多少痛苦的折磨，最后还不可避免地走向死亡。人们在生的时候是不平等的，有的贵为主子，比如太子您就是；而有的贱为草民。但在死面前，人人都是平等的，草民的归宿是死亡，王子的归宿也是死亡，这是任何人都逃脱不了的。不仅人的生命如此，而且万物也都如此。"这一番话好似一声霹雳，惊醒了悉达多，他陷入了深深的沉思之中。他在思考着一个问题：人类怎样才能摆脱生老病死的悲剧命运？他决心用自己有限的生命来解决这一问题，决心寻找一种拯救众生于苦难之中的方法。

决心已定，王子又回到了宫中，他要同新婚之妻、同那美丽的公主好好谈谈，因为要救度众生，他自己首先必须获得自由。他说："公主，你知道人为何而生，又为何而死吗？你知道世上所有的人包括贵为王子王妃的我们都不可避免地要走向死亡吗？你知道我们正在走向死亡吗？"这一连串问题问得王妃目瞪口呆，她不知道太子为何要说出这番不吉利的令人伤感的话来。于是，悉达多同她作了一次长谈。他谈到了人生的短暂，谈到了人在短暂的一生中所要遭受的种种痛苦，谈到了人类的悲剧命运。最后，他坚定地说："我发誓要斩断尘缘，净心自悟，解救天下众生于生老病死之苦中！"王妃听后，伤心地哭了，她知道自己将要失去心爱的丈夫。

王妃的美丽没有打动这位王子，王妃的眼泪也未能挽留住他。几经周折，悉达多终于离家出走了，他要去寻求人生解脱之道。经过六年的苦行与七天七夜的沉思，他终于悟出了"四谛"之理，他终于变成了佛陀，号曰释迦牟尼。

"四谛说"是释迦牟尼创立佛教时倡导的最基本教义。"四谛"之首为"苦谛"，"苦谛"就是将社会人生判定为苦、并以此判定为真理的教义。佛教关于人生之"苦"的说法很多，有四苦、五苦、八苦、九苦、十一苦之说，其中最有代表性的是四苦说和八苦说。所谓四苦就是指生苦、老苦、病苦、死苦，也就是将人生的自然过程判定为苦。八苦则是在四苦的基础上再加上爱别离苦、怨憎会苦、求不得苦及五盛阴苦。这就是佛教"四谛"中"苦谛"或"苦圣谛"的基本内容。《圣谛经》说："云何苦圣谛？谓生苦、老苦、病苦、死苦、怨憎会苦、爱别离苦、所求不得苦，略五盛阴苦。"《增一阿含经·四谛品》中亦有类似的说法："彼云何名苦谛？所谓苦谛者，生苦、老苦、病苦、死苦、忧悲恼苦、怨憎会苦、恩爱别离苦、所欲不得苦，取要言之，五盛阴苦。是谓名为苦谛。"

二、生老病死苦

生苦，是一切苦难的开始。没有生，也就没有老、没有病、没有死。人们都知道老、病、死是令人痛苦的，却不知生也是苦。相反，对于一个人的诞生，人们总认为是一件喜事乐事，总要恭喜祝贺一番。但在佛教看来，生的开始也就是苦的开始。

对于生苦,《圣谛经》说,生就是各种各样芸芸众生的出生、生存。随着一个人的出生、成长,色、受、想、行、识这五阴也伴随生命而兴起。所谓“生苦”,就是众生出生、生存之时所感受的遍及全身的切身之苦和心灵所感受的深深的烦恼、忧伤、凄凉、孤独之苦。

佛教指出,首先,人在出生之前,要经历十月住胎,这就是生苦的开始。这时,他犹如被关在地狱里的囚犯一样,四周漆黑,没有一丝光明。母亲喝热汤,他要备受煮烧;母亲饮凉水,他要受冷受凉。他浑身被一层又一层地包裹着,毫无自由。所以,他会在母体中不断地挣扎、不断地拳打脚踢,这是他对痛苦的反抗。

其次,婴儿降生时亦要经受很多苦难。他要冲破母体的束缚,要突破重重的阻力,要竭尽全力去为自己的降生开辟一条道路。这条诞生之路是如此艰险,以至生命力弱一点的婴儿竟无力走完他降生前的人生之路,在未与这个世界见面、未与带给他生命的父母见面的时候,就惨死在母腹中。而那些能冲出母体、来到人世的,也是耗尽了全身力气。一个娇小脆弱的生命要经历如此的痛苦挣扎方能降生人世,你能说人之生不是苦吗?正因为人之生是苦,所以每个人来到人世间后所发出的第一种声音不是笑,而是哭。他以哭声昭示自己的诞生,同时亦昭示自己苦难一生的开始。

再进一步说,每个人在出生时虽不知道他今后要遭受什么样的苦,但可以肯定的是,他今后一定会受苦,只是每个人所受的苦程度不同、性质有别而已。人人都知道,生命是最宝贵的,但同时,生命也是最令人痛苦的。没有了生命,固然没有了快乐,但同时也没有了痛苦。所以,人们在痛苦不堪的时候所作出的人生选择几乎都是一样的:结束生命,走向死亡。对身边发生的自杀事件,人们都会为之惋惜,惋惜一个生命的永远消逝。是的,生命的人为结束是令人惋惜。然而真正被惋惜的对象也许应该是他最亲近的人，他的父母、他的子女、他的爱人，惋惜他们永远失去了一位亲人。至于他自己，似乎没有太多惋惜的必要。因为每个自杀者之所以会走上这条路，都是有一定缘由的。这个缘由就是他曾经遭受过巨大的人生之苦，这个苦使他感到人生已无意义，生活已无乐趣。他不想继续受苦，所以提前结束了自己的生命。而我们之所以对此不必作出太多的针对他本人的惋惜，是因为我们根本不知道假如他不结束生命，那么在以后的人生历程中，他究竟是得到的欢乐多，还是尝到的痛苦多。我们每个人对自己的人生苦乐都难以预测，又怎能先知他人的命运？所以，当听说某人自杀时，我会惋惜、同情他的亲人失去了他，而不太惋惜、同情他自己（只要他不是被逼到死路上去的）。相反，我对自杀者本人的态度一般是责难（只要他不是真的没有了生路）。因为他选择这条路是极为自私的，他的死对自己来说是一种解脱，但对其亲人来说却是一种灾难、一种巨大的无法弥补的损失与创痛。他以带给别人痛苦的方式来解除自己的痛苦，以将他人推进苦海的方式来使自己跳出苦海，这实在是太自私、太无情了。他为了能得到解脱而置自己的责任、义务于不顾，这实在是太没有责任感了。然而，责难归责难，我们也必须承认，他所选择的毕竟是一条最容易走的路。人生的真味是三分甜七分苦，痛苦多于甜蜜。为了不受苦而宁愿舍弃甜与为了尝到甜而宁愿吃苦，这两种人的人生选择对他们自己来说，各有理由。从生命的自然意义上说，旁观者亦无太多的理由去指责此而赞赏彼；但从生命的社会意义上说，我们的确应该指责前者而赞赏后者。因为每一个人都不仅仅是一种自然存在，更是一种社会存在；从其降生之时起，他的生命就不仅仅是他自己的，同时也是他人的、社会的；他对自己生命的取舍并非仅仅是他个人的事，同时亦是他人的事、社会的事，会影响他人的甘苦、他人的命运。人生固然有很多苦，但既然我们的生命已经诞生，就必须承受这份苦。尽管生命的根源不在我们自己，我们没有先天的选择权，因而后天受苦是不公平的；但生命既已形成，它毕竟是属于我们自己的，这个生命的命运是苦是甜，也只能由我们自己来品尝、来承受。这是先天的不公平，而这种不公平的存在正是人之“生”的最大的苦。

有生就有老。不管人与人的先天条件有何差异，是美丽还是丑陋、是聪慧还是愚钝，也不管人与人的后天境遇如何不同，是荣华富贵还是穷愁潦倒，生命的自然规律对每个人都是一样的，这就是有生必有老。佛教认为，生命的衰老是令人痛苦的。从生理上说，人到老时，头白齿落、肌肉松弛、五官失灵、神智昏暗，就像一支风中残烛，一吹即灭。《圣谛经》对老苦的理解是：人到老年，便会头发花白、牙齿脱落，健壮之躯日趋衰弱，弯腰驼背，腿脚僵硬，气喘吁吁，拄杖而行，肌肤皱缩，面目丑陋，这就是老。所谓“老苦”，就是众生年老之时所感受的遍及全身的痛切之苦和心灵中深深的烦恼、忧伤、凄凉、孤独之苦。

一般来说，生命的成长是令人欣喜的，而生命的衰老则是令人悲哀的。但事实上，这两者是一回事，成长的同时也就是走向衰老。老子说：“人之生也柔弱，其死也坚强。草木之生也柔脆，其死也枯槁。故坚强者死之徒，柔弱者生之徒。”（《老子》第76章）这正与佛教所言相一致。在佛教看来，甚至人之生的同时就意味着老与死，只是其间要经历一段十分短暂的时间而已。所以，“生苦”的产生就决定了“老苦”的必然性。然而，人们对生苦与老苦的感受又是不一样的，生固然意味着苦，却苦得有希望，或许可苦中得乐，或许会在生命的沙漠中开拓出一片绿洲。而老苦却让人苦得无奈，苦得没有希望，也许沙漠远处有一片绿洲，可是我们还没有走到那里，就已经倒下了，并且再也无力站起来了，于是便只好对着那片绿洲徒自伤感、徒自悲哀。这种伤感与悲哀是一种无法改变、无可奈何的苦，此为老苦的另一重含义。

人们在年轻时的命运各不相同，有的是高官，有的是平民；有的是富者，有的是穷人。可到了老年，人们的命运却大多是相似的，高官会失去权位，变成平民；富者或因财富落入儿女之手而变成穷人，或因无力再创造财富而同样变成穷人。至于原本就是平民与穷人的，他在年轻时没受过多少享乐，到年老时会更加凄凉。一个有地位、有权势、有财富的人，一旦到了暮年，这一切就都不存在了，他能不感到痛苦吗？刚刚还前呼后拥，转眼之间，便孑然一身，他能不感到凄苦吗？同样，一个平民一个穷人，他在年轻时虽然没有地位没有权势，没有多少财富，但毕竟也有属于他的东西，这便是儿女亲情、天伦之乐，还有他自己的体力、智力、健康。而到了老年，这一切也都离他而去，这是老苦的第三层含义。

还有，一个人老了，就会失去很多内在的乐观的东西，会失去对生命的信心，失去对未来的理想，失去对自我价值和晚年人生意义的确认。一个老者犹如黄昏中的落日，他的生命力在迅速衰退，他在一步步走向黑暗，走向死亡。这种生命力的衰退和自我价值的失去是最令人感到悲哀的，这是老苦的更深一层的含义。

至于病苦，这是任何人都不会否认的。《圣谛经》说：病是指头痛、眼痛、耳痛、鼻痛、面痛、唇痛、舌痛、腭痛、咽痛、风喘、咳嗽、呕吐、喉痹、癫痫、痈瘿、经溢、赤痰、壮热、枯槁、痔瘘、下痢等。所谓“病苦”，就是众生在生病之时所感受的遍及全身的痛苦和心灵中存在的深深的烦恼、忧伤、凄凉、孤独之苦。

一个疾病缠身、从头到脚、从里到外都是病的人是没有快乐可言的，有的只是痛苦，是肉体之苦，亦是心灵之苦。佛教将疾病分为内外两种，“内病”指精神上心理上的疾病，“外病”指肌体中的疾病。不管是哪一种，只要疾病一降临，它就会像魔鬼附身一样久久不肯离去，它噬咬着人的五脏六腑和四肢肌体，同时也消磨人的意志，损耗人的心力，甚至动摇人的理想与信念。我们往往都有患病的经历,因而都知道一个病人的最大心愿是什么,这个心愿不是描绘绚丽的蓝图,不是创造雄伟的业绩,不是实现美好的理想,而是需要一个最基本最平常的东西:健康。人在病中的感觉和需要与平常是不一样的。在拥有健康的时候,人们不会知道健康的珍贵,也不会去珍惜它,而是整天企求着其他的东西,如爱情、事业、金钱、职位、名利等等。至于健康,他根本不会去考虑,因为他并不缺少,故“健康”便不会成为一个“问题”而引起他的重视与警觉,进而引起他的渴求。人们平常所考虑所关心的总是自己不曾拥有的东西,没有爱情的想得到爱情,有了爱情又想要婚姻,真的结了婚又会感到不自由而想要冲出“围城”,有了离婚后的自由又会产生失落感而希望重温恋爱婚姻之梦。在情感方面如此,在其他方面也是如此。人就是这么反反复复地追求着他不曾拥有或得而复失的东西,对于已经拥有的东西譬如健康,他却不以为然。他不仅不知道珍惜,相反,健康往往是他最经常的损害对象,或是用过量的食物去损害,或是用大量的烟酒去损害,或是用无止的色欲去损害,甚至用毒品去损害。仿佛健康是世界上最不起眼、最无所谓、最不值得注意的东西。只有当他一下子失去了健康的时候,才会猛然醒悟到它原来是那么珍贵、那么重要,他这才转过头来关心这一最不起眼、最容易忽视的东西。也许他有幸能重新找回它,也许他再也不能拥有它,永远与它无缘了。这时,他才悔恨自己当初对健康的忽视与损害,但事已至此,悔恨已是无用,他毕竟是再也不能找回他曾经拥有的健康了。现在,他能拥有的只有病魔、痛苦、折磨以及离此不远的死亡。此时的他已没有了希望、没有了理想、没有了目标,这些曾经造就出过去的“他”的东西都不复存在,因而真正的“他”已经消逝。现在的他能够主宰自己的只有一点,这就是慢慢走向死亡。处于这种状态已是够可悲的了,何况他的肢体还要遭受巨大的病痛,这不是人生一大痛苦吗?

关于死苦,《圣谛经》说,死就是指各种各样的芸芸众生的生命终结,生息散灭,寿命耗尽,命根不存,这就是死。死苦就是众生即将死亡之时所感受到的遍及全身的痛切之苦和心灵中存在的深深的烦恼、忧伤、凄凉、孤独之苦。

对于死苦,人们的感受是有差别的。有的人一生中有许多遗憾,当他没有感到死神的逼近时,总觉得还有机会去弥补。所以,他虽感遗憾,却还有希望和慰藉,即弥补遗憾的希望和慰藉,因而还不会感到多么痛苦。然而,当死神一步步走近他,而他也知道自己不久将永离人世时,感觉就完全不一样了。他只能徒然面对自己的人生遗憾,却无法弥补,甚至连弥补遗憾的希望都没有。如果这些遗憾是由他自己造成的,那遗憾将转变成遗恨;如果是由他人或外在因素造成的,则遗憾又会转变为怨恨。遗恨或怨恨生长在一颗濒临死亡的心灵中,那滋味是极其痛苦的,它会像一只害虫一样咬着他的肉、啃着他的心、吸着他的血,一直将他折磨到生命的终结。

也有的人一生中倒没有多少遗憾,他谱写的人生乐章几乎是完美的。但正因为完美,所以他对此十分珍惜、十分留恋,他想永远拥有、欣赏并创造这样的乐章。但当他知道自己即将不再能拥有、欣赏这一乐章时,他会感受到一种痛彻心骨的痛苦,一种割舍之痛。他将割舍他所拥有的经自己的双手创造出来的美好人生,将割舍他的事业、他的爱情、他的亲情、他的友情。这么多美好的曾经为他拥有的东西即将与他永远分离,他怎么能不感到一种切肤之痛呢?特别是,当他知道自己因死亡的来临而不再能继续创造这样的人生乐章时,他会产生一种最可怕的感受:绝望。这种感受一直要伴随他走到人生之路的尽头,他能不痛苦吗?

还有一种人,他一生中并未创造出什么动人的乐章,但他的命运特别好,一生享乐,一生甜蜜。这种人最恋生怕死了,他希望自己的生命能永远存续下去,从而永远享受人生,永远品尝人生的甜蜜。可是有一天，他终于看到了死神的身影、听到了死神的脚步声，因而会产生一种无法名状的恐惧。这种感受一产生马上就死去也就罢了，最糟糕的是，当这种感觉产生时，他只是看到了死神的身影、听到了死神的脚步声，而这身影、这脚步声离他还有一段距离，还要经历一定的时间才能来到他身边，将他带走。在这段时间里，他总是能看到死神在远处晃来晃去，总是能听见死神的脚步声越来越大、越来越近，他整个人被恐惧包围着，这种感觉令他窒息，一直窒息到他耗尽最后一口气。这也是一种类型的死苦。

还有一种惧怕死亡的人又与此不同，他一生没有太多的享受，倒也不特别恋生，但他绝对怕死，因为他一生中做了不少伤天害理的事。在佛教看来，因果报应是一条铁的规律。这一思想在中国影响很大，许多人均相信之，至少不敢轻易否定之。有的人在做伤天害理之事时，没有想到死后的报应；但当这些事做完了，而他也知道自己不久将命归黄泉时，他恐惧了，因为这时他才想起“报应”二字。他不知道自己今生作的孽，来生要付出什么样的代价；不知道自己今生欠下的债，来生要偿还多少；不知道自己罪孽深重的今生会造就一个什么样的来生。这一切对他来说都是未知数。但他确信一点：他来生一定会遭到报应。于是，他便想象着来生遭报的各种可能情形：或是变为畜生，任人宰割，成为人们饭桌上的美味佳肴，因为他今生曾做过一些只有畜生才能做出的事；或是变为饿鬼，被饥饿折磨得皮包骨、喉似针，因为他今生曾掠夺过别人的劳动果实，榨取过别人的血汗；或是被打入十八层地狱，受尽各种磨难而永远不得超生，因为他今生曾做过泯灭良知、令鬼神震怒的事；或是被仇人千刀剐，万箭射，因为他今生曾残害他人，结下仇缘。一个被这些想象所缠绕的人，可想而知，他对“死苦”的感受有多么深了。

生是苦，老是苦，病是苦，死更是苦。而人生从自然生命的流逝来看，除了生老病死又有什么？因而佛教坚信：人生是苦。

人生是苦，但这苦绝不仅仅是生老病死之苦。佛教认为，除了在人的生命的自然流逝中会产生这些生命体验之苦以外，人生还有很多社会内容，还要遭受社会生活带来的种种苦难，如爱别离苦、怨憎会苦等等。

三、爱离怨会苦

关于爱别离苦，《圣谛经》说，爱别离是指众生通过眼、耳、鼻、舌、身、意“六处”而产生喜欢爱恋之情，但却彼此别离，不得相聚。众生又有地、水、火、风、空、识“六界”，若对由此而构成的外部生存环境产生依恋喜爱之情，却又彼此异地，别离不合，这也是爱别离。所谓“爱别离苦”，就是指众生在与所爱之人、所恋之物、所喜欢的环境别离之时，身体心灵所遭受的深切的痛苦。

佛教这里所说的三种爱别离，即与所爱之人的别离、与所爱之物的别离及与所爱之环境的别离这三者之间是紧密相连的。一个人爱另一个人，会连带爱他所居住的环境、所使用的或与他有关的物品，所谓“爱屋及乌”便是；反之，爱一个环境，当然包括爱这个环境中的人与物；而爱一个物品，也会连带爱与此物品有关的人。

每个人的一生中都有或多或少的所爱之人，爱父母、爱兄弟、爱恋人、爱子女、爱朋友、爱师长。我们总是希望能经常同他们在一起，分享他们的欢乐，分担他们的痛苦；同时也让他们分享自己的欢乐，分担自己的痛苦。在这种相互分享与分担的关系中，我们会感到温暖与幸福，会消除孤独与寂寞。与所爱的人在一起，欢乐会增加一倍，痛苦会减少一半。然而，对于相爱的人们来说，人生总是聚少离多，渴望相聚的人们偏偏要各自分离。这种分离给相爱的双方造成了深深的痛苦，这就是佛教所说的“爱别离苦”。

游子要出远门了，临行前，老父为他打点行装，慈母为他缝制衣裳。那曲“慈母手中线，游子身上衣，临行密密缝，意恐迟迟归”的千古绝唱，唱出了多少天下父母对游子的依依不舍、念念亲情和对再度团聚的殷殷期盼，唱出了多少天下父母对即将到来的骨肉分离的痛苦感受。老父在打点行装时，将这些情感都装进了行装中；慈母在缝制衣裳时，也将这些情感都一针一线地缝进了衣裳里。游子终于出门了。打从他跨出门槛的那一刻起，父母就在等待着他重新跨进这门槛。可这出门与进门之间究竟有多少距离、要经历多少时间？他们不得而知。他们所能做的，除了默默祈祷游子在他乡能平平安安以外，就只有等待了。在等待中，他们头上的白发一天天增多，脸上的皱纹一天天加深，腰身一天天弯曲，步履一天天缓慢。他们每一天都幻想着游子回归的情景，然而每一天的等待所换回的都是失望。他们就这样忍受着一天天的等待、一天天的失望，而他们的生命也在这一天天的等待与失望中慢慢流逝。这种亲子间的别离之苦能让每一个刚强的男儿悄然流泪，会使每一个巾帼英雄涕泪沾襟。

恋人要分离了，分离前，他们相依相偎，默默无言。他们仰望星空，相互寻找着对方的星座，以便在离别后能从这颗星星中看到恋人的身影。他们默默地注视着对方的眼睛，希望自己的情感能通过眼睛流进心灵中。他们静静地听着对方的心跳，因为这心跳将会是离别后彼此所能品味、欣赏的最美的音符。恋人要分别了，他们希望时间能停下脚步，让他们再相互多看一眼。一声汽笛划破了寂静的天空，也划破了他们的心。恋人终于远离自己而去了，抛下了他（她）孤单的身影和疼痛的心。在两地思念的日子里，他们希望空间能变小，能让他们在某一座山巅眺望到恋人的栖所。他们希望空气能传情，能将自己的思念呼向对方，又将对方的温情吸进自己的心房。思念是痛苦的，因为思念不仅仅是思念，它还伴随着空落、孤独和凄凉。在离别的日子里，他们的忧愁无人消解，他们的伤口无人抚慰，他们的痛苦无人分担，他们的欢乐也无人分享。一切的境况、一切的遭遇，都只能由他（她）独自承受、独自面对。他们盼着恋人能早日回到身边，可那一天却总是遥遥无期。于是，他们便只好在思念、孤独与期盼中看着一年年的花开花谢，度过一个个春夏秋冬。青春在思念中渐渐消退，年华在孤独中慢慢流逝，希望在期盼中一次次地破灭。这样的别离能不苦吗？而更苦的是恋人间的死别。生离虽苦，却苦得有希望；死别之苦，却苦得那么令人绝望。“十年生死两茫茫。不思量，自难忘。千里孤坟，无处话凄凉。纵使相逢应不识，尘满面，鬓如霜”（苏轼《江城子》）。“寻寻觅觅，冷冷清清，凄凄惨惨戚戚，乍暖还寒时候，最难将息。三杯两盏淡酒，怎敌他，晚来风急！雁过也，正伤心，却是旧时相识。满地黄花堆积，憔悴损，如今有谁堪摘？守着窗儿，独自怎生得黑！梧桐更兼细雨，到黄昏，点点滴滴。这次第，怎一个，愁字了得！”（李清照《声声慢》）这一首首令人肝肠寸断的悲惋词曲唱出了多少死别之苦！

可叹的是，每个人在一生中要经受的并不仅仅是某一种离别之苦，而是各种离别之苦交织在一起，既有亲人间的离别、骨肉手足间的离别，也有恋人、友人间的离别。这一次次离别像一块块石头敲打着我们的心灵，今天被这块石头敲打一次，明天又被那块石头敲打一次。这样的人生，能不苦吗？

与爱别离苦相反的是另一种人生之苦：怨憎会苦。《圣谛经》说，所谓“怨憎会”，是说众生具有内六处即眼、耳、鼻、舌、身、意，六处若产生不爱或怨憎之感，却要彼此相处，会合集聚，这便是怨憎会。众生又有六界即地、水、火、风、空、识，如果对六界所构成的某种事物或环境产生厌恶之感，却要彼此共处，这就叫做“怨憎会”。所谓“怨憎会苦”，就是指众生在与怨恨不爱之人、厌恶嫌弃之物相处相会时，身体心灵所遭受的深切痛苦。

也许这种苦并不是每一个人都会遇到的，但真正能幸免于此苦的大概也不多，只是程度不同而已，重者有所憎，轻者有所怨。这种怨憎或出于情感，或来自道义，或源于利益。它们所出有异，但给人的感受又都是一样的：痛苦。因此，人们总是不想与自己怨憎的人走到一起，更不愿与他们长期相处或经常相会。然而正如俗话所说：冤家路窄，越是不想见到的人越是经常撞到他。他好似空气一样存在于每个角落里，你走到哪里，他也跟到哪里。有的是出于偶然的巧合，有的则是出于精心的谋划。相互怨憎的人们就生活或工作在一起，天天不想见到，却又天天必须面对。这样的人生能不苦吗？

爱别离，怨憎会，这些人生之苦起自文明的到来，起自人们社会生活的开始。人类一踏入文明的大门，人们一走进社会生活的领域，这些痛苦就必然地产生了，抛也抛不开，推也推不掉。而且，由社会生活所引起的人生之苦还不仅仅是这些，除了爱别离苦、怨憎会苦以外，还有一种苦：欲求不得苦。

四、欲求不得苦

人生而有欲，有欲就有求。欲求的存在既是推动人类历史前进的杠杆，也是人生之苦产生的根源之一。不同的人有不同的欲求，有的欲求高官权势，有的欲求金钱财富，有的欲求爱情美色，而有的则是什么都想要，欲壑难填。然而往往事与愿违，人们不想得到的却偏偏要来到，想得到的却偏偏得不到，从而产生佛教所说的“欲求不得苦”。

关于此苦，《圣谛经》列举了种种不同的情形。它说，众生之出生，都有生的法则，想让自己不出生，这实在不是有此欲望就可以实现的；同样，人的老死、忧戚、愁苦也有其法则，想让自己不老不死、没有忧戚愁苦，这也不是有此欲望就可以实现的。众生如果生就苦难，原本不可以爱恋所爱之人，却想变为可以爱恋，这不是有此欲望就可以实现的；反过来，众生如果生活快乐，可以爱恋所爱之人，却想让这种爱恋永远久住、恒常不变，这也不是有此欲望就可以实现的。众生如果有不可享乐、不可爱恋的思想，那就只作为记忆之事，若要让它变成可以享乐、可以爱恋之事，这不是有此欲望就可以实现的；反之，众生如有可以爱恋的思想，那也只能作为忆想之事；如果产生可以爱恋的思想还想让它恒常不变、永远久住，这也不是有此欲望就可以实现的。凡此种种不可实现的欲望，都会令人痛苦，这就是所谓“欲求不得苦”。

人人都有欲求，但人人的欲求都不可能完全实现，因而人人都会品尝到欲求不得之苦。

置身官场的人都想做高官，而这“官”该高到什么程度，并没有定准。反正对于比较低的级别、比较小的官位，人们是不会满足的。做官的人都比较自信，自信自己能做好比目前更大一些的官。当科长的自信能当好处长，于是他一心向着处长的位子上奔；当处长的自信能当好厅局长，于是他一心向着厅长局长的位子上奔；当厅长局长的认为若让他当省长或部长，亦无不可，于是他一心向着省长部长的位子上奔。但结果怎么样呢？在身为科长而想当处长的人中，只有几十分之一的人能如愿以偿，其余的只能望洋兴叹；在身为处长而想当厅长局长的人中，只有几百分之一的人能如愿以偿，其余的便只能以失望告终；在身为厅长局长而想当省长部长的人中，只有几千分之一的人才能如愿以偿，其余的也只能就此打住。并且，这并不意味着基本目标实现的那几十分之一、几百分之一、几千分之一的人就没有新的追求了。因为人的欲望是永远不会满足的，几十分之一的科长真的当上了处长，在那一时刻，他的欲望是满足了；但过了那一时刻，他又觉得不满足了，于是他又盯着下一个目标：厅长局长。而这时，他的欲求能满足的可能性已由原来的几十分之一变成了几百分之一。就是说，希望渺茫。及至他有幸能成为那几百分之一的幸运者，真的当上了厅长、局长时，他的欲望还是不会满足。总之，人们有欲望，就一定有失望的时候，也就是有欲求不得的时候，有遭受欲求不得之苦的时候。

追逐名利的人都想得到更大的名、更多的利，而这名要大到什么程度，利要多到什么程度，也没有定准。比如就演员来说，他首先欲求的是能走上银幕，哪怕扮演不显眼的一般角色也好。等到一般角色真的让他演了，他又觉得演这种角色不能使他出名获利，于是他又想演主要角色，想让观众喜欢他（她）。及至他真的演上了主要角色，他又认为那毕竟不是最光彩照人、最引人注目的角色，能带给他的名利也十分有限。这时他欲求的不仅仅是观众能经常看到他这张脸，还想让观众欣赏这张脸，要让观众的情绪随着他这张脸的表情而转移。一张脸能左右千万张脸，他认为这是人生的一大快事喜事，这会给他带来巨大的名利，使他成为千万人仰慕、崇拜的对象，使他成为巨大财富的拥有者。而当这些东西他都已得到、都已拥有的时候，他还是不会感到满足的。他总有欲望得不到满足的时候，总要品尝欲求不得之苦。

追求金钱的人更是会时时感受到欲求不得之苦，因为金钱是最不能使人满足的东西。即使亿万富翁，他也不会认为自己的钱已经足够了，没有必要再赚了。相反，他不会放弃任何一个可以赚钱的机会。每个以追求金钱为目标的人都想拥有更多的金钱，至于该多到什么程度，则没有限量。对于追求金钱的人来说，再多的钱都不为多，他们不断地追求着一个又一个的“更多”。终于有一天，他们的脚步不得不在某一个“更多”点上停下来，再也没有力气去追求下一个“更多”了。然而，心中的追求欲望并未停下来，而是向着下一个“更多”奔驰。结果，他们的身体在这一个点上，心灵却在另一更高点上，他们就这样身心分离，时时忍受着撕心裂肺之痛。

也有的人一生不求高官厚禄，不求金钱名利，只求一个

"情"字，确切地说，是追求心目中的偶像。他们在人生的旅途上苦苦地寻求着，寻求着心目中的偶像。有的寻求了一生也一无所获，因为他们心中的偶像是一种绝对的完美，是天上有、地上无的完美。而他们却把这个完美当做终身的目标来追求，一路追求，一路寻觅。结果，青春在他身边溜走，他不觉得；年华在他脚下流逝，他没有感到。直寻觅到青丝变白发、红颜着皱纹，他也未能找到心中的偶像、梦中的情人。等到他再也无力寻觅、无力追求时，才发现自己一辈子追寻的竟是根本不存在、原本不可能得到的东西。这时，他所能体味的就只有伤感和绝望。也有的人自认为在某一时刻、某一地点追寻到了他仰慕已久的偶像，可当他真的拥有这偶像时，却发现她并不像自己原先感觉到的那样完美，而是像身边所有的凡女俗子一样，有喜也有怒，会笑也会哭，有优点也有缺点，有可爱之处也有可厌之处。偶像终于破碎了。明智的人会因此而醒悟到：偶像根本不存在，对偶像的追求所得来的只能是失望。因此便从此放弃对偶像的追求，使自己仅仅遭受这一次欲求不得之苦。而那些糊涂的或固执的人们到此仍不能醒悟或不甘失败，他们一次次地追寻，一次次地失望；一次次地失望，又一次次地追寻。每一次的追寻都制造更大失望，而每一次失望都使他品尝一次欲求不得之苦。他们一辈子都在追寻与失望中度过，便也一辈子都在品尝欲求不得之苦。

更可悲的是，几乎每个人的所欲所求都并不仅仅局限在哪一方面。按照人的本性来说，是什么都想要的。当官的不仅想当高官，也想要金钱名利；求名的不仅想要更大的名，也想拥有财富爱情；赚钱的不仅想发大财，也想弄个一官半职，更想身边美女如云；而寻情的也知道，光有爱情是不够的，爱情离不开面包。这样一来，每个人都满肚子的欲望，都眼观六路、耳听八方地寻求着，寻求自己的每一个目标。然而大多数目标都好似镜中花、水中月，离自己再近也抓不住。因此，人人都在不断地品尝着欲求不得之苦。人生的历程是由一串串脚印构成的，每一个脚印都代表了一个追求，而大部分追求所换来的又是欲求不得之苦，因而人生的旅途上便充满了欲求不得之苦。

生老病死苦、爱离憎会苦、欲求不得苦，这些都是佛教从纵向、从动态对人生之苦所作的展示。佛教还从横向、从静态对人生之苦作了详尽的剖析，其结论是：三受皆苦。

五、三受皆苦

除了上述生老病死苦以及爱别离、怨憎会、求不得诸苦，佛教认为人生中还有“五盛阴苦”或“五受阴苦”。“五阴”亦即“五蕴”，是构成“人”这一假合之存在的色、受、想、行、识五种因素。“色阴”主要是指人的身躯以及身外的对象；后四阴则是指同一“心”的不同功能，代表全部精神活动、心理活动。“五盛阴苦”是说人的一切物质存在以及一切心理精神活动都是“苦”的体现。佛教对其中的“受苦”论述最详尽，这里略作介绍。

所谓“受”是指主观对客观的感受。按照一般的理解，人有种种感受，“苦”只是其中之一。佛教也把“受”分为三种：苦受、乐受、不苦不乐受。《俱舍论》说：“受蕴，谓三领纳随触：即乐及苦、不苦不乐；此复分别成六受身，谓眼触所生受乃至意触所生受。”这就是说，“受”是指由眼、耳、鼻、舌、身、意等六触所引生的感受，这些感受可分三大类：苦受、乐受、不苦不乐受。《大乘百法明门论忠疏》则从另一个角度界定了“受”：“受谓领纳顺、违，俱非境相为性，起爱为业，能起合、离、二非欲故。”所谓“顺、违、俱非境”，是指对个人有利、不利和无利害关系的三种不同境况。“受”就是由感触这三种境况而相应产生的三种主观感受，即乐受（合欲）、苦受（离欲）、不苦不乐受（“二非”即既不合欲也不离欲）。感触对自己有利的境况会产生乐受，感触对自己不利的境况会产生苦受，感触与自己无利害关系的境况而产生不苦不乐受。

但佛教又认为，这三种感受归根到底都是苦受，它们只不过是构成"苦受"的不同层次而已，"乐受"实质上是不存在的。它指出，世俗人所谓"乐"，就其"真实义"而言，都是于"苦"中取"乐"，即"于异苦中生乐想"。于苦中取乐，这对于世俗的我们来说，是一种积极乐观的人生态度。能于辛苦中、艰苦中、愁苦中、痛苦中感受到人生之乐，这必须有坚定的人生信念、远大的人生理想和崇高的人生境界，否则是不可能产生这种感受的。但在佛教看来，按照一般世俗人的生存方式，所谓"于苦中取乐"，只能是一种自欺欺人的主观想象和自我安慰而已。因为世俗的人们不懂得佛教真理，不知修行戒、定、慧三学，不能于人生的种种问题上大彻大悟，所以他们所感受到的苦就是苦，不可能自动转变为乐。

佛教进一步指出，就算人们真正感受到了乐，那也是短暂的、虚假的，它很快会转变为苦。因为在一般人那里，乐总是保持不久，就会被自己断送掉。因而乐中有苦，便成了人生的永恒定律。例如，物质享受是一种乐，但过分追求物质享乐，又会产生苦，诸如欲求不得之苦、追求不当之苦等等。凡是过分追求物质享乐的人对这两种苦都不会陌生。过于重视物质享乐的人大都是贪得无厌的，他的物质欲望永远填不满，因而在别人看来，他腰缠万贯，应有尽有，应该是很快乐的了，但他自己却乐不起来，他时时会在膨胀的物欲支配下而感受到欲求不得之苦。至于追求不当之苦，也往往是与过分追求物质享乐紧密相连的。当正当的追求方式不能满足一个人膨胀的物欲时，他就会采取种种不正当的方式去索取，无权者或是偷窃，或是抢劫；有权者或是贪污，或是受贿。而这些追求方式最终都会招致种种痛苦的感受，轻者丢官丢职，重者身陷牢狱。这不是乐中有苦、乐转变成了苦吗？这种人，当其行径没有败露之时，他会津津有味地品尝着、享受着那些不义之财，此为乐；一旦行迹败露、东窗事发，他就会受到应有的惩罚，此为苦。即使侥幸能终身不露蛛丝马迹者,他的心灵也不会安宁。他会时时担惊受怕,白天坐立不安,夜晚噩梦不断。他时时都很心虚、很敏感,只要人家一说到“贼”,就以为是在说他;只要一听到警笛声,就怀疑是来抓他。这不也是苦吗?老子所谓“福兮祸之所倚,祸兮福之所伏”,就是这个道理。对于祸转化为福,佛教没有发表多少议论;但对福转化为祸、乐转化为苦,无论是佛陀本人还是历代大师都曾无数次地告诫过众生这一道理。佛教认为,求乐乃是“受诸苦恼”的最直接原因,故曰“乐为苦门”,“乐受是众苦本”(《成实论》)。其实,这个道理,我们一般人也不难理解。试想,亲人相聚是乐,情人团圆是乐,但相聚团圆之后又要分离,这不又是苦吗?欲望的满足是乐,但欲望满足后的空虚不又是苦吗?得到名位、金钱、爱情是乐,但这些东西迟早会离自己而去,这不又是苦吗?如此说来,世上还真没有不与苦联系在一起的乐。

乐受是苦,苦受当然是苦,这是不言而喻的。至于不苦不乐的感受,佛教认为,它其实也是一种苦,这是一种平淡无味之苦、空虚无聊之苦。人生是一次旅行,人生的历程是一段旅程。按照佛教的说法,在这段旅程中,人们对顺境的感受是乐,对逆境的感受是苦,对既非顺境亦非逆境的感受就是不乐不苦。对一个旅行者来说,这种既非顺境亦非逆境的境况预示着什么呢?预示着他在这段路途上既未前进也未后退,既未有所得也未有所失,既没有成功也没有失败。或者换一种说法,因为他没有前进,所以无所谓后退;因为他无所得,所以也就无所谓失;因为他没有努力争取成功,所以也就不可能有失败。这样的人生之旅意味着什么呢?意味着他在原地踏步,意味着他的旅行实际是处于中止状态。在这种状态下,他生活的时间在变,他人在变老、心在变老、生命在变老;然而他生活的空间没有变,他的旅行毫无进展,他这段时间的旅程几乎等于零,可以忽略不计。但这段距离等于零的旅程却花费了他一定的时光,花费了多少，就等于他的生命缩短了多少，也许是十年，也许是二十年。一个原本有八十年时光的生命，却被白白地耗去了十年二十年，这种感受难道不应该是痛苦的吗？也许这种感受他一时间未曾体味到，因为此时的他并没有多少生机、活力和清醒的意识，他处于昏昏庸庸、麻木不仁的状态。只有处于这种状态的人才会在短暂的人生之旅中，驻足于某一点上，不去跋涉、不去攀登、不去领略前面的美景和山巅的风光，却白白让时光流逝了许多。然而，他终究会有醒悟的时候，终究会体味到这段空虚无味的人生经历是令人痛心和痛苦的，这便是不苦不乐的感受中所包含的痛苦。

另一种人生之旅也会让人产生不苦不乐的感受，这就是旅行既没有前进或后退，也没有中止，亦不是在原地踏步，而是在某一范围内不断地转圈子，不断地作循环旅行。他走了不少路，但他走的轨迹不是直线，也不是曲线，而是首尾相连的圆圈。这里的景色也许很美，但再美的景色看长了，也会感到乏味。而他就这么日复一日、年复一年地在这里打转，没有发现，没有惊喜，当然也没有危险，因为他对这里已经太熟悉了。他感到每天的太阳、月亮和星星都是一样的，每年的景物也都是一样的。物换星移，他感觉不到；生命流逝，他也感觉不到。或者他感觉到了，却无力去改变。他的人生之旅就定格在那儿，即使生命延长几十年，他还是在那里转圈子，还是那样日复一日、年复一年地重复着过去的足迹。在这种情况下，他的感受是什么？是平淡乏味，是空虚无聊，是缺乏生机和创造力的悲哀。这种悲哀较之其他痛苦，程度也许轻一些，但却是持久的天天都能感觉到的一种苦受，一种来自不苦不乐之感受的苦受。

这样看来，人生的一切感受，痛苦也好，快乐也好，不苦不乐也好，都离不开一个“苦”字，这就是佛教所说的“三受皆苦”。

人生有这么多的苦，有生老病死苦，有爱别离苦、怨憎会苦、求不得苦、五盛阴苦以及三受之苦。人生就是一个大苦聚，人的生命就是一个苦的聚合体，就流逝在一条苦涩的河流中。这就是佛教对世俗人生的理解，对世俗人亦即没有觉悟、未获解脱者的人生格调的理解。

那么，这些苦又是怎么来的呢？是谁造成的呢？佛教对此亦作了深刻的剖析。它通过十二因缘以及因果报应之说解剖了人的生命历程，分析了人生之苦的根由，展示了众生是如何一步步创造自己的痛苦而又一步步走向痛苦的。

第六章

人生之苦的根源：贪爱与无明

作在心，殃在身，不须冤诉更尤人。欲得不招无间业，莫谤如来正法轮。

——《永嘉证道歌》

在将人生诸苦一幕幕地展现出来之后，佛教似乎为我们描绘了一幅悲惨世界的图景。世界的图景、人生的状况如果仅仅是这样的，那是没有人会留恋的。如此说来，佛教就是在宣扬悲观厌世主义了。佛教中的某些派别也确是如此，它们将佛陀创立的人生是苦的学说推向极端，宣扬、践行一种苦行哲学。但就其主流来说，佛教的人生哲学并不是悲观厌世主义，也不是苦行哲学。它宣扬人生之苦的目的并不是要让人们更清醒、更明白地去品味这些苦，而是要帮助人们从痛苦中解脱出来，由苦得乐。而要解脱人生之苦，首先就必须找出这苦产生的根源，必须挖出苦根。所以，佛教在剖析了人生的本质、得出人生是苦的结论以后，又进一步分析了人生之苦产生的原因和根源，从而为人生之苦的解脱找到了钥匙，这正是佛教人生哲学的深刻之处。

人生为什么是苦？苦从何处而来？佛教认为，这苦就来自世人的无明、贪爱、执著、追求，来自世人的不明事理、不明真理，来自世人不能精进求道、不能严于律己。佛教指出，人生有二十难，所谓"贫苦布施难，豪贵学道难，弃命必死难，得睹佛经难，生值佛世难，忍色忍欲难，见好不求难，被辱不嗔难，有势不临难，触事无心难，广学博究难，灭除我慢难，不轻未学难，心行平等难，不说是非难，会善知识难，见性学道难，随化度人难，睹境不动难，善解方便难"（《佛说四十二章经解》）。人生二十难，哪个能免于这些难？不免于这些难却想免于人生之苦，佛教认为那是断不可能的。

从理论上说，佛教对人生之苦因和苦根的分析，主要是依据以下几种理论：一是因果论，二是业报论，三是十二因缘论。这些理论指出，每个众生的思想行为都形成一个"因"，它在"业力"的作用下，一定会得到相应的"果报"。而因果业报的存存续续便导致了人生的轮回，众生若不能超出轮回，便只好在轮回中受苦。现在，我们来具体看一看佛教是如何用这几种理论来剖析人生之苦因和苦根的。

一、人生的因果链条

前文已介绍了佛教的缘起论，缘起论的特点是强调任何事物的产生都有一定的原因，任何原因的存在也都必然会导致相应的结果。就是说，佛教的缘起论是与因果论紧密相连的。

因果规律是佛教用来说明宇宙间一切事物与现象包括人生现象之间相互联系的基本规律。佛教认为，任何事物与现象的产生都有一定的条件，其中的主要条件就叫做"因"。任何"因"都会引起相应的"果"，有因必有果，有果自有因，这是一条铁的法则。人类自然生命的夭寿长短、社会境遇的贫富穷达，都是受这一法则支配的，都是这一法则起作用的结果。对于这一法则，佛教作了非常细致而又深入的分析，它所谓“因果论”并不仅仅限于对人生之苦因与苦果的说明，而是推广为对宇宙间一切现象之关系的分析。我们要从狭义上了解佛教人生哲学中的因果论，就不能不首先从广义上了解它的宇宙论上的普遍含义。

佛教对于“因”的分析，有所谓“六因说”与“十因说”。

“六因说”是由《俱舍论》提出来的，它将事物间的原因归纳为六种，具体是指：(1)能作因，也称“无碍因”。这是指某物生起时，凡是不对其发生阻碍作用的一切事物均为此物的能作因。能作因有两种，一是起帮助作用的，如土地对草木的生起有帮助作用，土地就是草木的能作因；二是消极地不对果的生起的原因，这叫“随作因”，如虚空对万物的生起不起障碍作用，虚空就为万物的随作因。(2)俱有因，也称“共有因”或“共生因”。这是指互为依存条件的事物相互构成彼此产生与存在的原因。俱有因也有两种，即“互为果俱有因”和“同一果俱有因”。前者是指两种或两种以上的事物互为因果，如地、水、火、风四大相互作用，相互依存，生起不同的物质现象，其中，如果一大为因，其他三大就为果；反之，如果其他三大为因，则此一大就为果。后者是指两种或两种以上的事物相互依持，同得一果，如三根木杖相互依持而得站立，则三根木杖即互为俱有因。(3)同类因，亦称“自分因”或“自种因”。这是指同类事物构成这一类事物的因，因与果相似相近，属于同一类。这里特指道德属性的同类，如善念可进一步产生善念，恶念亦可进一步产生恶念，因与果在性质上属于同类，则称前者为后者的“同类因”。(4)相应因。这是指一种认识发生时，认识主体和认识活动必同时相应而起，相互依存，有主体必有活动，有活动必有主体。(5)遍行因。这是特指能遍行于一切“染污法”的烦恼而言的，如无明、邪见、疑惑等，它们势力强盛，是普遍地生起一切烦恼的原因。(6)异熟因，亦叫“报因”。这特指能招致三世苦乐果报的善恶业因，“异熟”指的就是果报，如恶因生苦果，以致在地狱或饿鬼道受生；善因生乐果，可以在人间或天上受生。

“十因说”出自《成唯识论》等佛典，它们指的是：(1)随说因。这是指对任何事物的认识都是先有“名”(名称)而后有“想”(思想)，有“想”就有“语”(说明事物的相状)，有“语”就有“言”(把对事物的认识表达出来)。这里的“名”、“想”、“语”就是“言”的随说因。有的经典又解释为，宇宙间任何事物都依赖于名想言说，那么名想言说即为事物的随说因。(2)观待因。“观待”指相对性、条件性。相对某物来说，能引起其一定要求或受用的条件，即为观待因，如人饥则欲食，渴则欲饮，此饥渴即为饮食的观待因。(3)牵引因。这特指种子能生自果的作用，即种子能“牵引”自身最后成熟为自己的果实，如“无明”能牵引出众生的生老病死诸苦，则“无明”就是众生之生老病死诸苦的原因。(4)生起因。这是指种子现时即具有生果的作用，如麦种现时即具有生出麦芽麦苗的作用，麦种即为麦芽麦苗的生起因。(5)摄受因。这是指种子形成“自果”的过程中所依赖的除自身以外的其他条件，如植物的生起除需物种以外，还需土、水、肥，则土、水、肥即为物种的摄受因。(6)引发因。这是指种子生出芽，芽长成茎叶，茎叶开花结果，顺序增长，辗转相续。(7)定异因。这是指不同的原因必然产生不同的结果，所谓种瓜得瓜，种豆得豆。(8)同事因。这是指在上述七因中，除随说因以外的其他诸因共同形成同一结果。(9)相违因。这是指在生起结果的过程中起阻碍作用的因素。(10)不相违因。这是指在生起形成结果的过程中不起阻碍作用的因素。

与对“因”详加分别相对应，佛教对“果”也作了分门别类的研究，提出了“五果说”。《俱舍论》等佛典讲“六因”能生“五果”，《成唯识论》等讲“十因”能生“五果”。“五果”具体是指：(1)异熟果。也叫“报果”，指由“异熟因”所生的果。《成唯识论》对此果的定义是:“谓有漏善及不善法,所招自相续异熟生无记。”即是指众生前生作下的善恶行为所招致的苦乐等果报。此果与因既不同时,也不相随,而且性质也不同,前生是道德性的善恶(因),后世是实体性的善恶(果)。例如,某人前生行善,后世变为天或人;前生行恶,后世变为饿鬼或畜生等。这就是异熟果。(2)等流果。《俱舍论》解释说,果似因为“等”,果从因为“流”。就是说,先前之善恶生起后起之善恶,后起之果与前行之因在道德性质上相同或相似,此即是等流果。如遍行因是一切烦恼的原因,由此因所生起的果也是烦恼;先前曾杀生,后世必短命等。(3)离系果,也叫“解脱果”。“系”指烦恼的系缚,离系果即指由修习佛教真理、断绝一切烦恼而得到的最高结果——涅槃。(4)士用果。“士”指人,“用”指作用、造作。士用果是指人们使用各种工具所造作的各种事情、所得的结果。(5)增上果。“增上”即增进、助长,增上果是指除上述四果以外的一切结果。此果是与前文所述“增上缘”相对应的,一切具有影响力或不起阻碍作用的原因都是增上缘,这种因缘的结果便是增上果。此果范围最大。由于由因缘和合而成的任何事物都对其他事物产生积极或消极的影响,或者反过来说,任何事物都要受到其他事物的影响,故任何事物除自身以外,都既是增上缘,也是增上果。

上述由“六因”、“十因”和“五果”所构成的因果关系是广义上的,它涉及宇宙间一切现象之间的关系,肯定了任何事物之间都有一根相互联系的纽带,不是这根纽带,就是那根纽带。

狭义的因果则是指人生中的因果。佛教狭义上的因果论是侧重从人的心理、行为、语言等方面分析人生现象之间的因果联系,这一理论的具体内容是与佛教另一理论即“业报论”紧密相连的,故详细内容将在后文中一并叙述,在此只介绍其大概。佛教人生哲学中的因果论,其中心问题是要通过对人生因果的分析而揭示出两种相反的人生趋向:一是积善因而得乐果，可达涅槃永恒；二是积恶因而得苦果，导致生死轮回。佛教特别强调善恶之因与乐苦之果之间的必然联系，佛陀曾多次警告世人“欲出轮回，莫犯因果”。他说：

世间多有邪师外道，不知善恶因果，不达轮回报应，一向狂心，信邪倒见，尊崇鬼神，行鬼教法，诳惑世人……世之迷人，信此邪见，大家连同，同归地狱，一失人身，万劫不复。何以故？求福莫过斋戒布施，求寿莫过不杀放生，求慧莫过广学多闻，求安莫过省禁是非。是故欲求正道，莫信邪师；欲出轮回，莫犯因果。罪福报应，如影随形。邪正道殊，苦乐各异。（《佛说大乘金刚经论》）

在佛教看来，人生的过程就是一系列因果相续的过程，积下此因，必得此果；积下彼因，必得彼果。因与果环环相扣，节节相通，由此而构成了人生的因果链条。世俗人的人生之所以是痛苦的，原因之一就是由于人们无法脱离这一因果链条。而世俗人所陷入的因果链条又是由一系列恶因与苦果所构成的，这就决定了他们若不能解脱，就永远只能在这一链条中轮回，不断地积恶因，又不断地得苦果；不断地尝苦果，又不断地作恶因，恶性循环，往返不已。

佛经中曾经记载了一个恶因招苦果的故事，就是要证明以上理论：释迦牟尼有一个弟弟，名叫难陀罗，他生性风流，终日沉溺于女色之中。他有个美艳的妃子，名叫孙陀利姬。恰巧这孙陀利姬也是天生一副轻薄性，他俩正好色味相投，整天沉溺于色欲之中，无法自拔。释迦牟尼成就佛道以后，曾经劝告这位弟弟，要他拔出欲河，勤修佛法，超脱轮回。可难陀罗根本不屑于此，说他宁愿天天伴美妃、夜夜搂丽人，而不愿在木鱼声中和青灯之下去度过那寂寥的人生长夜。他还洋洋得意地指着他的美妃孙陀利姬问佛陀：“佛陀，你看这是什么？”佛陀说：“这是一个不祥之物。”难陀罗听后自然十分气恼，不愿再理兄长。

佛陀也觉得他这个弟弟色欲太重，一时难以劝导，只恐将来要自食苦果。果然不出所料，若干年后的一天晚上，佛陀正在祇园精舍里说法，忽然有两只小猪闯了进来。它们张着一张饥饿的嘴，到处找东西吃，吃饱了就哼哼叽叽地叫个不停，整天在泥水里打滚，甚至在众目睽睽之下发泄淫欲。祇园精舍的僧人们对此非常厌恶，要将这两只有辱佛门清规的孽畜赶出去。可佛陀却从它们身上看到了两个熟悉的面孔，便不禁伤感地说："浑浑噩噩，业障众生，五阴炽盛，迷惑不醒，脱离了苦海，又跳进了苦海。"他不忍心将其赶出去，又让它们在精舍里呆了八年之久。最后，这两只猪老死于此。当众僧在掩埋其尸体时，才分别在它们身上发现了两个名字：难陀罗、孙陀利姬！

这个故事也许并非实有其事，其主旨不过是要说明，善有善报，恶有恶报，因果相报，分毫不差。众生所遭受的一切苦难都源出于自己过去所做的恶事，故不可怨天，不可尤人，而是咎由自取。

那么，"因"是如何导致"果"的呢？要搞清这一问题，就必须了解佛教的业报论。它指出，"因"正是在"业力"的作用下而导致"果报"的。

二、善恶之业各有报

业报论是佛教人生哲学的理论根基之一，它既是佛教对人生本质作深层分析的理论观念，也是其人生解脱之道得以建立的依据。

"业"的含义是"造作"，具体是指内心的活动和思维以及由此所导发的语言和行为。佛教对"业"作了不同层次的分类，第一层次是将"业"笼统地分为"思业"和"思已业"。前者是指内心的思维活动，后者则指经过内心思维而后所发出的言语和身体动作即行为。第二层次是将上述二业再划分为"身业"、"口业"（"语业"）和"意业"这三业，"身业"指行为，"口业"或"语业"

指言语，“意业”指思维即思想意识活动。第三层次是将上述三业再细而别之，分为五业，即将上述身、口、意三业中的身、口二业又各分为“表业”和“无表业”，加上意业，共为五业。“表”即“表示”的意思，“表业”是指身口二业中能使人看得见、听得到的东西，如身业中的屈伸动作、取舍动作，口业中的言语声音等。“无表业”与此相反，是指身口二业中不能直接表现出来的东西。这种业虽不能直接表示出来，却对主体未来的业报发生重要作用，因为它是发动身口二表业、诱发将来结果的最初原因，也可以说是决定众生或轮回流转、或涅槃寂静的直接原因。

“业”有不同的性质，佛教将其分为善、恶和无记三种。“记”是分别的意思，“无记”即无分别，也就是表示“业”的性质为非善非恶的中性。善、恶、无记这三种性质一般是根据“业”所感召的结果来划分的，能感召有益于众生身心的结果，就是善业；能感召有害于众生身心的结果，就是恶业；能感召既无益也无害于众生身心的结果，则是无记。上述五业中，意业和身口二表业都有善、恶、无记三种性质；身、口二无表业则只有善、恶二性，没有无记性。善或恶的身、口二无表业分别是由善或恶的意业所发动的，也就是说，身、口二业的善恶是由意业的善恶所决定的，亦即思想的善恶决定言行的善恶。至于中性的无记的意业，由于它非善非恶，势力微弱，不能引发强盛的无表业，所以无记即中性的身、口二业也就没有无表业了。

佛教认为，有因就有果；同样，有业就有业报。任何有善恶特性的思想、语言、行为都会给它的主体带来一定的后果，这后果就叫做“业报”或“果报”或“报应”。“业”有一种不招致果报而决不消失的神秘力量，这就叫做“业力不失”。“因”正是在“业力不失”这一法则的支配下而导致出“果”的。这种业报论是佛教用来扬善抑恶的精神武器，是佛教平等思想的内涵之一，也是佛教对人世间公平与平等的一种企盼。没有这一法则，一切宗教劝诫都将失去说服力。

业报的情形是怎样的呢？佛教指出，“业”有善、恶、无记三种性质；同样，业报亦有三种情形：善报、恶报、无报。作善业得善报，作恶业得恶报，作不善不恶的无记之业则无报。这样一来，“业”有善、恶、无记三性，“报”有善报与恶报两种。但具体说开来，果报的情形又并非这么简单。佛教曾从终极归宿上将“果”与“报”分别定为两种：“有漏果”和“无漏果”，“正报”和“依报”。

“漏”是烦恼的异名，它有“流”和“住”二义。“流”的含义是，由于烦恼业因的存在，众生不断从“六疮门”（即眼、耳、鼻、舌、身、意六处）流出“不净”，从而造成新的业因；如此业业相续，流转不已，铸就了众生的生死链条。《俱舍论》说：“从有顶天到无间狱，由彼相续于六疮门泄过无穷，故名为漏。若善释者，应作是言：诸境界中流注相续，泄过不绝，故名为漏。”这是对“漏”的“流”义的诠释。“漏”的“住”义是指，由于业因的存在，众生将“留住”三界，不能超脱生死轮回。“有漏”就是具有生死流转的特性，“无漏”则指断除生死流转。所谓“有漏果”，就是由有漏业因所招致的果。有漏业因分为善恶两类，因而有漏果也有两种：善的业因招乐果，如众生在“六道”轮回中得人果、天果；恶的业因招苦果，如众生在“六道”轮回中得饿鬼果、畜生果、地狱果等。与此不同，无漏果是由无漏业因所招之果。由于无漏业因都是善的，因而无漏果也都是乐果，如成就阿罗汉果、菩萨果、佛果等，便都是乐果。

佛教又认为，有漏果与无漏果又有正、依二报。正报是指有情众生的自体受报；依报是指众生所依止的国土世界受报。佛教宣称，有情众生的自体及其所依止的国土，都是由有漏善恶业因所感生的；佛身及其所依止的佛土，则是由无漏善的业因所感生的。

那么，因果业报规律是怎么体现在生命流转过程中的呢？就“人”这一类众生来说，佛教提出了“四有轮转说”，揭示了人在业因的感召下生命流转的历程。"四有"即是指本有、死有、中有和生有。"本有"是指本于过去的业因所感生的有，具体是指自脱胎到死亡这一段时期，即人的一生。"死有"也称"坏有"，是指人寿命方尽的最后一刹那的身心自体。"中有"则是指在"死有"之后、"生有"之前的那一段时期，因居于死、生二有中间，故名"中有"，具体就是指现生与当生中间的果报，亦即死后投胎前的实体。就是说，"中有"是一个人今生与来生之间的过渡时期，是今生转化为来生的转化形态。经过这一过渡时期和转化形态，某人来生可能仍转生为人，也可能转生为其他物类，转生的趋向由今生所作业因的善恶性质决定。譬如，来生转生为人的众生，他的"中有"即过渡与转化形态是这样的，他有一定的形状，大小如五六岁的小孩；他有眼、耳、鼻、舌、身、意六根，但质地非常微弱，肉眼看不见，只有修得极净天眼者才能看见；他有强盛的业力，能归于趣新的生命体中；他的住期长短不定，有的很短就转生，只需经过七天，有的要长一些，要经过七七四十九天才能转生。他未来的命运是确定的，他转生的人身是由前世之业因决定的。"中有"阶段的结束，就是"生有"的开始，"生有"就是指投胎初受时一刹那的五蕴。五蕴聚合成新的生命体，他又要经历从"本有"到"死有"、从"死有"到"中有"、又从"中有"到下一个"生有"的循环。人生就是这样在生死之间流转着，就像车轮一样，转动不已。

"四有说"是佛教从纵向揭示人的生命流转过程的。佛教还提出了"四生说"，从横向揭示了众生的四种轮回转生趋向：一是卵生，如鱼鸟之类；二是胎生，如人畜之类；三是湿生，如蛆虫之类；四是化生，如飞蛾之类。每一种转生趋向都不是偶然的，而是由相应的业因造成的。《金刚经论》对此作了详细说明：

> 文殊菩萨问佛："云何四生，造何等业，受形禀命，种种不同？"世尊曰："一切众生，无始劫来，种种颠倒，念念不善，深迷自性，久恋尘缘，从贪嗔痴，行杀盗淫，

造诸罪业，无量无边，轮回相遇，受形非一，略说四生，颠倒业本。一者卵生，是人先世，贪心机谋，计较为活，故坠卵生，鱼鸟之类。贪高为鸟，见人高飞。谋深为鱼，逢人潜沉。二者胎生，是人先世，贪恋淫欲，故坠胎生，人与畜类。本分贪淫，为人竖立。横心贪欲，作畜横行。三者湿生，是人先世，贪食酒肉，打闹作乐，故坠湿生，烂蛆侧虫，蠛蠓之类。四者化生，是人先世，心多变异，念念改常，面是背非，故作故犯，故坠化生，脱壳飞行，蛾虫之类。”佛告文殊师利，六道四生，唯人最贵，唯人最灵，佛从人中修成，业从人中造就。人能修福，决生天上；人能造恶，必坠地狱。

以上主要是从众生生理现象的生灭流转来说明业因与果报之间的必然联系。就“人”这一类众生来说，其生理现象是与种种社会现象紧密联系在一起的。人有自然生命、有形体、有思想、有行为，也有社会境遇，如政治上的境遇、经济上的境遇、生活上的境遇等等。人与人之间不仅生理现象和自然生命不同，而且其社会境遇也各有别，有的富贵，有的贫贱，有的通达，有的穷困。佛教认为，这些社会境遇的差别也是受因果业报规律支配的。所谓善有善报，恶有恶报，这是人生的普遍规律，人的自然生命的流转受这一规律的支配，人的社会境遇的定位也受这一规律的支配。勤劳的人会荣华富贵，懒惰的人会穷愁潦倒，结善缘者会夫妻恩爱，结孽缘者会冤家相逢。所以，佛陀曾一再告诫众生要种善根，不要造恶业。他警告那些“不种善根，只造恶业”的人说：

一切众生，迷顽颠倒，从元始来，不种善根，只造恶业。冤冤相报，业业相缠，你不放他，他不放你，结成业网，弥满世界。是故出入三途，往来六道，相逢相喜，相害相吞，递相报应，无有了期。（《佛说大乘金刚经论》）

然而，也许有人会问：在茫茫人海中，有的人一辈子勤劳善良，却一辈子穷困潦倒；而有的人一生恶贯满盈，却一生飞黄腾达，难道这就是因果报应吗？这样的话，作善业有何用？作恶业又何妨？对此，佛教作出了似能令人信服的解释。它指出，因果业报并不局限于今生今世，而是往前可以追溯前生前世，往后又可推及来生来世。中国著名的佛学大师慧远曾提出过“三报”说，他说：“《经》说业有三报：一曰现报，二曰生报，三曰后报。现报者，善恶始于此生，即此生受报；生报者，来生便受；后报者，或经二生三生、百生千生，然后乃受。”（慧远《明报应论》，《弘明集》卷五）这是说，因果业报有三种情形，一是现报，二是生报，三是后报。现报是此生作业，此生受报，作善业得善报，作恶业得恶报；生报是此生作业，来生受报，即今生作善业，来生得善报，今生作恶业，来生得恶报；后报则是此生造业，要等到二世三世以至百千万世以后才能受报，即今生作善业，要等到数世以后才能得善报，今生作恶业，也要等到数世以后才能得恶报。按照这种说法，今生受人尊敬、为人景仰者，前世一定曾勤奋修习，广积善业；今生遭人厌恶、被人鄙弃者，前世一定怠于修习，未积善业；今生的富贵，来自前世的勤劳；今生的贫贱，来自前世的懒惰；今生亲人相聚、情人团圆，来自前世所结之善缘；今生骨肉分离、妻离子散，源于前世欠下的孽债。同样，今生所作之种种善业，如果今生得不到善报，那么来世或数世之后一定会得到；今生所作之种种恶业，若未受到应有的惩罚，那一定是遭报的时候未到，但在来世或数世之后一定会得到恶报的。总之，在佛教看来，作什么性质的业，就会得什么性质的报，这是铁的法则；报应虽有迟早，但一定会到来，这也是铁的法则。所谓“善有善报，恶有恶报；不是不报，时辰未到”，就是中国老百姓对佛教因果报应说的理解。

业因果报，分毫不差；生死轮回，永无绝期。在佛教看来，这一铁的法则决定了一个多多少少作过恶业的人定会沉沦于苦海之中，这苦是他咎由自取，是他所造之恶因、所作之恶业的必然结果；他只要曾经造过这样的因、作过这样的业，就必须也必然要自食这颗苦果。按照佛教的说法，我们的人生之苦原来就是由我们自己造成的，其苦因就是我们曾经所作的不善之事、曾经所说的不善之语、曾经所起的不善之意。我们只要曾经作过不善或是罪恶的身、口、意之业，那么它们就形成了一个恶因，这个恶因在业力的作用下一定会招来相应的苦果，让作此恶因者自己去品尝、去承受。

也许有人会进一步追问，人为什么会作恶业、积恶因、从而招恶果呢？形成这个苦因的根源究竟是什么呢？对此，佛教又层层深入地作了剖析。要了解这一点，就必须先知晓佛教的十二因缘论。

三、人生流转的过程：十二因缘

佛教认为，人生是苦，今天所受之苦来自前世所作之恶业。那么，前世之恶业是怎么作下的？原因何在？同样，今生作下了恶业，来生一定会尝到苦果。那么，今生的恶业又是怎么作下的？对这一问题即人生的苦根问题，佛教不同意当时流行的天神主宰人类命运的说法，不同意一切都是无因无缘的偶然论观点，也不同意一切皆是命定、人力不可改变的命定论观点。佛教认为，这些都是对自己的行为不负责任的说法。它指出，人要真正得到解脱，就必须正视自己的过去，对自己的行为负责，进而树立起纠正过去之失、再造一个新我的信心和决心。正是立足于这一立场，佛教从人的灵魂最深处入手，从内到外，一步步揭示出人是如何在自己一开始的"错误"中衍生出一系列新错误、造作出一系列苦果的。佛教作这种分析时所使用的方法，是把人生看做一个因果相续、业报轮回的无止境的过程，把这一过程分成几个关键的连接点，通过对这些连接点的剖析来揭示人生的本质和痛苦的根源。这些人生过程的连接点，佛经中有不同的说法，有的说是五个，有的说是九个，有的说是十二个。其中流传最广、影响最大的是十二个，这就是“十二因缘”说。

“十二因缘”说是佛教用来解析人生的过程与本质、揭示人生之苦根的基本理论。它由十二个概念构成一个前后相续的因果链条，这十二个概念代表人生过程的十二个关键之处，是人生流转过程中十二个最基本的因果连接点。这十二个概念叫“十二因缘”，也叫“十二支”，具体是指：无明、行、识、名色、六处、触、受、爱、取、有、生、老死。十二因缘之间的关系是，前者依次缘生后者：

“无明”产生“行”：“无明”是指没有智慧、愚昧无知，亦叫做“痴”。“行”指意志活动的生起。“无明”产生“行”是说，由于没有智慧、愚昧无知，因而便有种种世俗的意志活动的生起。

“行”产生“识”：这里的“识”是指投胎时的心识、精神活动。“行”产生“识”是说，有了“行”这一意志活动的牵引，便使得“识”向着与意志活动相应的处所投生。

“识”产生“名色”：这里的“名”是指心、精神，“色”指色质、肉体，“名色”是指胎中的精神和形体亦即正在形成中的身心。“识”产生“名色”是指，由于精神活动“识”的作用，胎儿身心在母胎中得到发育。

“名色”产生“六处”：“六处”也叫“六入”、“六根”，指眼、耳、鼻、舌、身、意这六种感觉与思维器官。“名色”产生“六处”是指胎儿由身心混沌状态中发育出不同的认识器官，相当于即将诞生的阶段。

“六处”引生“触”：“触”即指触觉。“六处”引生“触”是指胎儿出生后，六种认识器官与外界事物相接触而产生触觉。这相当于幼儿阶段。

“触”缘生“受”：“受”是指主观对客观的感受。“触”缘生“受”是指，随着年龄的增长，心识和意识功能渐次发达，当其认识器官与外界对象相接触时，能够接受到外界的反作用，从而产生苦、乐、不苦不乐三种感受。这相当于童年阶段。

“受”缘生“爱”：“爱”指渴望、爱恋、贪爱、贪欲等。“受”缘生“爱”是指，人在接触、感受外界事物的过程中，对能引起乐受的东西产生爱恋、贪爱之心，渴望能得到它。这相当于青年阶段。这一阶段，人的情感最丰富，最容易滋生贪爱之心。

“爱”引生“取”：“取”指追求执取。人对某些事物产生爱恋、贪爱之心后，占有的欲望愈来愈盛，由心中的贪爱转向行动的求取，进而对外界可以享受的一切事物，均普遍地追求执取，执著不放。这相当于中年阶段。这一阶段，人的精力旺盛，占有心最强。

“取”引生“有”：这里的“有”是指“业”，即思想行为。人由于普遍地执取而有种种思想行为，这些思想行为是产生未来之果的善恶之业因。有了这一业因的存在，就必然会导致来生之果的出现，所以叫做“有”。

“有”缘起“生”：这里的“生”是指来世之生。由于前面的“爱”、“取”、“有”所生起的迷惑和所造作的善恶诸业，必然产生果报，导致来世的再生。

“生”引起“老死”：这是指有来世的结生，就有来世的老死。

上述十二个环节，前者依次成为后者之因，依次构成后者产生的条件，即缘，所以叫做“十二因缘”。十二因缘的依次更替形成了众生生死流转的一个周期。任何一个有情识的生命体，只要他没有彻底觉悟，没有得到解脱，就必然要按照这十二个环节无止境地行走、循环其人生之路，“生生于老死，轮回周无穷”。

在佛教看来，这十二因缘构成了人生的“三世两重因果”。“三世”即是前世、今世、来世；所谓“两重因果”，一是指前世因产生今世果，二是指今世因产生来世果。具体来说，在十二因缘中，“无明”和“行”是前世之因，它们引起了今世的出现，导出今世之果。今世之果包括“识”、“名色”、“六处”、“触”及“受”五个因缘，是今世之存在的一个部分；另一部分是“爱”、“取”、“有”，它们既存在于今世，同时又是引生来世之果的原因，称为“今世因”。有今世因就必然有来世果，来世果包括“生”与“老死”两个因缘。这就是所谓“三世两重因果”。这一理论宣称，众生可以生存多生多世，这多生多世的人生历程是一个周而复始、循环轮回的过程。人一降生人世，便像走进了一个圆圈，一日不解脱，便一日在这个圆圈中转悠；一世不解脱，便一世也跳不出这一圆圈。

由十二因缘所构成的“三世两重因果”以图表示，即为

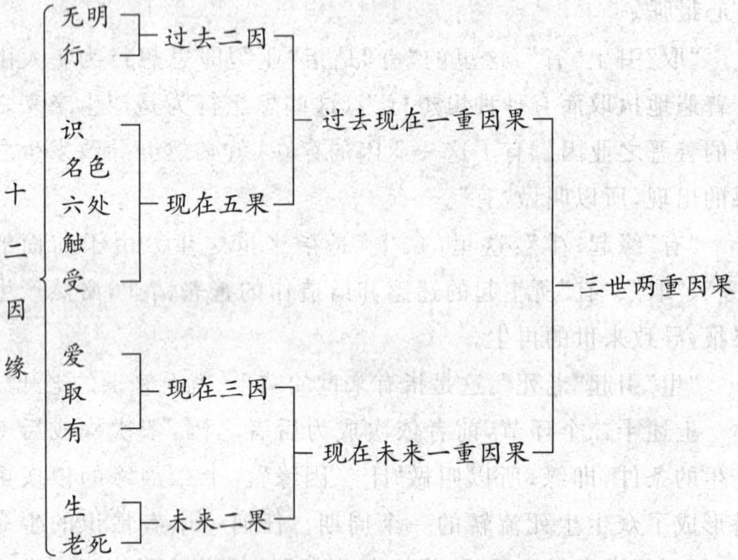

在佛教三世两重因果中，三世和二果都是痛苦的，而其原因就是这二重因：前世之因导致今世苦果，今世之因导致来世苦果。也就是说，在十二因缘中，“无明”与“行”这二因导致了今世的苦果；“爱”、“取”、“有”这三因导致了来世的苦果。佛教没有从现实的社会、政治、经济等角度来分析人生苦乐之原因，而是从因果报应论角度来寻求人生之苦的原因，并将其归结为

五个方面，这就是无明、行、爱、取、有。在这些苦因中，最主要的是“无明”，因为它是三世两重因果中的第一位原因，是十二因缘中的第一个因缘，是引起一切生命现象与过程的始因，因此也是制造人生诸苦的祸根；其次是“爱”，它是今世三因中最重要的一个因，是引生来世之苦果的关键。所以在佛教看来，人生的苦根有两个：贪爱与无明。

四、人生之苦的根源：贪爱与无明

《圣谛经》说，众生具有能产生爱恋之情的内六处（眼、耳、鼻、舌、身、意），其中如有对人世爱恋与执著者，就是产生苦的原因。如果有人爱妻子、奴婢、侍从、眷属、田地、屋宅、店铺和金钱财物，为了这些而劳碌经营，追求执取，那么这就是产生苦的原因。

“爱”的最基本含义是指生命欲，即对生命的渴求和爱恋。在缘生来世的三因（爱、取、有）中，“爱”是第一因。有生命欲，爱恋生命，才会为了生命的存续而求取必需之物、所爱之物，即有“爱”才会引生“取”，而有“取”才能导致“有”。生命欲是一个生命存在的前提，是人生过程得以展开的动力。从上述十二因缘的交替中我们可以看出，如果没有“爱”这一环节，那么已经形成的生命便只能停留在“受”这一阶段，即只能停留在今世之果中，而不会形成来世之因。而无来世之因也就不会有来世之果。这样，生命的过程便不会陷入轮回流转之中，它总会有完结之时。正因为有了“爱”这一关键的中间环节，有了顽强的生命欲，才将今世与来世联系了起来，才架起了今世通往来世的桥梁，才形成了一个个过去、现在与未来的时间长河，构成了一个没有缺口的圆环。这种生命欲将生命体限制在这个圆环中，而佛教认为这个圆环是个苦海，生命体在其中要经受种种苦难。“爱”存在一天，生命欲存在一天，生命体便存续一天，苦难便也延续一天。

问题是,“爱”的含义又不仅仅是指生命欲,也不仅仅是局限于爱生命。人们所爱的东西若仅仅是生命本身、仅仅是为维持生命的存续而不可缺少之物,那麻烦要少得多,痛苦也要少得多。实际情形是,人们不仅爱生命、爱维持生命的必需之物,而且还爱一切可以引起快乐感受的东西。这范围虽因人而异,但有一点却是一样的,这就是所有的人都不只爱他的生命,还爱其他东西。并且,爱的范围会越来越大,程度会越来越深。所以,“爱”又往往与另一个字紧密相连,这就是“贪”。贪爱是一切灾难、一切痛苦滋生的最重要原因之一。无论是否信仰佛教,这一点大概会引起人们的共识。《佛说大乘金刚经论》中有一段话值得我们深思:“迷人恋世,贪酒恋色,从六根,贪六尘,取性快乐,邪伪多端,颠倒无数,但念目前受用,不顾身后招殃,迷真逐妄,背觉合尘,纵遇圣贤,不能救度,长沉苦海。”

贪爱的对象因人而异。

有人贪爱物质享受。对物质享受的要求,几乎所有的人都有。人要生存,就必须有维持生存的物质生活条件。希望拥有和改善这些条件,这本无可非议,但这里有个价值取向和“度”的问题。以物质享受作为人生唯一的追求目标,极力追逐而毫无节度,这就是贪爱。贪爱物质享受的人终日想着自己的物质财富怎样才能更多一些、自己的物质生活怎样才能更好一些,对其他一概不关心。所谓“人生在世,吃穿二字”,就是这种人生观的写照。当然,随着科学技术的不断进步和人类整体生活水平的日益提高,追求物质享受的人所理解的“吃穿”二字的含义也是在不断变化的。过去人们认为,能吃得香一点、穿得好一点,就是一种享受。而现在的某些人已不满足于吃得香、穿得好了,他们还要吃出花样、穿出名堂。这吃穿花样的翻新是一门最能引起某些人兴趣的学问。有些人在学校考试时也许门门不及格,在单位做事时也许能力最差、成绩最少,但在吃穿方面,他们绝对是“出类拔萃”的。世间的学问千万种,他们只关心一种，这就是吃穿的学问。他们能在这一领域独领风骚，能不断地有所发现、有所创新。并且，他们的发现与创新还不仅仅是在“吃穿”二字上，现在又增加了“喝”与“戴”。人们只要一出门，见到最多的一个字肯定就是“酒”字，什么酒家、酒店、酒楼、酒馆，令人眼花缭乱，目不暇接。酒的产生原是一种文化积淀，但当现在的人们用这一文化积淀来享受的时候，大多已舍弃了它的文化意蕴，而只摄取其实体形式了。现在的“酒桌”大多很难与“文化”联系起来，文化有内涵、有韵味、有深度，可现在的酒桌上呈现出来的是狂餐暴饮、粗鲁浅薄。某些人就是要不断地在这狂餐暴饮和粗鲁浅薄的“吸收”与“释放”中寻找感官的享受和生活的乐趣。“戴”在当今也备受重视，戴的对象、档次、部位都在不断地变化。就女人来说，过去的女人认为，头上戴一朵花是美的，可以让别人也让自己从中得到美的享受。可在现在某些女人的价值观念中，花太俗、太贱，她们要将世界上最贵重的东西戴在身上，什么金银、珍珠、宝石、钻石等贵重之物都戴在身上，耳朵上、脖子上、手指上、手腕上乃至脚腕上，从头到脚统统都装扮得珠光宝气，耀眼夺目，似乎这样才算美、才算是享受。然而果真如此吗？这些贪爱吃喝穿戴的人在得到这些东西的同时果真就快乐吗？其实并非如此，并且往往相反，他们得到的不是乐而是苦。贪吃贪喝所招致的第一重苦是病苦以及与病苦相去不远的死苦，这是显而易见的结局。但这痛苦的结局却往往被这些贪吃贪喝者所忽视，他们只贪恋此时此刻的感官享乐，却不知此时此刻的感官之乐会招致彼时彼刻的痛苦。而贪爱物质享受的人所招致的苦绝不仅仅是肉体之苦，他们还会时时忍受着欲望不能满足的“求不得苦”，经常会遇到财富丧失的“爱别离苦”，亦不时地会品尝到对粗茶淡饭的“怨憎会苦”。同时，几乎所有贪爱物质享受的人都因精神贫乏而时时会体味到一种心灵空虚之苦。相对于上述身躯之苦而言，这些属于第二重苦：心灵之苦。更有甚者，贪爱物质享受的人在欲望得不到满足时，往往会挖空心思、不择手段地攫取所恋之物，犯下种种罪恶，被打入牢狱，从而忍受第三重痛苦：身心之苦。

也有人贪爱美色。爱美本是人的一种天性，几乎人人皆然，原本无可非议。但“爱”到“贪”的地步，却只是一部分人的价值观所致。而那些由“爱”生“贪”的人，他们所招引的苦一定大于乐，只是自己意识不到而已。首先，他们要寻觅贪爱的对象。问题不在于这种对象难寻，而在于太多。茫茫人海、芸芸众生之中，到处都是花飞蝶舞，到处都有丽色佳人。爱其中的哪一个呢？大凡由爱而贪的人都想一齐拥有她们。贾宝玉说：“天下弱水三千，我自取一瓢饮尔。”然而他果真只爱林妹妹一个人吗？现实生活中有很多个贾宝玉，他们爱自己的恋人，也爱其他的美人。只要一走出家门，他们的眼睛便不停地忙了起来，瞻前顾后，左视右盼，而他们的视线都毫无例外地落在美丽的异性身上。这种人即使一天到晚不做事，也会活得很累很苦，他的感官苦于忙碌，他的心灵苦于骚动。有人说，男人喜欢看漂亮的女人就像是欣赏一幅山水画一样，没有邪淫之意。我想这种话一定是男人说出来欺骗女人的，本人不相信这一点，其他女人大概也不会完全相信。如果是那样的话，他们为什么不去欣赏自己的同类呢？山水画所唤起的是艺术上的美感，是心灵的净化和精神的升华；而美色所唤起的除了感官上的美感而外，还有心中的邪念淫欲，却不可能有心灵的净化和精神的升华。一位山水画欣赏者，他的心灵是纯净的，他只是欣赏就够了，并不一定要占有；而贪爱美色的人，如果条件允许，如果没有任何约束机制，他会占有所有他爱恋的美人。过去的皇帝嫔妃成群，达官贵人三妻四妾；现在有的男人如果有同样的条件，也一定会如此这般去效法的。而当有的人真的占有了若干美人时，他自认为是人生一大幸事乐事，事实上却是引苦上身。他的财富会为之耗尽，他的事业会为之夭折，他的心力会一点一点地枯竭，他的精血会一滴一滴地流干。他在享受美色，同时也是在走向死亡。试看历史上哪一个皇帝能爱美人而同时亦爱江山？又有哪一个贪恋美色的人不是短命鬼？

还有人贪爱权势。他成天想着权势带给他的好处：可以带给他荣耀，可以带给他权力，可以带给他尊贵，可以带给他威信，甚至还可以带给他金钱美女。于是，他整天幻想着自己应该拥有什么样的权势，终日谋划着怎样才能得到这种权势。为了权势，他不惜绞尽脑汁，挖空心思；为了权势，他与人钩心斗角，尔虞我诈；为了权势，他可以抛弃人格，不顾廉耻。在这一生中，他可能得到了一定的权势；但同时也失去了很多很多，他失去了健康、快乐，耗尽了精力、心血，牺牲了亲情、友情，甚至丧失了人格、尊严。失去了这么多宝贵的东西，能说贪爱权势的结果不是苦而是乐吗？更可悲的是，纵然他自认为这种损失与所得相比微不足道，他毕竟是得到了想要得到的东西；但结果又怎么样呢？他终日患得患失，可总有一天，他会失去这权势。而权势一旦丧失，与权势相应而来的一切也都会随之丧失：没有了荣耀，没有了权力，没有了尊贵，没有了威信，没有了金钱美女。一夜之间，他变成了一无所有的人，这就是他贪爱权势的最终结局。

人生的规律是有"得"必有"失"，"得"的结果必然是"失"。"得"是乐，"失"是苦，因而贪爱的结果必然是苦。财富、美色、权势，这些人们想得到、所贪爱的东西都会给人带来痛苦。有一首歌谣叫《十不亲》，将人生的得失苦乐说得既通俗又深刻，这里不妨抄予诸君：

娇妻亲来不算亲，夫死三日嫁别人；
儿女亲来不算亲，福禄不能负你身；
朋友亲来不算亲，你穷他富两门庭；
欲爱亲来不算亲，脂粉掩你见阎君；
名利亲来不算亲，你争我夺造孽深；

美食亲来不算亲，吃下四两还半斤；
财势亲来不算亲，五更梦呓不安宁；
美物亲来不算亲，叫你眼花不是真；
富贵亲来不算亲，三寸气断两离分；
美色亲来不算亲，刀锋剐骨丧命门；
要说亲来佛祖亲，普度千万众群生；
烦恼名利早决断，自修自得金刚心。

的确，娇妻、美色、儿女、亲朋、欲爱、名利、富贵、财势、美食、美物，这些人们所贪爱的东西，但这一切未必能给人带来真正的永恒的快乐。然而，世间真正能深明此理的又有几人？有几人无贪爱之心而不尝痛苦之果？佛教又有一首《劝早修行歌》，表达了同样的思想。歌曰：

劝你修来你不修，却把日子当悠悠；
光阴似箭催人老，不觉少年白了头。
劝你修来你不修，枉为名利苦追求；
到死空持手一双，官高财多尽皆丢。
劝你修来你不修，莫因门胜结冤仇；
多少英雄争气死，堕落轮回难出头。
劝你修来你不修，酒色财气逞风流；
四般都是迷人网，寻条正路出阎浮。

贪爱是痛苦之源。但进一步说，贪爱又是如何产生的呢？在佛教看来，贪爱也有其根源，这就是“无明”。贪爱是由“无明”导致的，所以归根到底，“无明”才是形成人生之苦的最初根源。据佛典所载，释迦牟尼在即将证得佛道之时，曾逆观十二因缘，即从后往前推，从“老死”推到“生”，从“生”推到“有”，再从“有”推至“取”、“爱”，直至推到第一位因缘“无明”，从而得出了这样的结论：人生现象的第一原动力是“无明”，人生痛苦的最主要根源也是“无明”。并且，在十二因缘中，无论是逆推还是顺推，“无明”都是最重要的一个环节。如果顺向而推，即从原因推至结果，那么，“无明”是十二因缘中的第一位因缘，是众因众缘之始，因而正是它成了众生生命流转与痛苦轮回的起点；若是逆向而推，即从结果推到原因，那么，“无明”又是众生生命流转与痛苦轮回的最终根源。所以，无论从哪方面说，“无明”都被佛教认为是人生之苦的最重要根源。

简单地说，所谓“无明”就是对人生实相的愚昧无知。用我们的话来说，就是指没有树立起正确的人生观和世界观。在佛教看来，世间本无“我”，所谓“我”只是五蕴的聚合体，是多种因缘的聚集物，它们缘聚则有，形成一个假我；缘散则无，假我复归于空无。因而，世间每一个众生都是虚幻不实的，每个人自认为真实存在的自我均犹如水中月、镜中花，似真而非真。然而，世俗的人们却不明白这一点，执“我”为有为实，形成强烈的“我执”。“我执”一形成，就会有种种分别、种种计较，人们会划分出我与你、与他、与人、与物的种种界限，会在一切方面与你、与他、与人、与物斤斤计较。有分别，有计较，就会产生“烦恼”。“烦恼”的种类很多，首先是“贪”、“嗔”、“痴”三毒，此外还有“漫”、“疑”、“忿”、“恨”、“恼”、“诳”、“谄”、“骄”、“嫉”、“悭”、“害”等等。总之，“我”与“非我”之间的种种纠葛与纷争都起源于分别与计较，分别之心与计较之心又起源于“我执”，而“我执”又根源于“无明”。因此，“无明”是制造世间一切纠葛与纷争的根源，也是制造人生诸苦的根源。这是“无明”导致的一方面苦果，是由不正确的人生观所导致的。另一方面，宇宙万法本是“空”，呈现在我们面前的所谓“物”只是缘起的假象，它们遇缘则成，离缘则灭，是空幻无常的。世俗的人们却不了解这一点，于空幻的法上求“实”，于无常的物上求“常”，形成强烈的“法执”，由“法执”又滋生了种种的贪爱与欲求。对外界事物有了欲求之心，便会去追逐它，占有它。世间有了贪爱、欲求、追逐及占有，就有了数不清的痛苦。世人就是用自己的贪爱、欲求、追逐及占有编织了一张张苦网，再将自己置于这些苦网之中，无论怎么挣脱，也逃不出来，因为他仍处于“无明”之中。这是“无明”导致的另一方面苦果，是由不正确的世界观所导致的。

不正确的颠倒的人生观与世界观亦即“无明”即是人生之苦的根源，那么，人生要得到解脱，众生要跳出苦海，首先就必须挖掉这一苦根，除去这一苦源。

挖掉苦根，除去苦源，这是可能的吗？人生是苦，这苦是可以解除的吗？人生如梦，这梦是可以醒来的吗？对此种种疑问，佛教均作了肯定的问答。它说：苦可除，梦可醒，无明贪爱可以断却。那么，苦如何除去？梦如何醒来？无明贪爱又如何断却？为了解答这些问题，佛教又提出了他们的人生解脱的理论。

下篇

人生之苦的解脱

第七章

苦海无边　回头是岸

> 几回生，几回死，生死悠悠无定止。自从顿悟了无生，于诸荣辱何忧喜。
>
> ——《永嘉证道歌》

佛教是一种宣扬人生如梦的宗教，然而，它又并不是那种悲观主义的宗教；佛教是一种宣扬人生是苦的宗教，然而，它又绝不是那种厌世主义的宗教。它宣扬人生如梦，并不是要人们沉浸在这个梦中，不要醒来；它宣扬人生是苦，也不是要人们在知道了人生之苦以后更清醒地去品尝它。相反，佛教宣扬人生如梦，正是要人们从睡梦中、从噩梦中醒悟过来；它宣扬人生是苦，也是希望人们在认清了人生之苦以后能脱离苦海，获得新生。

一、梦破人应醒

在佛教典籍中，有很多梦破人醒的故事。

悉达多太子舍弃王位、初求觉道之时，只是孤身只影，孑然一人；可到后来，却门徒日众，弟子云集。聚集在他身边的都是些什么人呢？翻开历史，我们可以看到，那都是些在漫漫长梦中醒悟过来的人。

憍陈如等五人是佛陀最早的五个弟子，他们原本是净饭王的说客。当初悉达多太子出家后，净饭王万分伤感，不知如何才能唤回儿子的心。这时，憍陈如等五位侍臣自告奋勇地要充当说客，说服太子回宫。他们带了一队人马，来到太子修道的地方。见面后，他们五人一面向太子呈上净饭王写的一封如泣如诉的信，一面向他诉说父王、姨母、王妃的思念之情，恳求太子回到王宫。在这种情况下，已经修成佛陀的太子和他们作了一次长谈。他说："在茫茫宇宙之中，每个人都只是匆匆而来又匆匆而去的过客，每个人的一生都只是一场虚幻的梦，梦总有终了之时。即使我今日和你们一起回宫，但到最后，仍不免要父子离别、夫妻分手，终将避免不了生死离别之苦。父王让我回去继承王位，这对一般的人来说可能是求之不得的事，然而我立志要普度天下众生脱离苦海。你们说，是做一国之君重要呢，还是普度天下众生重要？"憍陈如听完这一席话，似已从迷梦中惊醒，再也不说服佛陀回宫了。可另外几位侍臣却仍在迷梦之中，其中一个说："太子，您放弃荣华富贵和无上权势而跑到这荒山野林里来餐风饮露，这是何苦呢！"佛陀却说："我不苦，真正在受苦的是你们。你们和一切众生一样正在遭受八种痛苦的折磨而不自知。八苦者，一是生苦。住胎受苦，出胎也受苦，在痛苦中降生，在啼哭中落地。二是老苦。人一出生，就会渐渐长大，由年幼而年长，由年长而年老，老时两眼昏花，手脚不灵，头脑迟钝。三是病苦。任何人都要经受两种疾病的折磨，一者身病，二者心病，身心疾病交加，痛苦不已。四是死苦。死有两种，第一种是被疾病折磨至死，第二种是遇恶缘而死，或烧死、或溺死、或摔死、或撞死。不管怎么个死法，死亡总是令人痛苦的。五是爱别离苦。或是情人别离，或是亲人分散，这都令人痛苦。六是怨憎会苦。怨憎之人本求远离，却偏偏相聚，这也令人痛苦。七是求不得苦。心所爱者，求之不得，这又是人生一大痛苦。八是五盛阴苦。此假合之身，众苦盛贮，交相折磨，令人痛苦不已。你们想想看，世上哪一个人能逃避这八苦？即使贵为一国之君，也同样要经受这些痛苦。明白了这一点，你们还会为我放弃王位而感到惋惜吗？”这一席话像一把利剑，拨开了五位侍臣眼前的层层迷雾。他们彻底从人生的迷梦中惊醒了！他们再也不愿回到那人间的苦海中去了！于是，他们五人不约而同地跪在佛陀面前，诚恳地说：“佛陀，您这一番话犹如一声霹雳，将我们从迷梦中惊醒。我们不愿再回宫中去经受八苦了，我们要跟您一起修习解脱之道。”佛陀欣然收下了这最初的五个弟子。他们是两千五百多年前，继悉达多太子之后，第一批从人生之梦中醒悟过来的人。

此后，一批又一批众生聆听了佛陀的教诲，被佛陀的声声法音从迷梦中惊醒。他们之中有佛陀的姨母、王妃、王子，有佛陀的堂兄、堂弟，还有邻近各国的富商权贵。他们宁愿放弃尘世的荣华富贵和各种享乐，因为他们已看清了这些东西的虚假性、这些享乐的短暂性，看清了隐藏在富贵背后的灾难和包含在享乐之中的痛苦。他们不愿再在漫漫长夜中做着各种迷惘的梦、颠倒的梦、痛苦的梦，他们希望从人生之梦中醒过来、从世间苦海中跳出来、从生死轮回的循环中走出来，去开辟另一片人生的天地。

在佛教看来，能够从迷梦中醒过来、从苦海中跳出来、从轮回中走出来的并非只有佛陀的弟子，并非只是出家人才能做到。对于每一个众生来说，只要愿意，都能做到这点。道理很简单：人生本是一场梦，梦已破，人还不应醒过来吗？

每个人都有梦破的时候，每个人都时时体验到梦破的滋味。人与动物相比，最大特点之一就是人有意识和自我意识，能谋算、会设想。我们时时都在谋算着、设想着，就连在睡梦中也不例外，心灵最深处的渴求、难以表白的心愿都会在真正的梦中表现出来。每一谋算、每一设想、每一渴求、每一心愿，都是一个梦。可以说，我们时时都在做梦，时时都在为梦境的实现而奔波、忙碌、烦恼。然而，究竟有多少梦能变为现实？梦境与现实的距离和反差实在是太大了。能够实现的梦毕竟是少数，而那些不能实现的梦就都一个个地破碎了。那么多的梦，我们曾经为它们的形成而精心设计着，为它们的实现而专心努力着，最后却又看着它们在自己的眼前一个一个地破碎。那是一种什么滋味？佛说，那滋味是苦。

是的，那滋味是苦。有人在一次次地饱尝了这苦的滋味以后，忽然醒悟了。他醒悟到，自己的梦之所以会一个个地破碎，那是因为它们根本就没有实现的可能性，或是缺乏客观的基础，或是缺少主观的能力，或是虽有客观基础亦有主观能力，但因某种因素的存在使它不可能变成现实。总之，他知道他的梦实现不了，若继续做这个梦，就只好又一次品尝梦破的苦味。所以，他就放弃再做这个梦。他在梦破之后终于醒来了，以后，他不会再去品尝同样之梦破碎的苦味了。

譬如，有些青少年喜欢做明星之梦，梦想成为影视明星、歌坛明星、舞台明星、艺术明星或体育明星。他用最美的花朵编织着这个明星之梦，他将某段生命的全部能量都释放在这个明星之梦中，他甚至整天都在预先体味着做明星的感觉：掌声、呼声、赞声、鲜花、荣誉、名利，一齐向他涌来；不论他做什么事，都会引起人们的关注、兴趣甚至仿效。他有一种将成为命运之神的宠儿的感觉。忽然有一天，他接到了命运之神的通知书。命运之神告诉他：他今生今世不可能成为一个明星，不论是影视明星、歌坛明星、舞台明星还是艺术明星、体育明星。他的明星之梦破碎了。他痛苦，他流泪，他感到命运之神对他太不公平、太残忍。然而，经过一段时间的痛苦挣扎以后，他终于从破梦中醒了过来，从明星的感觉中走了出来，回到了平凡的现实生活。他冷静地想一想，终于明白了一个道理：那种种的明星并不是单靠美丽的心愿就能编织出来的，也不是仅靠刻苦的努力就能造就出来的，除了后天的因素而外，还需要某些先天的因素。而这些先天的因素，爹妈没有给他。因而他明白，他的明星之梦再美、决心再大、努力再多，也不可能有梦圆的时候。梦既不会圆而只会碎，那他何苦再去做这个无益而有害的梦呢？他终于毅然决然地放弃了这个梦。虽然，放弃这个梦，他会有一种被割伤的感觉，伤口会滴血、会疼痛，因为这原本就是一种割舍。但他知道，只要不再去做同样的梦，那么伤口终有愈合之日。

也有人在其生命的某段时光里曾做过无数个升官之梦，他梦想着他的仕途上有一个梯子，他可以沿着这个梯子一直登上去，一直登到梯子的尽头。可是，当他登到某一阶位时，发现自己再也迈不动步子、再也登不上去了，他只能就此打住了。看着自己的官不能再升，看着自己的梦不能再做，特别是看着别人从自己的身边一步步地登了上去，他会怨恨，怨恨自己没有能耐；他会嫉妒，嫉妒别人登得比他高；他会痛心，痛心自己的升官之梦就这么破碎了；也许，他还会不甘心，不甘心就这么停下脚步，止步不前。但有一天，他终于从升官之梦中醒了过来，终于明白了那更高的一级阶位是他无论如何也登不上去的，即使用尽了全身力气，他也只能到此为止。他醒悟到，与其白费力气地往上爬却劳而无功，不如省下这份力气，把自己脚下的这一阶位站稳；与其一次次地面对破碎的梦，不如干脆不做这个梦，这么一想，他的怨恨与嫉妒之心渐渐减弱了，他的痛苦慢慢减轻了，他的身心就从这种释然中得到了解脱。

还有一些做过发财之梦的人，他曾经梦想过自己的腰包会一天天地鼓起来，梦想过银行里的存款会不断地升位。可是，偏偏天意不遂人愿，或是他原本就与财富少缘，日复一日、年复一年，他的腰包依然如故，银行的存款也增加得很慢。他很纳闷：为什么别人能大把大把地赚钱，而自己就不能呢？为什么别人能成为亿万富翁，自己就成不了呢？面对别人的富有与自己的贫穷，他的心理失去了平衡。他想：果真别人就能赚钱能发财，而我就不能吗？我偏不信这个邪！于是，他又拼命地去闯、拼命地去赚。可是，仿佛财神爷与他过不去，他每闯一次就失败一次，每赚一次又赔一次，那大把大把的钞票就是不肯往他的腰包里钻，那银行存款的位数就是上不去。终于有一天，他意识到，金钱与他缘分太浅，发大财对他来说只能是一个圆不了的梦；再去做这样的梦，他的年华、他的生命都会随着这个梦的一次次破碎而一点点地流逝、一滴滴地耗尽。他觉得，这样划不来。于是，他放弃了这个梦。或者说，他从这个破碎的梦中醒来了。

另有人总是喜欢做“有情人终成眷属”的梦。他梦想着花前月下的恋人能变成生活中的伴侣，梦想着热恋时的山盟海誓能变成生活中的点点滴滴，梦想着恋爱时的相依相偎能变成人生之旅中的相互搀扶。在恋爱的季节里，他有过许多关于未来的梦、关于他和她的梦。他梦想着他们每天都能同看日出日落，每夜都能共赏月缺月圆；梦想着他们能手牵手、心连心，一同走过人生之路上的坎坎坷坷、一同领受人生之旅中的雨雨风风。然而，或是阴差阳错，或是为某种情势所迫，他与她在恋爱的季节里各向对方走来，又在恋爱的季节里告别对方而去。相逢与分手，都发生在恋爱的季节里。他们在春天培植的爱情之花没有生长成秋天成熟的果实，他所做的“有情人终成眷属”的梦破碎了。在人生的各种打击中，恋人的离去也许是最沉重的打击之一；在人生的各种破梦中，情人的分手可能是最让人心碎的一个。面对这一沉重的打击，面对这一破碎的梦，他心如刀绞，失魂落魄，甚至痛不欲生。他觉得一切都失去了意义，阳光不再温暖，月光不再明亮，春天不再美丽，秋天不再辉煌。他感到生命里没有了活力，旅途中充满了彷徨。命运之神决定了他与她不能共乘一趟车、同走一条路，他不知自己该乘哪趟车、该走哪条路。他彷徨了许久、徘徊了许久，总是走不出过去的梦。但终有一天，他会走出这个梦的。因为长时期以来，他已经真真切切地感觉到这个梦的的确确是破了、碎了，再也整合不起来了。他终于决定要抛开这个破碎的梦。他想到，恋人既然不能变成伴侣，那就把她只当做恋人；过去没有演绎出未来，那就把它珍藏在心灵中、尘封在记忆里；不能与她同乘一趟车、同走一条路，那就改乘另外一趟车、改走另外一条路。他会想到，只要人生的目标没有变，那么通往这一目标的就不只是这一条路，能运载他到达这一目标的也不只是这一趟车。只要他与她都能到达这一目标，那他们终有相逢之日。尽管在这一路上，他们不能携手并进，却也能各自跨越人生之路上的沟沟坎坎。或许这一路上，他们都能遇上一位好心人与自己同行，陪伴自己走过这段孤寂的路程，而自己也会在对方跌倒时将其扶起、在对方疲惫时为其鼓劲。也许，这位同行者在情感上永远也不能代替过去的那个“她”；但他知道，生活中的相依相伴较之恋爱中的山盟海誓更难得，人生之旅中的一次次搀扶、一次次相助要远远胜于恋爱中的花前月下、相偎相依，人生中的相知比感情上的相恋更珍贵。他会珍惜所有的这一切，会与后来的这个“她”一同完成这次人生苦旅，一同到达人生的目的地。

上述事例说明，所有的遭遇过挫折的凡人也都能像当年的佛陀那样、像佛陀的千万个弟子那样，从破碎的人生之梦中醒过来。在人生的很多关口，佛陀是我们的榜样，佛陀的弟子是我们的榜样，上述这几种平凡的俗人也是我们的榜样。因为，他们都能从自己的破梦中醒过来，他们的生命、他们的人生都没有被破梦的碎片所埋葬；相反，他们带着这些碎片所割伤的痕迹，勇敢地去迎接新生活，坚定地踏上人生的新征途。在这一路上，他们的伤口会慢慢愈合，他们的生命力会慢慢复苏，他们仍然会坦然地走完这段人生之旅。这是因为:梦破了,生命尚存,生活还在。

二、梦破了,生命尚存,生活还在

有人认为,佛教人生哲学是一种悲观厌世哲学,这实在是一种误解。释迦牟尼成佛后,从未教导人们如何去死,而是教导人们如何去生。当然,释迦牟尼在创立佛教并提出比较成熟的人生哲学以前,也曾走过一段弯路,也曾有过梦破的经历与体验。而那段经历与体验给他带来的痛苦是常人无法想象的,与其相比,我们一般人所遭受的梦破之苦实在微不足道。这里,我们不妨先回顾一下他所走的那段弯路、所经历的那段梦破之苦,然后再看看他是如何从弯路上走过来、从破梦中走出来的。这样,我们会对释迦牟尼及其所创立的佛教产生一种亲切感,会感觉到他是人而不是神,他的学说既是宗教也是哲学;感觉到他创立的人生哲学既是他个人人生体验的结晶,也包含了某些普遍的人生真谛,这些人生真谛对于我们在梦破之后勇敢地走完人生之旅也许不无启迪意义。

释迦牟尼所走的人生弯路就是他出家后最初那几年所过的苦行生活,他的梦破的经历就是这种苦行生活的失败。

当年的悉达多太子出家后,来到了一片茂密的树林里。他来这里不是观赏风光美景,而是准备进行苦修。当时的他同古印度许多思想家一样信奉一种观念,认为自然界的现象是摩擦湿木不能取火,摩擦干木才能取火;人生的道理亦如是,只有经过苦行,清除体中的污液,才能悟出真理。于是,他脱去了精致的锦袍,穿上了粗糙的袈裟;他每天只吃很少的东西,并且是日减一日,到最后,七天才吃一餐,而他所吃的不是鸡鸭鱼肉、不是白饭面包,而是草根、树皮、竹叶、野果;渴了,没有香茶、没有美酒,只能饮一口山涧的凉水;困了,没有床、没有被,就睡在潮湿的土地上,甚至睡在鹿粪、牛粪上,有时还睡在荆棘上;他天天都不洗澡，身上污垢堆积。他尝遍了风霜雪露，饱经了酷暑严寒。他受尽了蚊虫叮咬之苦、疾病缠身之痛、野兽侵袭之难以及恶魔陷害之灾。但这一切的一切，都动摇不了他寻求解脱之道、普度天下众生的决心。他终日里静坐着、沉思着、苦修着。不仅如此，他还一边自己苦修，一边去了解别人是如何修行的。在古印度，婆罗门教一度成为占统治地位的宗教，该教在人生观上宣扬一种悲观厌世主义和苦行哲学，所以苦行主义在当时是一种相当流行的人生哲学。很多人都认为，人生是无比痛苦的，你要想解脱痛苦，就必须采取以毒攻毒、以苦灭苦的方法进行苦修。有的教派则认为，你必须去体验比人生本身还痛苦数倍的痛苦，才能对目前的痛苦予以超越。有的还认为，人生是一个苦海，你只有饮干了这苦海里的每一滴水，然后才能离苦得乐，才能从苦海中解脱出来。在这种人生哲学的引导下，当时不少人都纷纷到荒山野外修苦行。当然，这些人苦行的目的与悉达多有异，他们不是为了普度众生，而仅仅是为了自我解脱。他们想尽各种方法来摧残自己的身体，有的修行“止语之苦”，即只管坐禅入定，数年不说一句话，无论遇到什么人、什么事，他们都咬紧牙关，死不开口；有的修行“倒悬之苦”，即将自己倒着悬吊在树上，企图以肉体之苦换取灵魂之乐；有的则修行“自焚之苦”，即一次次地滚入烈火之中，让烈火烧焦肌肉，以期求得灵魂的超脱。如此种种，不一而足。当年的悉达多一面自己修苦行，一面观看了别人所修的这些千奇百怪的苦行。这样的苦行，他坚持了六年。六年，这在任何人的一生中都不是一个短暂的时间，何况身为太子，原本可以权倾天下、享尽人间荣华富贵的悉达多呢！作出这种抉择的同时，他又作出了多么大的牺牲，而这种牺牲又说明，他要寻求解脱之道的决心有多大，他要圆“普度天下众生”之梦的决心有多大。同时，这也不言而喻地使人感到，这个梦若是破碎了，对他的打击该有多大！

然而不幸的是，他的梦后来果真是破碎了。

六年里，他的体能、他的元气、他的生命力一点一点地消耗殆尽，他的血肉之躯渐渐地衰弱、干枯，他最后被折磨得骨瘦如柴、奄奄一息。可是，人生的真谛、解脱的道路又在哪里？他仍然是茫无所知。六年的苦行生活、六年的艰难磨炼没有使他自己得到解脱，更没有帮他找到解救天下众生的道路与方法。面对苦行的失败，面对破碎的梦，悉达多曾经痛苦、绝望过。那不是一般的痛苦，而是在付出了巨大的代价而后所换来的痛苦；那也不是一般的绝望，而是带着最虔诚、最美好的希望并为之作出最艰苦的努力、而后又眼看着希望破灭时所感觉到的绝望。这痛苦、这绝望绝不是一般人所能承受的。同明星之梦破碎、升官之梦破碎、发财之梦破碎以及恋爱之梦破碎所带来的痛苦与绝望相比，释迦牟尼当年所经受的痛苦与绝望要高出十倍、二十倍。

但是，释迦牟尼毕竟具有超出常人之处。他没有被痛苦打倒，没有被绝望击垮；相反，他从这痛苦与绝望中勇敢地坚强地站了起来。这痛苦与绝望没能动摇他的人生信念和普度众生的决心；相反，他这一信念和决心更坚定了。并且，经过冷静的思考，他还从这痛苦与绝望中明白了一个道理：苦行不是通向解脱的途径，通过苦行不能寻求人生解脱和普度众生的道路与方法。于是，他毅然放弃了苦行。应该说，这是一个果敢的抉择、一个智慧的抉择。他知道苦行之路走不通，便不再硬着头皮往前走，而是改走他道。也可以说，他原先做了一个梦，梦想着通过苦行来拯救自己、拯救众生，但最终，这个梦破碎了，他没能拯救自己，更未能拯救众生。于是，他不再沉溺于这个破碎的梦，而是毅然地从这个破梦中走了出来，重新寻求人生解脱之道。

释迦牟尼想要寻求的是一条如何走向新生的道路，是一条能让天下众生从痛苦中、从破梦中走出来的道路。他坚信，人们在经历了种种梦破之后，并不是只有走向死亡，而是完全可以走向新生。因为他知道，人的生命、今世的生活并不会随着某些梦境的破碎而一起破碎。梦破了，生命尚存，生活还在。

放弃苦行之后，经过一段时间的静思默虑，释迦牟尼终于找到了通向人生解脱之门的钥匙。这个钥匙首先就是要人们消灭种种邪见，而这邪见之中就包括了那些苦行者的见解——断灭空见和厌世哲学。佛教曾将人生判定为苦，支撑这一判断的有两个基本观念，一是“诸行无常”，二是“诸法无我”。前者是对宇宙万法实有性的否定，后者是对主体自身实有性的否定。但这种否定并不是将宇宙万法及主体自身视为一无所有，不是将其断定为无。“诸行无常”不是说宇宙万法不存在，“诸法无我”也并不意味着世间没有芸芸众生，这其中包含着深刻的辩证法。然而，那些持断灭空见的人对此却恰恰作了简单化的理解。他们为了求得人生的解脱，便对主客观世界作了彻底的否定，企图通过对客观世界的否定而舍弃贪爱，通过对主体自身的否定而超脱轮回。而他们用以否定自身的方法就是苦行，在这方面最典型的代表是头陀行者。“头陀”的本义是摆脱烦恼、离弃贪著。他们认为，摆脱烦恼、离弃贪著的唯一方法就是苦行，所以这些人被称为“苦行僧”（“苦行僧”原是指将佛教的四谛之理推向极端、宣扬悲观厌世主义的头陀僧，后来的人们往往将出家僧人与“苦行僧”等而同之，这是不正确的，并非所有的僧人都是苦行僧）。这些头陀行者即所谓“苦行僧”一直抱着“苦行”宗旨不放，他们对自己的日常生活作了种种严格的规定，基本原则是贯彻一个“苦”字。例如，《十二头陀经》对头陀行者的衣食住行作了这样的规定：他们不能穿新衣，只能穿所谓“纳衣”，即用人们丢弃的破衣服、破布缝纳而成的衣服；他们不能自己做饭，只能逐日乞食，并且只许日中吃一次，还不准吃饱；他们必须行“阿兰若”法即远离之法，也就是住处要远离城镇或村落，要住在荒山野岭、人烟绝迹之处，并且不许居在房屋里或其他有遮蔽的地方，而要居于露天之下或是坟冢之间，居处时，只能趺坐，不能横卧；他们不能拥有任何私有财物，要极端贫困。推行这种苦行哲学的目的，无非是要通过这样的苦行来折磨自己，从而培养一种厌世意识，并由厌世进一步走向离世，走向对生活、对生命、对人生的否定。他们认为，这样就能超脱人生之苦。

然而，释迦牟尼认为，这不是在超脱人生之苦，而是在往人生的苦海中增添苦料；这种头陀哲学并不是真正的佛教，而只是一种厌世哲学、死亡哲学。

真正的佛教认为，人生之苦须要超脱，但人生本身并不能否定；人生之梦迟早会破碎，但梦破了，不等于人生就完结了。相反，人生之梦破碎以后，人生本身还在继续着。因为梦破了，生命尚存，故生活还在。破碎了的，只是人生之梦而非人生本身。所以，人生之梦破了，但人生的风帆仍要照样扬起。

真正的佛教认为，世界是空幻的，我们不可能永远拥有它；但这世界又毕竟是存在的，它构成了我们的生存环境。我们自身是虚假的，所以不可能永存不灭；但我们毕竟是借缘而生起了，毕竟由五蕴聚集假合而成了。有了生存环境，有了我们的假合之身，就有了生命，有了生活。生命既已诞生，生活既已形成，我们就不能人为地毁弃它，而要任其自然地让它存在，让它继续。

真正的佛教认为，人生解脱的关键不在于对生命与生活的否定，而在于如何面对生命、面对生活；消除人生之苦的关键亦不在于我们的梦是破还是圆，而在于如何从一个个破碎的梦中醒过来、走出来，在于不去重复那业已破碎的梦。不重复破碎之梦并不意味着我们不能保存生命、延续生活，而是说我们要创造一个新生命、开辟一种新生活、活出一个新境界，这就是解脱的境界、涅槃的境界。

真正的佛教还认为，解脱不等于弃生，涅槃不等于死亡；真正的解脱是脱离人生诸苦，真正的涅槃是超越生死轮回；只有凡俗愚昧的人才将涅槃理解为死亡，只有歪门邪道才将涅槃理解为断灭。如果人生的最高境界即超越诸苦与轮回的境界是死亡，那么，如何有众生，如何有人类？没有了众生，没有了人类，还谈什么解脱、什么涅槃？《坛经》中有一首偈曰：

无上大涅槃，圆明常寂照；
凡愚谓之死，外道执为断；
诸求二乘人，目以无为作。

这里说得很明白，只有凡愚外道才将涅槃理解为死亡断灭；真正的觉悟者会将它理解为新生，理解为梦破之后所开始的新生命、新生活。

是的，人生之梦破碎之后，我们的生命依然存在，我们的生活还在继续。为了不重复那破碎的人生之梦，我们就必须开创一个新生命，开拓一种新生活。

三、调整人生之舟的航向

佛教认为，人生是一个苦海，落入苦海的众生会越陷越深，纵然你驾驶着人生之舟拼命往前冲，但苦海茫茫，漫无边际，你越往前冲，只会离岸越远。那么，如何才能脱离苦海？佛教认为，苦海无边，回头是岸。因为沿着一条痛苦的航线往前走，走得越远，痛苦会越多。所以，要脱离苦海，就必须回头。而这“回头”又并不意味着一定要走回头路，而只是说不要继续往苦海里钻，此“回头”的确切含义是指，我们必须调整人生之舟的航向。

《圣谛经》说，众生具有能产生爱恋的眼、耳、鼻、舌、身、意六处，你如果想求得解脱，就必须不再受尘世的污染，不再执著邪见，从而达到断除贪爱、无欲无止的涅槃境界，这就叫做“苦灭”；众生如不为妻子、奴婢、侍从、眷属、田地、屋宅、店铺和金钱财物而劳作、而烦恼，这就叫做“苦灭”。这里所说的“苦灭”，也就是指在身陷苦海的时候、在人生之梦破灭的时候，及时调整人生航向以后所开辟出的人生境界。

那么，人生之舟的航向又该如何调整？佛教亦告诉了人们调整的方法，这就是不要再去重复那业已破碎的梦，而要重新开辟一条人生的新航线，重新开拓一片人生的新天地。

在这里，我还是先举一个例子。

佛陀门下有一对僧尼亦即男女弟子，男的叫耶舍，他住在缚罗迦河东岸的一个村子里，村里几十个男子都娶上了妻子，唯独耶舍老大的年龄仍没有娶妻。他天天都在做着同一个梦，梦想能有一个女人来到他身边，躺在他的怀抱里，为他驱走孤独，让他宣泄情欲。终于有一天，他的梦实现了，一个叫弗丽的女子走进了他的生活，他们结成了夫妻。开始，他们也曾如痴如醉地相恋过，也曾有过如胶似漆的婚姻。可后来，他们家附近来了一个金银匠，情况就变了。耶舍是个粗鲁的大汉，而那金银匠却仪表堂堂，又有金钱，于是不久，弗丽移情别恋，爱上了那个金银匠。终于在一天夜里，弗丽带着包裹，跟着金银匠私奔了。耶舍发现后，气得暴跳如雷，跟着后面就追，追上弗丽后就是一顿辱骂和毒打。但任凭怎么骂怎么打，弗丽就是不肯跟他回去。耶舍终于发现，他那似已实现的美梦终究还是破碎了。当时，他们彼此都不肯让步，就来到佛陀跟前，请佛陀评理。佛陀没有说他们谁对谁错，而是向他们讲解了一番人生的道理。他说，好色乃是众生的本性，男人好女色，女人好男色，他们相互迷恋，相互追逐。追逐到了，就认为是人生的最大快乐。岂不知，人生无常，万相虚幻，人世间的一切无不是无常的假象，就连你们自己的血肉之躯也只是五蕴聚集而成的假合之物，这血肉之躯没有自性，每个众生也都没有自性。你们连自己的血肉之躯都主宰不了，又岂能幻想主宰别人，岂能幻想别人永远属于自己？说到这里，佛陀问耶舍："你还要让弗丽跟你回去、要她永远留在你身边吗？"耶舍沉默不语。接着，佛陀又开示弗丽:“你为什么一定要跟着那金银匠走呢?是贪恋他的美色吗?而万法无常,他的美色岂能常在!十年、二十年后,他还能这么吸引你吗?就算他青春逝去、美色不存时,你仍爱恋他,但你能肯定他将永远属于你吗?你连自己的血肉之躯都主宰不了,还能主宰他人的感情吗?”一席话说得弗丽羞愧地低下了头。她原本也做着一个梦,梦想能与那金银匠长相厮守、白头到老。但她是个聪明人,听了佛陀这一番话,她知道自己的梦迟早会破灭。但眼前又放不下金银匠,所以她犹豫不决了。这时,佛陀又对他们二人说:“你们之所以会有今天的烦恼,全是由于贪爱的结果。耶舍你若不贪爱妻子的美貌,哪会有今天的烦恼与羞辱?弗丽你若不是贪爱金银匠的财色,又哪会招致今日的皮肉之苦和恶名?你们的贪爱太重,以致迷失了心性、迷失了自我。你们原本都有一颗真心,也都有佛性,但你们的真心和佛性被你们的贪爱和淫欲障覆了。现在只要你们能除却贪爱和淫欲,就能找回真心、找回佛性。你们是想继续被贪欲牵着鼻子走从而继续烦恼、继续痛苦呢,还是想重新找回那失去的真心和佛性从而从烦恼与痛苦中走出来呢?”这一番开示彻底拨开了耶舍和弗丽眼前的迷雾,他们醒悟了,他们从自己破碎的梦抑或即将破碎的梦中醒来了。耶舍不再要弗丽跟他回家了,而弗丽也不再要跟金银匠私奔了。他们都不愿重复那曾给他们带来痛苦的破碎之梦,而决心要重新开辟一条人生的新航线。他们后来选择了出家,双双成了佛陀的弟子。

当然,我举这一个例子决不是要说明,从破碎之梦中走出来,重新调整人生之舟的航向、重新开辟人生的新航线就一定要出家,就一定要像耶舍和弗丽那样去当和尚尼姑。我只是想借此说明,当我们的人生之舟在某一航向行不通或只能驶向痛苦的深渊时,等待我们的并非只有死亡或是痛苦,而是完全可以改驶另一条能行得通的可以远离痛苦之渊的航线。而这种改变在任何环境、任何场合、对任何人来说都是能够做到的,只要你在梦破之后愿意醒过来、走出来，愿意调整自己人生之舟的航向。

有一位姑娘，她天生丽质，身材苗条，气质高雅，生就一副舞蹈家的材料，她也一心一意地梦想将来能当一名芭蕾舞演员，能走上那旋转的舞台。长大以后，她的梦想真的实现了，她真的成了一名芭蕾舞演员。她刻苦练功，演技日臻完美。她曾在全国各地及世界很多地方表演过精彩的芭蕾，那优美的舞姿曾吸引过多少观众、曾倾倒过多少少男少女，她被人们视为一只美丽的高洁的珍贵的天鹅。然而天有不测风云，一场车祸夺去了她的一条腿。失去一条腿，这对任何人来说都是一个沉重的打击，何况是对一个芭蕾舞演员呢？这无异于夺去了她的生命，甚至比夺去生命还令她痛苦。当时，她感到天塌地崩般的绝望，感到撕心裂肺的痛苦。她觉得这场车祸所夺去的不只是她的一条腿，还有她的灵魂、她的生命、她最美好的理想、最心爱的艺术。她觉得自己一切的一切都随这场车祸而去了，留下的只有那残缺不全的空壳。她不想活了，曾几次自杀而未遂。自杀不成，她就用酒、用烟来麻醉自己，希望自己永远也不要清醒过来，因为她实在无法承受醒来后的痛苦。时光一天天地流逝，她也一天天地消沉。这时，一位昔日的舞伴和挚友再也沉不住气了，他试图改变她。于是，他一次次地开导她，一次次地鼓励她。一次失败了，就再进行第二次、第三次……精诚所至，金石为开。终于有一天，她被感动了。感动的同时，她也从麻木中苏醒了过来。而这时当她再去面对那打击和痛苦时，似乎其强度小了许多、弱了许多，她不再感到天塌地崩，而是重新看到了头上那片蓝天和脚下这块大地；她不再认为除了芭蕾以外，她就真的一无所有了，而是觉得自己还有许多东西并未随那条腿一同消失，她还有脑、还有手、还有心，还有聪明智慧，还有舞蹈才能。在那位舞伴和挚友的启发下，她终于看清了自己眼前的这片茫茫海洋，发现除了跳舞这一条航线可以通向她的理想之岸以外，还有第二条航线同样也可以通向这一理想之岸，她还仍然可以为舞蹈、为艺术也为自己的理想而奋斗。于是，她开启了这第二条航线：进行舞蹈设计。跳芭蕾是一种艺术，搞舞蹈设计不同样也是一种艺术吗？她全身心地投入了这一新的领域、新的事业之中。在奋斗中、在拼搏中，她的伤口渐渐地愈合了，她的痛苦慢慢地消退了；与此同时，她的人生希望和理想也得到了再生，她的整个生命都得到了再生。过去那个辉煌的但略显幼稚的“她”在历经这场苦难后变成了眼前这个成熟的“她”，过去那只舞台上的“天鹅”经过这次涅槃以后变成了一只“火凤凰”；而这个成熟的“她”、这只“火凤凰”完全可以再上舞台、再造辉煌。功夫不负有心人，她的一项舞蹈设计在一次舞蹈比赛中得了大奖。当观众看到一个坐在轮椅上的姑娘来到领奖台时，当他们知道了这个姑娘的遭遇和经历时，全场顿时爆发出了暴风雨般的掌声，数不清的鲜花、微笑和赞叹一齐向她涌来，她终于重上了舞台，终于再造了辉煌！

尊敬的读者，如果你在看了前面那个例子时，尚觉得凡人不能像僧人那样超越痛苦，走向新生，那么，在看了这个例子后，你还这么认为吗？你还认为凡人不能从痛苦中、从破梦中走出来吗？

事实上，我们每个人都有梦破的时候，并且每个人都能够从破碎之梦中走出来。梦想升官者、梦想发财者、梦想当明星者，或是梦想当科学家、文学家、艺术家者，他的梦破碎了，却不等于一切希望也都破灭了。他还有其他的希望，还可以重新设置人生的目标。每个人的人生目标都不止一个。在某段时间里，我们也许会认为某个目标就是自己的唯一目标、终极目标，达不到这一目标，似乎整个人生都没有了意义。梦想升官者升不了官，梦想发财者发不了财，梦想当明星者当不了明星，梦想当科学家、文学家、艺术家者当不了科学家、文学家、艺术家，这都的确会在某段时间里动摇人的人生信念和信心，会让人感到这辈子没有了希望，自己的人生没有了价值、没有了意义。然而，这都仅仅是在“某段时间”里如此。时间会冲淡一切，美好幸福的感觉可能不会持久，悲伤痛苦的感觉也不会持久。过了这段时间，我们会发现，过去的很多东西都依然如故。我们抬头看，仍然可以看到那片蓝蓝的天、那朵白白的云；我们低头望，也仍然可以感觉到大地的坚实和草木的青青；我们每天仍可以像过去那样看着潮涨潮退、日出日落，仍可以经历寒往暑来、花开花谢。我们的环境仍然如故，我们的心也应该依旧跳动，我们的人生轨迹应随着大自然的脚步而延伸。只是当这个轨迹在遇到障碍时，我们要稍微改变一下方向，向南走不通，我们可以向东或向西；向东走不通，我们也可以向南或向北。天下的道路千万条，人生的目标千万个，我们不必因为一条路受阻就放弃了所有的可行之路，不必因为一个目标的失去就舍弃了所有的目标。否则，我们就永远停留在人生苦海的某个位置上，永远也靠不了岸。要脱离苦海，我们首先就必须离开那个让自己受苦的位置。也许，下面将要站立的那个位置仍然有苦，仍要我们去跨越；但正因为有了这一次次的跨越，我们才有可能跳出苦海，到达解脱的彼岸。

“苦海无边，回头是岸”。佛教这句人生警言并不是一定要我们走回头路。按照佛教理论，就是每个人来到人世之后，就站到了人生苦海的不同“点”上，向前走是苦，向后退可能也是苦。所以，当我们的某一人生之梦破灭以后，并不是一定要回到做梦以前的状态，因为梦之前还是梦，由此梦回到彼梦，并没有实质性改变，我们仍然会遭受到梦破之苦。所以，“苦海无边，回头是岸”的含义是，我们必须离开通向痛苦的那条人生航线，而不是放弃所有的航线，站在原地不动；也不是真的要调转船头，回到过去的那条航线。正确的做法应该是“调整”好我们的人生航向，选择好下一条航线。

至于怎么“调整”航向、如何“选择”航线，那就要看看我们刚刚所受的苦是怎么来的，要找出苦因是什么。是我们对自己的认识不够清醒、所选的人生目标有误？是我们过于迷惑、所定的人生信念有错？还是我们过于糊涂、所追逐所求取的东西原本不属于我们自己？不管是哪一种情形，在佛教看来，最终的原因都是一样的，这就是“无明”与“贪爱”。因此，我们在调整人生航向、选择人生航线时，要把握一个大的方向，这就是要让我们的人生之舟沿着离开“无明”与“贪爱”的那个航向、那条航线前进，什么时候真正离开了“无明”与“贪爱”，我们的人生之舟也就于什么时候抵达无苦的解脱之岸了。

那么现在人们会问：我们每个人的人生之舟都能抵达解脱之岸吗？或者换句话说，我们每个人的人生解脱都是可能的吗？每个人都能脱离生死轮回的人生苦海而到达涅槃解脱的境界吗？佛教肯定地回答说：是的，每个众生都可以由生死之河的此岸到达涅槃解脱的彼岸。这是因为每个众生都有佛性！

第八章

人生解脱　主宰在我

穷释子，口称贫，实是身贫道不贫。贫则身常披缕褐，道则心藏无价珍。

——《永嘉证道歌》

佛教是一种思辨性的宗教，它的人生哲学中有悲观的成分，也有乐观的信念。它揭示了人生之苦，也指出了人生之乐（涅槃），还指明了离苦得乐的途径与方法。佛教是一种深刻的宗教，它的深刻性就在于，它既是一种信仰，也是一种智慧；既是一种宗教，也是一种哲学。佛教人生哲学的深刻性也许是世界上任何一种宗教都无法相比的，因为其他宗教大多只停留在信仰的层面，只是叫人如何如何去做，却没有告诉人们为什么要这样去做；或者是告诉了，但其理由实在不能使人信服。佛教则不同，它不仅告诉了人们“当然之理”，还向人们明示了“所以然之故”。并且，它是由“所以然之故”而推出“当然之理”，通过揭示人生之苦的缘由而指明解脱人生之苦的途径与方法。这途径与方法的首要一点，就是要人们树立起信心，确立自信意识与自主精神。在人生解脱的问题上，佛教为我们提供的可贵精神，首先就是这种自信自主精神。这一精神突出地体现在其佛性论中。

一、解脱的可能性：佛性常存

佛教建构的人生解脱理论的关键一环是其佛性论，没有这一理论，佛教人生哲学的大厦便只能建筑到一半，即只能揭示出人生痛苦的本质，却不可能指明人生解脱的方向。正因为有了佛性论这一理论基石，佛教才能在这一基石上建构起人生解脱的理论大厦。

那么，"佛性"究竟是什么呢？简单地说，所谓"佛性"就是指众生成就佛教理想人格——"佛"的原因与根据。这一词语是由梵文翻译而来的，亦可意译为"觉性"、"如来藏"等。它的本义是指佛陀的本性，后来演变为成佛的可能性和人生解脱的内在根据。这一宗教词语远离我们的现实生活，可能不少人都比较陌生，所以这里我们首先必须追溯一下这一词语的来历及其含义的演变。

相传释迦牟尼在菩提树下悟道成佛后，活到八十岁就涅槃圆寂了。用我们的话说，就是死了。这就产生了一个疑问：一般人死了也就完了，那么佛陀死了以后，佛身是同一般人一样死了就完了呢，还是永存常住的？关于这个问题，小乘佛教作了"生身"与"法身"的区别。"生身"是指佛陀的血肉之身；"法身"之"法"是指佛所说的言教、所证得的真理，佛以"法"为身，名为"法身"。小乘佛教提出了"生身无我"、"法身是常"的观点，认为任何人的血肉之身即"生身"都没有恒常自在的主体，是易变易灭的，佛的"生身"也不例外。但佛与一般人又毕竟不同，他不仅有"生身"，而且还有"法身"；他的"生身"消逝以后，他所说的“法”依然存在，故其以“法”为身的“法身”是永恒常存的。这种“法身是常”的观念是“佛性”概念的最早渊源。

早期大乘佛教的说法较此又进了一步。《法华经》提出了“佛寿无量”的观点，认为人们所看到的佛陀固然只活了八十岁，但这只不过是他示现灭度而已，他成佛以后的寿命其实是无量的。中期大乘佛教又提出了“佛身是常”的观点，认为佛身是恒常不灭的。这又出现了一个问题：佛身为什么是恒常不灭的？为了回答这个问题，《涅槃经》便提出了“佛性”概念和“佛性是我”的观点，具体解释了佛寿为什么是无量的，佛身为什么是恒常的。它指出，“佛性”是一种恒常自在、常存不灭的主体，即“我”，佛之所以为佛，就是因为他有“佛性”。“佛性”是恒常不灭的，所以寓“佛性”于自身之中的佛身也是恒常不灭的，其寿命是无量无限的。

那么，“佛性”的含义具体是指什么呢？自从《涅槃经》第一次提出了“佛性”概念以后，这一问题便一直处于讨论和争辩之中。总的来说，“佛性”的内涵由“心”与“境”两方面构成，“心”是成佛的正因，“境”是成佛的缘因。《涅槃经》虽提出了“佛性”概念，但其前半部与后半部对“佛性”内涵的解释又是不同的。先出现的前半部着重从“心”方面来解释“佛性”，认为它就是“性净之心”。这里所谓作为佛性的“心”只是一种感性存在，它是像“胎藏”那样蕴藏于如来体中的有形可见的东西，所以又称为“如来藏”。而后出现的后半部对“佛性”的解释却与此有重大差别，它认为“佛性”就是“法性”或“实相”，亦即精神性的宇宙本体，佛性之所以常存不灭，就是因为它同宇宙本体合而为一。这样，佛性内涵的重心就由“心”转变为“境”。继《涅槃经》而后出现的《胜鬘经》中的某些说法又使“佛性”内涵发生了一次重大转变，它提出“佛性”就是“自性清净心”，并认为这样的“心”并非为如来所特有，而是一切众生都有的。这样一来，“佛性”内涵又再度由“境”转变为“心”，由本体回复到主体。只是这里的主体已不再是感性主体，而是一种抽象的理性主体，它就等同于人的清净的心性。

在印度佛教中，关于“佛性”内涵的讨论以世亲所著《佛性论》最为集中。此论提出了三种佛性：一是“自性住佛性”，这是指众生先天具有的佛性；二是“引出佛性”，这是指通过佛教修行而引出的佛性；三是“至得佛性”，这是指达到佛果时本有佛性得以圆满显现。同时，《佛性论》还特别以“如来藏”解释“佛性”并说明“佛性”同“人”与“法”的关系，提出了“一切众生是如来藏”、“一切诸法为如来藏”的观点，意即“如来”无所不在，摄取一切众生和一切法于自身之中，而一切众生和一切法也无不含藏“如来”而作为“自性”。那么，“如来”又是指什么呢？按照《佛性论》的解释，“如来”的“如”就是指“如如”、“真如”，是“不妄想”、“不颠倒”的意思，具体地说，就是指获得“人法二空”的认识。所以，“如”实际上就是指按照佛教的空观而认识世界和自我的一种观点，它是一种智慧，因而可称为“智”；它又是被认识、被追求的目标，故又可称为“境”，它是“智”与“境”的统一。就是说，“如来”之“如”既是一种智慧，又是一种境界，是智慧与境界的统一。“如来”之“来”则是由“如”而“来”的意思，即指修习者依据“自性如如”所引发出来的一切修行活动；通过这些活动而达到与“如”合一的境界，就可获得“法身”而成佛。所以，“如来”既是成佛之因，亦是所成之果，是因与果的统一。《佛性论》认为，世间凡圣虽有差异，但各自具有的“如来”是同一的，“如来”遍藏于众生之身，它就是“如来藏佛性”。

以上是印度佛教对“佛性”的解释。佛教传入中国后，佛性问题一直是中国佛教界讨论的一个热点问题。中国佛教对“佛性”的理解经历了这样的演变：起初是以“神明”为佛性，接着是以“法理”为佛性，最后又以“心性”为佛性。从表面上看，这一演变过程似乎是印度佛性说发展进程的再现，实际上却打上了中国本土时代思潮的烙印。我们知道，一种外来文化要在它的输入地生存下去，就必须与该地的固有思想特别是主流思想相协调。佛教这种外来宗教所以能在中国扎下根，就是因为它在相当长的时期内都是依附于中国本土思想，并且是紧跟本土思想发展踪迹的。

东汉时期，佛教初入中土，此时它所遇到的中国本土思想主要是神仙方术。而方术之士所宣扬的长生不老、灵魂不灭以及那套养生之道，与最初传入中国的小乘禅数学恰有某些相似之处，于是佛教便自然而然地依附于这种方术之学，用方术之语去诠释佛理。对于"佛性"，佛学家们便是用方术学的"神明"或"灵魂"来解释。印度佛教认为，"佛性"是恒常不灭的；而中国方术学也认为，"灵魂"是永存不死的，二者颇相吻合，自然被人们等同了起来，故"灵魂"在当时的很多典籍中都成了"佛性"的同义语。

至魏晋时期，中国主流思想演变为玄学，佛教也就转而依附于玄学。魏晋玄学不同于两汉时期神仙方术等粗俗的说教，它是一种着重探讨宇宙本体的精致的本体论哲学。与玄学这种学风相呼应，魏晋佛教也盛谈本体。至于"佛性"，亦被上升到宇宙本体的高度，被理解为"法理"。当时的著名佛学家竺道生在解释《大般涅槃经》中的"佛性"概念时指出："从理故成佛果，理为佛因也。""佛因"即"佛性"。这里的"理"既是指十二因缘之理，也是指宇宙本体之理。"理为佛因"是说，明了人生过程的十二因缘之理及宇宙本体之理，便是成佛之因，便是佛性。道生还认为，"佛性"是常存不灭的，佛教所谓"无我"是指无"生死中我"，而不是指无"佛性我"。他在《涅槃经集解》中说：众生"虽复身受万端，而佛性常存，若能计得此者，实为善也"。"佛性不可得断"。"佛性常存"、"佛性不断"，这正是众生能够获得人生解脱的根本原因。

到了隋唐时期，原来攀缘于中国本土思想而求得自身发展的佛教已羽翼丰满，这时终于脱离对本土思想的依附而开始走上独立发展的道路，建立了自己的宗派。当时，各宗派之间存在着竞争，它们共同面临的问题之一是要争取更多的信徒。要争取到信徒，首先就必须回答人们最关心的问题：是不是人人都有成佛的可能性？这一问题的实质也就是：是不是人人都有成佛之因即“佛性”？而要回答这一问题，第一步就必须解决什么是“佛性”的问题。隋唐佛教各宗派都提出了自己的佛性说，其共同特点是突出了佛性的主体性，将其等同于人的本心本性。天台宗提出了“五种佛性”说，认为“佛性”有以下五种类型：一是正因佛性，这是指先天所具之理；二是了因佛性，这是指观悟佛理而得的智慧；三是缘因佛性，这是指能够引生佛智的善行，此三者称为“三因佛性”；四是果佛性，这是指达到佛果所具的“智德”；五是果果佛性，这是指达到大涅槃而断除烦恼的“断德”。由这里可以看出，天台宗将佛性看做理、智、德、行的统一。它认为，众生有了这四个善法，就有了佛性，佛性就是心中所具之理、心中所含之智、心中所蕴之德以及理、智、德在行为中的体现即善行。这显然突出了佛性的主体性。法相宗将佛性归结为两种：理佛性与行佛性。前者是指众生所具不生不灭的法性，后者是指“四智”的种子（“四智”将于后文介绍）。它认为佛性就是“法”与“智”的统一，用我们的话说，就是客观与主观的统一。禅宗则提出了自心即佛性、本性即佛性的观点，将佛性直接理解为人的心性。至此，“佛性”一词已完全从出世间来到了世间，这一宗教术语已被深深打上了世俗伦理学与心理学的烙印，它已不再神秘，不再深不可测，因为它就是我们自己的心性。

由上可见，无论是印度佛教还是中国佛教，都无一例外地肯定了“佛性”的实存性、恒常性。佛性是成佛之因，肯定佛性的实存性、恒常性也就是肯定了佛性含有者众生成佛的可能性；而所谓成佛也就是意味着对人生之苦的解脱，因而肯定众生成佛的可能性也就是肯定众生有解脱人生之苦、到达涅槃之岸的可能性。这一肯定具有十分重大的意义。这说明,人生虽是一大苦海,但陷入苦海之中的众生并非不可拯救;苦海虽无边,但并非每个人都一定要在这苦海中无限期地漂游下去,生命之舟还是可以靠岸的。过去人们只觉得,人生之梦很容易破灭,梦破会引起痛苦,痛苦又会缘生新的梦,而新的梦又同样会导致新的苦,人一生下来便总是处于这种轮回之中,无法逃脱;现在人们终于知道了,这一人生轮回的悲剧并非不可避免、不可超脱。有了佛性这盏明灯,就可以刺破噩梦,穿透迷雾,照亮人生前进的航程,就可以引导生命之舟向着没有轮回、没有烦恼、没有痛苦的地方驶去。它的存在给我们痛苦的人生带来了希望,让我们感觉到人生虽以悲剧开始,却并非一定会以悲剧告终;人来到世间时所发出的第一声音是"哭",但人离开世间时所留下的最后音容却可以是"笑";人生以"生苦"肇始,却未必会以"老死之苦"结束。这一切的可能性都存在于"佛性"二字之中。

但这里还有一个问题需要弄清楚:佛性是一部分人才有呢,还是所有的人都有?是一部分人能解脱人生之苦呢,还是所有的人都能得到解脱?对此,佛教再一次鼓励人们:一切众生皆有佛性,一阐提人亦不例外。

二、解脱的普遍性:佛性遍在

从"佛性"一词的起源我们可以看出,它本来是就释迦牟尼个人而言的,是指佛的本性。但后来,它的外延却不断地得到了扩充,首先是扩充到佛陀那一种姓。我们知道,古代印度的种姓斗争是十分尖锐的,当时存在着四大种姓:最高一等是婆罗门,这是一些掌握着宗教祭祀大权的僧侣贵族;第二等级是刹帝利,这是掌握军政大权的国王和贵族;第三等级是吠舍,这主要是商人和自由职业者;最低等级是首陀罗,这是丧失一切权利的奴隶和仆人。释迦牟尼出身于刹帝利族,这一种姓与婆罗门族之间为争夺统治权而存在着深刻的矛盾。当时，代表刹帝利族利益的小乘佛教为了同婆罗门教相抗衡，就把佛陀所在的这一种姓称为“佛姓”，视“佛性”为“佛姓”（即刹帝利种姓的本性）。但从其产生的社会根源上说，佛教原是反对种姓制度的产物，它主张一切众生不分种姓，一律平等。所以，后来的大乘佛教便突破了小乘佛教在佛性问题上所作的限制，将“佛性”的外延扩大到了普通的众生。《大般涅槃经》便明确提出了这样的口号：“一切众生悉有佛性。”该经说：“十二因缘，一切众生等共有之，亦内亦外……佛性亦尔，一切众生定当得阿耨多罗三藐三菩提，是故我说一切众生悉有佛性。”前文已说过，《大般涅槃经》分为前后两部分，其前半部在肯定一切众生悉有佛性的同时，又作了一点保留：将“一阐提”排除在外。所谓“一阐提”就是指善根断尽、作恶多端的人。《涅槃经》前半部指出，这些人没有佛性，因而不可能得到解脱。经中说：“一切众生皆有佛性在于身中，无量烦恼除灭已，佛便明显，除一阐提”；“彼一阐提于如来性所以永绝，斯由诽谤作大恶业，如彼蚕虫锦网自缠而无出处。一阐提辈亦复如是，于如来性不能开发起菩提因”。

应该说，《涅槃经》前半部中的佛性思想是佛教人生哲学发展史上的一大变革，它打破了严格的等级制度，为广大众生指出了一条通向人生解脱的道路。在它看来，并不是只有婆罗门人和刹帝利人才能超脱生死轮回，脱离人生苦海；处于较低等级的吠舍以及最低等级的首陀罗也有人生的希望；处于不同等级的人们在政治地位、社会地位上虽不平等，但在佛性面前是完全平等的。也可以说，在它看来，一个人，只要他还没有完全陷溺于“无明贪欲”之中，没有完全为烦恼罪恶所侵蚀，只要他还留存有一点点善根，那么，他就有跳出人生苦海的希望与可能。这无疑为漂泊于苦海中的绝大多数人点亮了一盏生命的明灯，指出了一条通向解脱的航线。

然而,《涅槃经》前半部在这一问题上毕竟又作了一点保留,即将"一阐提"排除在"佛性"之外。这又意味着还有极少数人永远只能沉溺苦海,永远也不能到达人生解脱的彼岸。这无疑是将他们判了"死刑",并且是被打入十八层地狱,永远亦不许超生。更重要的是,这"一阐提"所指的"极少数人"究竟是指哪一些人,人们不得而知。也许每一个做过恶事坏事的人都这么想:我是不是"一阐提"? 如果是,那就意味着我再痛改前非亦于事无补,照样不能重新做人,照样不能得到解脱,照样要继续受苦;与其这样改过而不能从善,那我还不如破罐子破摔,继续为恶。显然,对于以普度众生为宗旨的佛教来说,这种情形的存在是相当危险的。

而从理论上说,将"一阐提"排除在"佛性"之外,亦会产生深刻的矛盾:既然说"一切众生悉有佛性",而"众生"包括了一切有情识的存在,"一阐提"当然也属于"众生"之列,那么,将"一阐提"排斥在有"佛性"的"众生"以外,这在逻辑上不就说不通了吗? 一种有逻辑矛盾的理论还能指望人们信仰它吗? 这一问题与矛盾引起了人们的重视与深思。并且,正是这一问题、这一矛盾的存在,使得佛性说传入中国后,在东晋时期还引起了一场不大不小的风波。

东晋有一位著名的佛学家叫竺道生,他天资聪颖,颇有悟性。《涅槃经》前半部传到当时的建业后,他曾大力弘扬其中的涅槃佛性说,并且,他还从"一切众生悉有佛性"的观点中大胆而又逻辑地推导出了"一阐提亦有佛性"的论断。他认为,既然一切众生皆有佛性,而"一阐提"无疑也属于"众生"之列,何以独无佛性? 他指出,"一阐提"是指断掉善信之根的人,他们虽不具信根,断掉众善,但佛性还是存在的。他认为,佛经上讲"一阐提"无佛性,这只是为了诱导有恶行的人反省自己的罪恶,而不是说他们真无佛性。但这个观点一提出,立即在佛学界掀起了一场风波。那些拘泥于经文的僧人群起而攻之,指责这是“背经邪说”，并对竺道生采取了戒律上的最严厉处分，将他开除僧籍，逐出建业。竺道生离开建业后，来到了今天的苏州虎丘山。相传在虎丘山，他仍坚持自己的观点，并对石头说法。他说，既然一切众生皆有佛性，那么，“一阐提是含生之类，何得独无佛性?”他问石头：“我所说的言论与佛理是否相契?如果相契，就请你们点头示意”。谁知石头听后，竟不停地点头赞许。这就是“生公说法，顽石点头”的故事。后来，《涅槃经》后半部亦译成了汉文，经中果有“一阐提亦有佛性、亦得成佛”之语。这时，佛学界又转而赞叹竺道生的先见之明，称他为“涅槃圣”，并把他迎回了建业。自此，一切众生皆有佛性、一阐提亦有佛性的观点成了定论。

这种观点一传开，立即引起了社会各界的关注，吸引了众多的人信仰佛教，信佛修道者日趋增多。从此，佛教再也不是上层达官贵人的专利品了，普通老百姓也开始信仰它，因为它为每一个众生带来了脱离苦海的希望，指明了人生解脱的航向；即使是罪大恶极的“一阐提”人，它也不忍心遗弃，而是以一种大慈大悲的精神去感化他们、改造他们，让他们与其他众生一道脱离苦海，创造新生。

应该说，这种风向的转变是有深刻的思想根源和社会根源的。从思想根源上说，承认“一阐提”有佛性是贯彻佛教理论彻底性的需要。佛教理论的彻底性不允许有一部分人被排斥在佛性之外，不允许有一个角落被遗弃于佛法的感召之外。释迦牟尼当初做出那么大的牺牲，就是发誓要普度天下所有的众生。这其中，虽然有人作恶多端，但佛陀以慈悲为怀，佛法以悲悯为旨，即使是十恶不赦的人，也应给他一个改过自新的机会。从社会根源上说，虽然人人都能脱离苦海、都能成佛的说教只是一种宗教信仰与幻想，但宗教原本就是对现实生活的带有虚构性的反映。透过人人都能成佛这层飘渺的宗教外衣，我们可以发现，它所反映的广人民众在绝望中寻找希望、在现世的痛苦中企求来世的幸福这一内心要求确是真真切切的。

也许有人会说，所谓一切众生都有佛性、都有解脱的可能性，这种说法只对佛教信徒有鼓励作用；对于一般不信佛教的凡人俗人来说，“佛性”这个东西太抽象、太不切实际，因而没有多少实际意义。其实，这是一种误解。佛教所说的“佛性”实际上就是指人的觉性、悟性和善的好的品性，也就是我们所说的善良的人性。讲人性，我们人人都理解；但讲佛性，不少人就认为离自己太遥远，因为自己不信佛。但实质上，这二者并没有本质区别。我们每个人都可以扪心自问：自己的本性中是不是有着善的成分？如果有，那你就有佛性。佛教说“一切众生悉有佛性”、皆可成佛，这同儒家所说的“人性皆善”、“人皆可以为尧舜”没有本质区别。虽然“佛”的境界与“尧舜”或“圣人”的境界有其同亦有其异，但我们这里暂且只论其同而略去其异。孟子曾说，善良的本性人人皆有，所谓“恻隐之心，人皆有之；羞恶之心，人皆有之；恭敬之心，人皆有之；是非之心，人皆有之。恻隐之心，仁也；羞恶之心，义也；恭敬之心，礼也；是非之心，智也”(《孟子·告子上》)。他认为，只要是一个人，他就具有这四心和四德；如果谁真的没有这些，那他就算不得人，所谓“无恻隐之心，非人也；无羞恶之心，非人也；无辞让之心，非人也；无是非之心，非人也。恻隐之心，仁之端也；羞恶之心，义之端也；辞让之心，礼之端也；是非之心，智之端也。人之有是四端也，犹其有四体也。有是四端而自谓不能者，自贼者也”(《孟子·公孙丑上》)。孟子说的这些话，我们听起来感到很亲切，因为他所说的“四心”、“四端”、“四善”，我们每个人多少都有一些；即使是十恶不赦的人，他的本性中也还有那么一丁点儿善的东西，生来就只有恶而没有善的人是不存在的。所以，孟子的话，我们能理解。其实，佛教所谓人人都有佛性、“一阐提”亦不例外，也大致是这个意思。它无非是说，每个人的天性中都有一种觉性、悟性和善的品性，虽然多少不等，但一定是有的；即使是坏事做绝、善根断尽的“一阐提”，也总还有那么一点值得肯定的东西。那么，一般人天性中的这种觉性、悟性和善的品性就是佛性，“一阐提”心中留存的那一点点值得肯定的东西也是佛性，它们就是解脱的希望和成佛的根据。

当然，孟子虽说“人皆可以为尧舜”，可事实上我们知道，从现实性上说，并不是人人都能真的成就尧舜一样的人格，孟子是从可能性上说的，其本意是鼓励人们树立人生信心，不要“自贼”即自暴自弃。同样，佛教所谓人人皆可成佛、人人可得人生解脱，这也只是一种理想、一种信念，其目的也是为了鼓励人们树立信心、自信自强，为了给人们建立一种希望与奋斗目标，为了让人们从人生之苦中振作起来，扬起生命的风帆。即使是坏事做尽、恶行累累的人，佛教也给他们留下一个机会并设置一种希望，让他们能有一个从地狱中、从罪恶中超脱出来的希望和机会。其目的，无非是为了从内在方面阻止他们再去做坏事、积恶业。这种慈悲悯世的精神是值得赞赏的。但过去在“左”倾思潮的影响下，我们对包括佛教在内的宗教的评价都缺乏一种客观公正的态度，认为它仅仅是鸦片烟，它的那套说教仅仅是为了欺骗人。其实这是片面的。只有当宗教成为政治统治的工具时，它才成为鸦片烟、麻醉剂。就佛教来说，它的教义中的确有幻想的虚构的成分，但其目的，并不是为了欺骗人。想一想，历史上有那么多高僧大德为了弘扬佛法，为了坚持他们所认定的真理，或者是为了能证得无上解脱之道，他们可以置自己的得失荣辱于不顾，难道作这样大的牺牲就是为了去欺骗人吗？也许有人会说，对于一个佛教徒来说，是无所谓得失荣辱的，因为佛教主张要超越这些分别。不错，一个佛教徒可以不计得失荣辱；但我们不要忘了，他毕竟也是人，一个活生生的人，他有血有肉有生命，他难道连生命也可以不计较吗？佛教也要人珍惜生命呀！而那些高僧大德为了弘扬佛法，为了普度众生，却可以将自己的生命置之度外，这难道也仅仅是为了要欺骗人吗？这样去理解的话，可就枉费了他们的一片良苦用心了。我之所以要说这段题外话，是想表达这一意思：对佛教的某些人生信条，我们不能只从消极方面去理解，也应作出积极的对我们的现实人生有启迪意义的理解。譬如，对佛教所许诺的人人都有佛性、人人都能成佛这一诺言，我们就该这么理解：这一诺言无非是要给我们的人生创造一种动力，设置一种希望，是要让我们树立一种自信自强的人生信念和远大崇高的人生理想。这一诺言无非是要我们明白：对任何人来说，只要他愿意，就都可以从茫茫苦海中走出来，获得新生，得到解脱；人生解脱是有普遍性的，因为佛性是遍存的，善人恶人都有佛性，甚至连飞禽走兽、花草树木也不例外。只要人人能善待自己的佛性，能将自己本性中的觉性、悟性和善良品性落实在行动中，就人人可得解脱，人人可以成佛。同时，通过这一教义，我们还应该知道，佛教宣扬人生是苦的目的，并不是要让所有有生命的众生都放弃生命、毁灭生命，而是要让他们的生命在“佛性”的引导下换一种活法，换一种没有痛苦与烦恼的活法。

那么，换一种活法，换一种没有痛苦与烦恼的活法，是自己可以做到，还是要依靠外在力量才能做到呢？佛教的回答是前者。它指出，解脱成佛归根到底要靠我们每个人自己，因为佛性不是别人赋予的，而是每个人自有的、本有的。

三、解脱的自主性：佛性本有

除佛教以外，世界上所有影响较大的宗教都宣称宇宙间有一个至高无上的创造者和主宰者，它创造了宇宙，创造了人类，并能主宰宇宙、主宰人类。它能主宰人类的命运，能决定人们的吉凶祸福、夭寿贵贱乃至喜怒哀乐。在它面前，整个人类都显得软弱无力，任何一个个人更是微不足道。人们要想避免灾祸与痛苦、得到吉祥与幸福，就只有对这个创造者和主宰者的创造力与主宰力坚信不疑，并进而去祈求它的祐护。对于自己当下的境遇和未来的命运，人没有自主权。

与此不同，佛教不承认宇宙间有一个创造者，更不承认人类有一个主宰者，不承认在宇宙人类之上有一个“上帝”或“真主”或“神灵”的存在。在它看来，这个宇宙之中，只有众生及其所依存的环境，决无创造这些而又能主宰这些的造物主和主宰者。世界万法是由因缘形成的，众生之身是由五蕴构成的，人的命运掌握在自己手中，因为佛性就在每个人的心中。

向我们昭示这种自主精神的是佛教的一个基本思想：佛性本有思想。

在佛教发展史上，关于佛性是“本有”还是“当有”或“始有”的问题，曾一度存在着争论。“佛性本有”是说，众生原本就有佛性，这种佛性是先天的、内在的，不是在后来某个时候或某种情况下才有的；“佛性当有”是说，从众生将来必当成佛这一结果来看，应当有一个致使他成佛的原因，这个原因就是佛性，所以佛性是“当有”，即从结果来看应当具有的成佛之因；“佛性始有”则是说，众生成佛之时才开始有佛性，他过去没有成佛，就说明他过去没有佛性，后来成佛了，才有佛性，这实际上是把佛性视做众生成佛以后的本性。在这三种观点之中，“本有说”更强调了佛性对于众生的先天内在性，突出了众生解脱的自主性。经过一段时期的争论，“本有说”占了上风。

关于佛性本有说，各类佛教经典、历代佛学大师都作了大量的论说。小乘佛教即有“心性本净”之说，认为解脱之道就在于保存、显示这一本净之心性；《大方等大集经》说：“一切众生心本性，清净无秽如虚实”；《楞伽经》认为，“如来藏自性清净”，它“在于一切众生身中”；《大般涅槃经》说：“涅槃之体，非本无今有……有佛无佛，性相常住。”在这些经典中，《涅槃经》对佛性的论述最完备。关于佛性本有思想，该经用了很多比喻来说明这一道理，诸如“贫女宝藏”、“力士额珠”、“闇室宝瓶”、“瓮井七宝”等等。其中，“贫女宝藏”是说，有一个女人，家里藏有无数珠宝，可她自己却不知道，还在那里受穷，及至发现了这些珠宝，才知道自己原来是这么富有。该经以此说明，佛性是人人本有的，只是大多数人不见此性、不明此理罢了。中国佛教也倡导佛性本有说，竺道生即指出："善性者，理妙为善，反本为性也。"意即善性亦即佛性就存在于众生的本性之中，只要反观本性，即可见佛性。后来的禅宗特别强调这一点，并且它还将佛性彻底世俗化，将其直接等同于人的自心自性。禅宗六祖慧能有几首著名的偈颇能说明这一点。偈一曰："菩提只向心觅，何劳向外求玄？听说依此修行，西方只在眼前。"偈二曰："一切无有真，不以见于真；若见于真者，是见尽非真；若能自有真，离假即心真。"偈三曰："若能心中自见真，有真即是成佛因；不见自性外觅佛，起心总是大痴人。"(《坛经》)

这些佛语禅言告诉了我们什么？它告诉我们：人人心中原本就有佛性，人人心中原本就有明灯；这佛性、这明灯是每一个"我"自己拥有的，而不是上帝赋予的，也不是他人赐赠的。我们拥有这佛性、这明灯，就能主宰自己的命运，就能选择自己的人生道路。这佛性、这明灯能够引导我们选择一条通向解脱的人生道路，能使我们超越生死轮回的命运悲剧，而走向光明、走向永恒。这一切全靠我们自己，解脱是"自我解脱"，任何别人都不能决定我们能否解脱，也不能帮助我们获得解脱。每一个人都是自己的主人，自己命运的主人、自己未来的主人、自己生死苦乐的主人。

但在现实生活中，却有一些人自愿交出人生的自主权、主动权，将自己的命运与未来交给他人掌握，将自己的得失苦乐维系在他人身上。

有的人将自己的前途和希望寄托在上司身上，认为自己能否升迁、能否被重用，或能否谋个好的职位，全看上司如何决定、如何安排。所以平日里，他总是围着上司转，看着上司的脸色行事，时刻揣摩上司的意图，迎合上司的喜怒哀乐。久而久之，他自己没有了思想，没有了头脑，没有了真实的情感，他的一切都是由上司决定的。他原本也是一个完整的"我"，有头脑、有思想、有情感，同他的上司并没有本质的区别。但他却自愿把这些原本可以决定自己前途的东西交给上司，让上司占有他的头脑、思想、情感，然后又让上司决定他的前途。但结果呢？他的前途一定不会太好。因为，他一切以上司为转移，而上司并不是真理的化身，上司也有犯错误的时候。他跟着上司转，上司错了，他也跟着错；上司栽跟头了，他也跟着栽跟头。或者，上司并没出差错，但过了一段时间，却从这个部门调走了，他也一下子失去了依靠。此时，他所能走的路只有两条：或是跟着上司走，或是重新巴结新的上司。反正，他只会重复以前的所作所为，永远处于这种轮回之中。一辈子过去了，他或许谋到了一官半职，但他不可能真正做出什么大事，不可能干出一番真正属于他自己的事业，更不可能到达人生解脱的彼岸。他的一生只是上司的一个缩小了的影子，他连他的"自我"都失去了，还怎么能掌握自己的人生航向、又怎么能驾驶着生命之舟走向人生解脱的彼岸呢？

也有人喜欢将自己的前途寄托在婚姻这根线上。比较常见的是，男人喜欢找一个有权有势的人的女儿做妻子。此人所看重的与其说是这个女子本人，倒不如说是她的父母。他想依仗岳父或岳母大人的权势，为自己的未来打下一片根基。为了这一目的，他对岳父岳母毕恭毕敬，但这恭敬未必是出于尊重，而多半是出于利益；为了这一目的，他对妻子百依百顺，而这依顺也不一定是出于怜爱，多半仍是出于利益的考虑。为了这个利益，他可以忍气吞声、委曲求全，可以牺牲自己的原则。久而久之，他没有了自己的意志与主见，没有了自己的立场与原则，甚至没有了自己的人格与尊严。他把所有的一切都赌在这个婚姻上，幻想着这个婚姻能带给他一切。所以，他平日所考虑、所努力的就是如何巩固这个婚姻。也许，这个婚姻一直都没有出问题，而他也从这个婚姻中得到了不少好处，官职、地位、金钱，他都得到了。但同时，他也失去了很多，而且他的所失要比其所得更珍贵，这就是人格、尊严、情感、意志。他生为男儿，却活得不像个男子汉，他将自己七尺男儿的未来寄托在一个女子身上，寄托在一位老人身上，这不是很可悲的吗？

与此相类似，有的女人喜欢找一个男人做靠山，这个男人可能是她的丈夫，也可能是她的上司，或是一个大款。眼下所常见的，一般是后两种情况。这样的女人多半有些姿色，也有些心眼，能抓住某些男人的心，或是能满足某些男人的色欲。她幻想着用自己的美色从他那里换取金钱财富或是什么特殊地位。在一段时间里，她确实能得到这些，她能由身无分文而变得穿金戴银，能由一个灰姑娘变成一个富婆，能由一个普通职员变成上司身边的秘书或是什么经理、主任。但是，如果她的这一切全是那个男人给予的话，那么她总有一天会失去这些。因为，大凡对这样的女人感兴趣的男人都是好色之徒，真正懂得爱情的男人是不会要这样的女人做妻子或情人的。只有那些好色之徒才会被这样的女人弄得神魂颠倒、方寸大乱，从而满足她的一切要求。但是，她总有人老珠黄之日。到了那时，她没有了资本，不能再投资什么了，就再也得不到"利润"了。她会落得一个可悲可怜的下场：轻者，会受到冷落；重者，会被他一脚踢开。本来，凭着自己的能力，她是可以做出一些事情来的，是可以创造一个美好的来来的；可她不愿自己去做、去创造，却愿用自己的青春与红颜作赌注，去赌一个靠不住的未来。最后，她输了，输掉了青春红颜、输掉了人格尊严、输掉了创造未来的心力和机会，她输得很惨。这样的人也同样是自愿往苦海里跳，还谈什么人生解脱呢？

还有一些幸运者，生长在一个比较好的环境中，拥有有权有势有名有位的双亲。他认为这就是自己的资本与财富，觉得自己很富有。从小到大，他的每一步人生之路都是由父母为他选好铺好的。该上学时，父母为他找了个好学校；该工作时，父母为他谋了个好职业；该成家时，父母为他找了个体面的对象；该晋升时，父母为他创造了条件、打通了关节。这每一步路，他都用不着自己去选择、去铺垫，父母早就为他选择好铺垫好了，他只需抬起脚一步步走过去就行。与那些贫寒子弟相比，他的人生之路没有弯曲、没有坎坷，而是那么顺畅，那么平坦；在某一段赛跑中，他一定会最先到达目的地。但有一点他不如人：贫寒子弟会自己独立走路、会耕耘、会创造，而他却不会，他一切都依赖于父母。然而，父母终有老死之日。正值年富力强、生命旺盛、最适宜于耕耘与创造的季节，父母老了、死了，他也一下子失去了引路人、铺路人，失去了依赖的对象。他抬起脚，却不知下一步该怎么走。虽然他的精力旺盛，却不知怎么去耕耘、去创造。到了收获的季节，他的收成可想而知，他后半生是不会有多少收成的。他前半生倒是有不少收成，但等到他后半生得不到多少收成时，所有的人包括他自己就会明白，他那前半生的收成也不是他自己耕耘的，他只是坐享其成而已。这样一来，他一辈子都不会拥有多少真正属于自己的劳动果实，因为他一辈子都没有学会耕耘、创造，甚至没有学会走路。真正会走路的人，其人生之路是由自己选择、自己开辟的；而他的人生之路是由父母选择开辟的，是父母拉着他一步一步走过来的。所以严格说来，这条人生之路不是他自己走出来的。一个人在即将走完自己的人生之路时却突然发现这条路不是自己走出来的，甚至发现自己还不会走路，这样的人可悲不可悲？如此丧失人生自主权的人还谈什么人生解脱！

每个人都应该是自己的主宰，都有主宰自己的能力。但愿在这个世界上，像上面这样自愿放弃自己的命运主宰权的人少一些，而能够掌握自己的人生之舵、能驾着自己的生命之舟驶向正确方向的人多一些。

佛教认为，人生的道路有千万条，但归根到底又只有两条，这就是解脱之路与轮回之路。这两条路摆在每一个人面前，就看你往哪儿走。

四、人生之路有两条，看你往哪儿走

佛教认为，从究竟意义上说，人生的道路只有两条，这就是解脱之路与轮回之路。在芸芸众生之中，走上轮回之路的人居多，而真正能走上解脱之路的却少而又少。

然而从可能性上说，从先天条件上说，佛教认为每个人原本都是可以走上解脱之路的。原因在哪里？就在于每个人都有佛性，也就是都有觉悟之因、成佛之因、解脱之因。但实际上为什么有许多人不能走上解脱之路却踏上了轮回之路呢？原因仍在"佛性"上，在于人们如何对待佛性。能洞见自己的佛性，让佛性引着自己去走路，就会走上解脱之路；若是污染了或是遮覆了自己的佛性，让"无明"、"贪爱"、"烦恼"引着自己去走路，则会踏上轮回之路。

对这个问题，佛经上说得很明白。《大方等大集经》说："一切众生心本性，清净无秽如虚空……以客尘烦恼障故，是故不得于解脱"；"心性、空性等无有二，众生不知心性净故，为欲烦恼之所系缚。如来于此而起大悲，演说正法，欲令知故。"《大般涅槃经》说："我不知我当得作佛不，然我身中实有佛性。我今身中定有佛性，成以不成，未能审之。"《华严经》说："如来智慧无所不至。何以故？无有众生、无众生身如来智慧不具足者。但众生颠倒，不知如来智；远离颠倒，起一切智、无师智、无碍智。"《楞伽经》说："如来之藏，是善不善因，能遍兴造一切趣生。"这些经教都明白地告诉我们：每个人一生下来，都基本上是站在同一起跑线上，每个人的先天品性与智慧都相去不远，人人都有成佛之因。在后来的人生历程中，不同的人之所以走上了不同的路，得到了不同的归宿，那主要是由于人们对这个与生俱来的智慧和佛性的态度不一样，有的人对此善加护持，

让它一直放射光芒，从而照亮自己的人生之路，领着自己走向光明；而有的人却让其受到种种污染，使其不能放出光芒，他的心灵也因此变得昏暗不明，他的人生之路一片漆黑，他分不清哪条路是通向解脱之路、哪条路是通向轮回之路，他只能让“无明”与“贪欲”牵着鼻子走，最后被领向轮回之路。

对这个问题说得最清楚的还是《大乘起信论》中的“一心二门”说。该论认为，“心”统摄一切法，其净与不动的方面为“心真如门”，其染与动的方面为“心生灭门”。就一个人而言，“心真如门”代表了心性中净与真的方面，“心生灭门”代表了心性中染与妄的方面。能去染归净、息妄归真，就能得到解脱；若是舍净取染、舍真趋妄，就只能走向轮回。对于这一问题，该论有一段完整的阐述：

> 依一心法，有二种门。云何为二？一者心真如门，二者心生灭门。是二种门，皆各总摄一切法。此义云何？以是二门不相离故。心真如者，即是一法界大总相法门体，所谓心性不生不灭，一切诸法唯依妄念而有差别；若离妄念，则无一切境界之相……复此显示从生灭门即入真如门。所谓推求五阴色之与心，六尘境界，毕竟无念，以心无形相，十方求之终不可得。如人迷故，谓东为西，方实不转，众生亦尔。无明迷故，谓心为念，心实不动。若能观察知心无念，即得随顺入真如门故。譬如大摩尼宝，体性明净，而有矿秽之垢。若人虽念宝性，不以方便种种磨治，终无得净。如是众生真如之法，体性空净，而有无量烦恼染垢。若人虽念真如，不以方便种种熏修，亦无得净。以垢无量，遍一切法故，修一切善行以为对治。若人修行一切善法，自然归顺真如法。

那么，这“二门”之中谁是心的主体呢？《大乘起信论》认为是前者，即“心真如门”。它指出，心的本体是不动的、清净的，因为心所具有之“智性”是永恒的。其所以会由不动而动、由净而染，完全是由于“无明”从中作怪的结果。它打比方说：“如大海水，因风波动，水相风相不相舍离，而水非动性；若风止灭，动相则灭，湿性不坏故。如是众生自性清净心，因无明风动，心与无明俱，无形相，不相舍离，而心非动性；若无明灭，相续则灭，智性不坏故。”那么“无明”又是什么呢？《大乘起信论》说，“无明”就是“起念”，就是起妄念，而起妄念就是“心动”的表现。它还将“无念”与“起念”同“觉”与“不觉”联系起来，认为“觉则不动”，“不觉故心动”。人心原本都是一样的，但人心又可以朝着两个方向趋进，它们分别引导人们走上两条路：从觉到不觉、从不动心到动心、从无念无相到妄念诸相，这是通向轮回的道路；相反，让“心”一直保持“觉”的状态、保持“不动”的状态、保持“无念无相”的状态，就是通向解脱的道路。

《大乘起信论》中的“一心二门”说被中国禅宗中的北宗领袖神秀大加赞赏，并被作了通俗化的发挥。神秀认为，一切众生均有两种心，即“净心”与“染心”，这两种心会引导众生走向两种相反的归宿：解脱与轮回。他在《观心论》中说：

> 一者净心，二者染心。其净心者，即是无漏真如之心；其染心者，即是有漏无明之心。此二种心，自然本来具有；虽假缘和合，本不相生。净心恒乐善因，染心常思恶业。若真如自觉，不受所染，则称之为圣，遂能远离诸苦，证涅槃乐。若随染造恶，受其缠覆，则名之凡夫，于是沉沦三界，受种种苦。何以故？由彼染心障真如故。

这里所谓“净心”就相当于《大乘起信论》中的“心真如门”，“染心”则相当于“心生灭门”；“净心”乃是心的本体，“染心”则是由“无明”、“烦恼”所造成的。神秀认为，人生有八万四千烦恼和恒河沙数无量无边的情欲恶念，但其根源皆在于贪、嗔、痴“三毒”以及眼、耳、鼻、舌、身、意“六贼”。它们犹如海上狂风，能激起千层巨浪，人生之舟会被这一层层巨浪冲向轮回之谷；若能断灭无明之风，就能平息烦恼之浪，而烦恼之浪一平息，则人生之舟就可在风平浪静中驶向解脱之岸。他在《观心论》中说：

> 一切众生，由此三毒，以及六贼，惑乱身心，沉沦生死，轮回六趣，受诸苦恼。犹如江河，因小泉源，涓流不绝，乃能弥漫，波涛万里。若复有人，断其根源，则众流皆息。求解脱者，能转三毒为三聚净戒，能转六贼为六波罗蜜，自然永离一切诸苦。

宗密曾据此将神秀禅法归之于“禅之三宗”中的“息妄修心宗”。他认为该宗的思想旨趣是：“息妄修心宗者，说众生虽本有佛性，而无始无明覆之不见，故轮回生死。诸佛已断妄想，故见性了了，出离生死，神通自在。”（《禅源诸诠集都序》）

这些经语禅论都说明，在佛教看来，人生有两条道路：轮回之路与解脱之路。这两条路摆在每个人的面前，就看你怎么选择、怎么走。

人一生下来，都有一颗纯真无邪的赤子之心。但在渐渐长大的过程中，他会不断受到各种不良习气的熏染，他会受到家长、亲友以及各种各样他所接触到的人的影响，这些大人们的种种不良之举会一点一滴地渗透到孩子心中，他那颗纯真无邪的童心会慢慢受到污染。最明显的例子是“说谎”。小孩子一生下来并不会说谎，他第一次说谎一定是在听到父母或其他亲近之人的谎言之后。譬如，他的父母说：“你如果在幼儿园能得五个红五星，我就给你买你要的那个玩具。”孩子在幼儿园很用功，真的得了五个红五星。但这时，爸爸妈妈却变卦了，改口说：“今天没钱了，下次再买吧！”这可能是孩子听到的第一句谎言。以后，他还会听到第二句、第三句。终于，他明白了一点：说谎也不要紧！于是，他学会了说谎。在以后的日子里，他会经常说谎。当然，这并不是说，一个人有不良的品性，其责任应由父母或其他人承担。应该说，在不明事理的孩提时代是这样，此时他尚无分辨能力，不知谁对谁错，如果染上了某种不良习气，责任的确应由父母及其他相关人承担；但在已明事理、已具分辨能力以后的人生历程中，他若还是改不掉这些习气或是又染上新的恶习，那么这个责任就该由他自己来承担了。而人生道路的选择是在已明事理以后。既然已明事理，那么他的选择所导致的结果就应该由他本人来承受，苦的乐的、好的坏的，他都要承受。一个人，假如他在孩提时受环境的影响，沾上了某些不良习气，本性受到了污染。但长大以后，在明白了做人的道理后，他能反思自己的缺点与过错，然后加以改正，在以后的人生历程中，他能步步循善，能将那颗纯真无邪的赤子之心体现在每一件事、每一步路，那么，他就能走出一条解脱之路。至于那些在孩提时代并未受到污染的人，他的人生解脱应该更有可能。相反，如果一个人在孩提时代本性受到了污染，长大后又不知自我反省、自我检讨，或是明知自己有许多不良的品性与习气，却不去改正，反而将其变本加厉地渗透到以后的人生活动中，那么，他就只能走向轮回。

所谓"轮回"，并不一定是指"六道轮回"、"生死轮回"，在"人"这一道、在今生今世就有轮回。一个人由这一个"贪"而引来下一个"贪"、由这一次"嗔"而衍生下一次"嗔"、由这一个"痴"而导致下一个"痴"，这都是轮回，是现世轮回。在现实生活中，最明显的例子是贪爱、欲望。对于一个自己喜欢的东西，人们会生起贪爱之心和占有之欲，越是贪爱它就越是想占有它，越是占有不到它就越是贪爱它，这就是轮回。即使他真的占有到了，他又觉得这东西并不那么可爱；于是，他又会去贪爱别的东西，生起新的占有欲，从而又陷入了新的轮回之中。他一辈子都在贪爱不同的对象，都在不断地生起占有欲，也就一辈子都生活在轮回之中。生活在轮回之中是令人痛苦的，因为这一轮回之环中充满了烦恼。但严格说来，又没有人从未尝过轮回之苦。人生而有欲望，有欲望就有烦恼，有烦恼就会痛苦；

痛苦又滋生新的欲望，新的欲望又导致新烦恼与痛苦，如此反反复复，循环不已。只是人的欲望多少不同，性质有别，因而痛苦也各不相同而已。即使是佛陀、菩萨，他们在成就佛陀、菩萨之果以前，也饱尝过种种人生之苦，经历过一次又一次的现世轮回。

饱尝过痛苦、经历过轮回，这并不可怕。假如能够觉悟，愿意从痛苦中走出来，决心从轮回之环中跳出来，那终有解脱之日。世界上没有哪一个人一生下来就走上解脱之路，而是多少都经历过一些曲折。这里的关键是要有解脱的愿望、信心和决心，愿意并决心走上解脱之路。

当然，在佛教看来，仅仅有解脱的愿望、信心和决心也是不够的，要想真正获得人生的解脱，还必须掌握解脱的原则与方法。也就是说，既要愿解脱、想解脱，又要知道怎么解脱。

第九章

信仰与正观

法中王，最高胜，恒沙如来同共证。我今解此如意珠，信受之者皆相应。

——《永嘉证道歌》

人生道路怎么走，这首先是由一个人的人生观决定的，而人生观又是受世界观支配的。所以，要选择一条正确的人生道路，首先就必须树立正确的世界观和人生观。人类文化史上很多学派都持这一观点，佛教也是如此。佛教所建立的博大精深的理论体系中，很多内容就是为了要帮助人们树立起佛教世界观与人生观。在佛教看来，要树立这样的世界观与人生观，首先就必须有对佛教的信仰。

人生需要信仰，信仰是人的精神支柱和指路明灯，它能支撑起人的生命大厦，能引导人们走向既定的人生目标。没有信仰，生命大厦会坍塌，人会缺乏自我主宰，人生道路会漫无目标，人生之舟会迷失方向。一个没有信仰的人，他在走路时会时时感到迷惑:这条路对不对呢?我该不该这样走呢?他会时时迷路,刚走了一段,就感觉不对,于是又改走一条;但走了不久,他又感觉不对,又要改走一条。他就这样漫无目标地到处乱闯,走了一辈子,也不知走出的是一条什么样的路。而有了信仰,情形就不一样了。这信仰犹如一根指南针,它会时时指着一个既定方向,会引导人们向着这个方向迈进,人们不需要走多少弯路,就能到达既定目标。所以,在人生解脱问题上,在人生道路的选择问题上,佛教特别强调信仰的重要。《华严经》说:"信为道之功德母,增长一切诸善法,出生无上菩提树,长养最胜智慧心。"《摩诃止观》亦说:"佛法如海,唯信能力。信则道源功德母,一切善法由之生,汝但发三菩提心,是则出家禁戒具足,闻者生信,即其文也。"

一、信仰与解脱

(一)三归依

对于信仰问题,佛教首先是通过"归依"来解决的。"归依"即是指身心的归顺依附。一个人身心所归顺依附的对象,就是他的信仰。佛教提倡"三归依",即归依佛、归依法、归依僧;这佛、法、僧又称"三宝",是佛教的信仰对象。《大乘义章》说:"归依不同,随境说三,所谓归佛、归法、归僧。依佛为师,故曰归佛;凭法为药,故称归法;依僧为友,故名归僧。"归依不能仅仅是形式上的,而应真正对归依的对象深信不疑。归依不同于拜师结友,归依的对象是佛教真理,是佛法,是佛法的觉悟者、掌握者、体现者,而不是某个特定的法师禅友。郗超在《奉法要》中对佛教的三归依作了这样的解释:

> 三自归者,归佛,归十二部经,归比丘僧;过去、现在、将来三世十方佛,三世十方经法,三世十方僧。每礼拜忏悔,皆当至心归命,并慈念一切众生,愿令皆得

度脱。外国音称南无，汉曰归命。佛者，汉音曰觉。僧者，汉音曰众。

归依“三宝”具体是什么意思呢？所谓“归依佛”，就是指归依智者、觉者。所谓“佛”，以汉文解释，是“觉者”的意思；以巴利文解释，是“智者”、“觉者”的意思。所以，归依佛并不是指归依哪一个具体的佛，而是指归依智者、觉者。

“智者”是指什么样的人呢？在佛教看来，所谓“智者”就是指已经彻底了悟苦、集、灭、道“四谛”之理的人。一般的人，虽身在众苦之中，却不知是苦，反以为是乐，故对自己的所欲所得津津乐道。人们既不知人生是苦，也就不会去追问苦从何来，不去探究人生的本质与根由，从而就更不会知道真正的人生正道是什么，真正的人生归宿又该是什么。总之，不悟苦、集、灭、道“四谛”之理的人总是生活在一片迷茫、一片混沌之中，转眼之间，就糊里糊涂地走完了自己的人生之路。这样的人，佛教认为是愚者。在它看来，我们大多数众生都是愚者。而智者则不同，他对人生诸苦不仅了如指掌，而且有深刻的体验与认识。同样一种生活，别人感到是乐，他却感到是苦，知道乐中有苦。譬如，对于人的诞生，别人认为是喜事乐事，因为人们只看到“生”本身，而没有看到与“生”而来的种种痛苦。智者则不然，他不仅看到了人之“生”，而且也看到了与“生”俱来的老、病、死这些由自然规律所造成的人生之苦以及即将领受的由社会生活所带来的种种苦难。所以，对于“生”这同一人生现象，愚者认为是乐，智者认为是苦。又如，对于亲人、恋人、友人间的相聚，一般人也都认为是乐，所谓“有朋自远方来，不亦乐乎”，连孔圣人都这么看，何况是一般的人呢？但在真正的智者看来，亲人、恋人、友人间的相聚固然是件乐事，但相聚之后紧跟着而来的就是离别，而离别是令人痛苦的；并且，亲人、恋人、友人之间总是聚少离多，也就是乐少苦多，所以从根本上说，这种相聚是苦的。佛教认为，能这样看问题，就是智者。不仅如此，智者既能了知人生是苦，又能探究人生之苦的根源，知道这是由“无明”、“贪爱”之所致。他既能知晓人生痛苦之源，就能寻找到灭苦之道，从而也就能走向无苦之境。这样的人就是智者。这种对人生的本质和归趣即对苦、集、灭、道“四谛”之理有着彻底了悟的智者，就是佛。在佛教来说，人们要树立信仰，首先就必须信仰这样的人。因为他是苦海慈航中的指南针，可以把人们的人生之舟引向一个离苦得乐的海岸，可以引导人们走向解脱，走向新生。

所谓“觉者”又是指谁呢？同样，佛教所谓“觉者”也不是指具体的某一个人，而是指有着光明智慧和觉性的人。这种人既能自觉，又能觉他，他像一盏明灯，能够冲破人生道路上的种种黑暗，照亮人生之旅中的每一段历程，引导人们走向正确的目标。人们要树立信仰，就必须信仰这样的人。

在实际生活中，每个人都有自己的信仰目标，如果这一目标不是智者、觉者而是愚者、迷者，那么，我们就会在人生苦海中越陷越深，甚至永无超脱之日。这种情形在历史上并不少见。过去有不少达官贵人都信仰神仙方士所鼓吹的长生不老之术，结果，他们不仅未能长生不老，反而比一般人老得更快、死得更惨，历史上不少皇帝都是因服丹药而惨死的。别的不说，即使是一代明君唐太宗，在晚年亦于此误入歧途。唐太宗在中年以前并不信仰此道，相反，他对此持怀疑态度。他曾历数秦皇汉武在这一问题上的失误：“神仙之事本虚妄，空有其名。秦始皇非分爱好，遂为方士所诈……汉武帝为求仙，乃将女嫁道术人，事既无验，便行诛戮。据此二事，神仙不烦妄求也。”（《旧唐书·太宗本纪》）然而遗憾的是，唐太宗未能一直保持这一清醒头脑，到了晚年，他对神仙方术由否定转为肯定并进而发展到信仰，甚至还信仰到迷恋的地步。他曾将一名活到一百零三岁的道术之士甄权封为大夫，又将洞庭山道士胡隐遥诏入内殿，问长生之道。他不仅迷恋中国的土方术，而且还相信外国的洋方术。但唐太宗信仰长生术的结果又怎么样呢?史载,他服了不少丹药,结果却中毒而死。

佛陀也正是针对当时古印度不少人在信仰问题上存在着种种误区,故在人生解脱问题上强调要归依佛,也就是要归依了悟人生之理、有着光明智慧的智者和觉者。

智者与觉者并不是外在的偶像,佛也非偶像。有的人好像对佛的信仰很虔诚,一看到佛像就烧香礼拜,或是口口声声念佛,但他并不真正知道“佛”是什么,他所信仰的只是佛的偶像或者塑像,而不是佛的智慧与觉性。他的身心一辈子都崇拜佛像,却把佛的智慧与觉性抛在一边。这样,虽然他的信仰很虔诚,却依然没有得到智慧与觉性的指引,他的人生方向仍是迷茫的,他的人生道路仍是黑暗的。这样的人就不是在真正信仰佛、归依佛。对佛的归依信仰应是内在的,即要归依他的内在智慧与觉性而非外在偶像,要把他的智慧与觉性变成自己的人生指南。

所谓归依“法”,就是指对佛法有着坚定的信仰,深信不疑。有人认为,能够确信三藏经典中的一切教义和高僧大德所说的一切法,就是归依法。其实并非这么简单。从内心信仰一切佛法,这只是归依法的第一步。佛经上将“法”比喻为“药”,意即它能医治世间诸苦。知道此药,相信它能医治诸苦,这只是治病除苦的第一步,更重要的还是要去尝此药、服此药。知药信药是前提,是基础;没有这一步,就根本不知道用什么方法去治病除苦。但若仅仅是知药信药,则病苦依然不能得到医治。只有尝药服药,才能最终达到治病除苦的目的。这尝药服药,就是指亲身证悟佛法所说的一切道理,亲身体验自己所受的种种痛苦,亲身感悟自己所受诸苦是来源于自己的无明贪爱。譬如,对于佛教的“三法印”,当然首先是要知道“三法印”指的是“诸行无常”、“诸法无我”、“涅槃寂静”。“诸行无常”是指世界万有变化无常;“诸法无我”是指一切现象乃是因缘聚合而成,没有独立的实体与主宰;“涅槃寂静”是指超脱生死轮回,进入涅槃境界。其次要相信这些都是佛教真理,并且是检验其他一切言论是否符合佛教真理的标准。但是,仅仅是知道这些、相信这些还远远不够,还要进一步去证悟、体验这一佛法的真理性,要从自己的环境、自己本身及自己所见所闻的一切现象入手,去亲证这些现象的无常性、无我性,进而从这种无常无我的感觉中感悟到世间一切的空幻性,然后再从心灵上超脱这些空幻现象的系缚,在此基础上体验到现世涅槃的寂静性,并在精神上达到无烦恼、无痛苦的涅槃寂静境界。这才是真正的归依法。

同样,所谓归依“僧”,也不仅仅是指归依某某法师。“僧”的定义是指已经下定决心沿着佛所指引的道路走的一切圣人。这些人能严格遵守佛教戒律,直截了当地灭苦,过着符合正道的生活,向着涅槃境界迈进。这些人已认清人生的本质,已明了烦恼的根源,因而决心把这一根源除去,得到人生的解脱。这就是“僧”的含义。归依僧就是要归依僧人所走的解脱正道,归依僧人消灭无明、解脱痛苦的决心,就是要像得道高僧那样生活在无烦恼的境界中。

总之,“三归依”所要解决的问题是佛教信仰问题。佛教认为,它所赞赏的智慧觉性、它所建立的思想教义、它所揭示的人生真谛、它所指明的生活道路是唯一可以帮助人们超脱人生之苦的良医妙药,众生要想从人生之苦中解脱出来,就必须对这一良医妙药深信不疑,并进而接受这一良医妙药的医治,亲自就医服药,按照良医提出的方式生活。

信仰是与信心、信念联系在一起的,信仰对象原是一种外在的东西,它必须化为内在的信心、信念,只有如此,才能真正对自己的人生旅程起指路与引路的作用。所以,佛教后来又将佛、法、僧三宝解释为“自性三宝”,认为三宝不是别的,就是自性,就是自心自性中的成佛之因即佛性。中国禅宗六祖慧能根据佛、法、僧三宝的特点，对“三归依”作了新的理解。他说：

> 归依觉，两足尊；归依正，离欲尊；归依净，众中尊。从今日去，称觉为师，更不归依邪魔外道，以自性三宝常自证明。劝善知识，归依自性三宝。佛者，觉也；法者，正也；僧者，净也。自心归依觉，邪迷不生，少欲知足，能离财色，名两足尊。自心归依正，念念无邪见，以无邪见故，即无人我贡高贪爱执著，名离欲尊。自心归依净，一切尘劳爱欲境界，自性皆不染著，名众中尊。若修此行，是自归依。凡夫不会，徒日至夜，受三归戒。若言归依佛，佛在何处？若不见佛，凭何所归？言却成妄。善知识，各自观察，莫错用心，经文分明言自归依佛，不言归依他佛，自佛不归，无所依处。今既自悟，各须归依自心三宝，内调心性，外敬他人，是自归依也。

这一解释将外在信仰变成了内在信心与信念，将他律转化成自律。所谓“归依佛”，就是归依自性中的觉性。不生邪见、不起迷念、不著贪欲、不为财色所迷，亦即要远离痛苦与烦恼的根源——无明、贪爱。所谓“归依法”，就是要归依心中的正念正见，以正念正见扫除迷念邪见，消灭贪爱执著之心。所谓“归依僧”，则是要归依自己那一颗清净之心，使其不为尘劳爱欲所染。所以，归依三宝就是要归依自心中的觉性、正念与净心；信仰佛法僧就是要相信自己有觉性、有正念、有净心，然后在这觉性、正念、净心的引导下去行走人生之路。在这里，佛法僧已不是外在的偶像与目标，而是内心的信心与信念。佛是谁？佛就是在可能性上能彻底了悟苦、集、灭、道“四谛”之理、有着光明智慧与觉性的我们自己；法是什么？法就是在彻底认识人生之苦的基础上，去除苦因，挖出苦根，离邪归正，而后所得的正念之见；僧又是何人？僧就是决心沿着佛所指引的道路行走、离邪去染而后复现的那颗清净之心。因此，所谓“归依三宝”，说到底，就是要树立信心，确立定能解脱的信念。所以，佛教认为，有信仰、信心、信念，才谈得上解脱。

（二）信根与信力

与三归依相联系，佛教也把信仰问题表述为“信根”与“信力”。“信根”与“信力”都是“四谛”中属于“道谛”的内容，是人生解脱之道的重要部分，它所要解决的就是关于信仰以及维系、支持信仰的力量问题。

“信根”是佛法中的“五根”之一，指的是对佛教的坚定信仰。“五根”是五种能产生一切善法、获得人生解脱的内在条件，“五根”之首便是“信根”，可见信仰问题被佛教视为人生解脱的首要和关键问题。佛教认为，信仰应是内在的，它是人生解脱的内在原因与条件。人要想从生死苦海中解脱出来，就必须有解脱的愿望、欲求与信心。内心有了这样的愿望、欲求与信心，就是有了“信根”，它是解脱成佛的首要条件。

“信力”是佛法中的“五力”之一，它是维系、支撑人生信仰，使人生信念变为现实，从而实现人生解脱的力量。信力是由信根所产生的，但它产生之后又反过来增益信根、稳固信根，并促使信根由内心状态一步步变为修持实践，支持信根由愿望、欲求、决心变为现实。人生少不了信仰，但信仰不是空中楼阁，它要有力量去支撑、去维系。没有力量的信仰是苍白无力的，它经不起一点风吹雨打。只有始终都有一种力量支撑着、推动着，这信仰才能一天天巩固，一天天引导人们走向目标。而只有向着正确的目标前进，人生才有希望。所以，佛教把信仰以及维系信仰的力量看做人生解脱的关键因素。信力从哪里来？必须从信心中来，从信念中来。一个人如果整天意志消沉，没精打彩，总是对自己说“我不行”，那么，他就不会有力量，他整个生命都缺乏活力，从肉体到精神都是软绵绵的，又哪来的信力？相反，一个人只要充满自信，一直认为我行，他才有生命的活力；有活力的生命才能产生力量，而这生命的力量又会反过来增加他的自信。所以，信根生出信力，信力巩固信根；信心生出力量，力量增益信心。一个人的精神状态若是进入了这种良性循环，他就有了超脱生死苦海、到达解脱之岸的希望。

信仰是与世界观联系在一起的。信仰昭示了人生的总方向、总目标，这一方向与目标的确定是由一定的思想观念指引与指导的，没有思想观念指引与指导的信仰是盲目的、缺乏理性的，它往往会将人引入歧途。只有在正确的思想观念的指引与指导下所确立的信仰，其方向与目标才会正确。这里所谓的"思想观念"是指总的根本性的思想、观念、原则，也就是我们所说的"世界观"。佛教称正确的世界观为"正观"，同信仰一样，正观也被佛教看做人生解脱的前提与关键。

二、正观与解脱

如何观察事物、思考事物、看待事物，这是属于世界观和方法论的问题。对这一问题如何解决，关系到人们对人生态度和人生道路的选择，决定了人们的价值取向和人生目标。因此，佛教对这一问题非常重视，它所提倡的观察、思考、看待事物的根本原则与方法是"中道观"。

中道观是大乘佛教中观学派奠基人龙树为了批判小乘有部执法为有以及大乘方广部的"恶取空"而提出来的。小乘佛教认为，人是由五蕴聚合而成的，没有自性，所以是空；但另一方面，小乘中的一切有部又认为，主观之人虽是空，但客观之法却是实有的，主张"法体恒有"。与此相反，大乘佛教中的方广部认为，一切现象都是空幻不实的，一切均为虚无，这种观念被称为"恶取空"，即不仅否认宇宙万法的本质与本体性存在，而且也否认其现象性存在。龙树认为，这两种观点分别走向了执有与执无的两个极端，是不符合宇宙万法之本来面目的。他提倡一种中道观，即不走极端，用两面分析的观点与方法来看事物，在两极之间取中道。大乘佛教的中道观有不同的表现形态，主要有二谛中道观、一心三观、五重唯识观等。

（一）二谛中道观

“谛”是谛理、道理、真理的意思。“二谛”是指两种相对的真理性认识，一为“俗谛”，或称“世俗谛”；二是“真谛”，或称“胜义谛”、“第一义谛”。前者是指世俗的一般认识、常识性认识，后者则是指佛教真理性认识。这两种认识是对立的，前者为虚幻，后者为真实，但同时，两者又是统一的。因为，真谛是无法用语言概念表达出来的，它只能内证，却无法言说。但不言说又怎能使人把握真谛呢？这就必须借助于俗谛，即“为真谛而说俗谛”，俗谛是通向真谛的阶梯。正确的方法应是将真、俗二谛联系起来观察事物，这就叫做“二谛中道观”。人要获得解脱，就必须掌握这种中道观。

那么，用二谛中道观去观察宇宙、观察人生，会得出什么结论呢？龙树在《中论·观四谛品》中说过这样一首偈：“众因缘生法，我说即是空，亦为是假名，亦是中道义。”这是大乘佛教中道观的经典性概括，意思是说，从真谛来看，宇宙人生均是因缘所生之法，它没有质的规定性，没有独立自存的实有本性，所以是“空”。“空”的含义是，宇宙万法不是独立的存在、不是自存的存在，而是一种有依赖性的存在、一种缘起的存在，故不真实，正如借来的财物不是自己的真正财产一样。但从俗谛方面来看，一切现象既由因缘而生起了，它就不是不存在、不是绝对的虚无。宇宙万物作为一种现象，仍是存在的，只是这种存在不是真实的存在而是虚假的存在而已。在佛教看来，宇宙人生之“假”表现在三个方面：法假、受假、名假。一切事物均由因缘和合而成，那些构成事物的因缘均是假有，由此而构成的法是一种没有自性的虚假性存在，此为“法假”；法既是假的，那么人对法的取受、领受、感受，便也是虚假的，此为“受假”；法与受本身既是虚假的，那么人们加之于此的名言概念如“工匠”、“农夫”、“教员”、“学生”等等也就都是虚假的，此为“名假”。龙树认为，能在事物的现象形态中看到这些虚假的方面，就是中道观。中道观就是综合真谛与俗谛两个方面、两种视角去观察事物、看待事物、认识事物。它有几重内涵：其一，从真谛方面去看，一切皆空；从俗谛方面去看，万法为有。用真谛观察事物所得出的认识是佛教真理，用俗谛观察事物所得出的认识是世俗真理，这两种真理都是必要的。其二，用中道观来看待事物，就应看到，真谛的“空”不是空无、不是零，而是一种不可表述的存在，是“有”；俗谛的“有”也不是真有，而是一种因缘和合的假有，是“空”，这就是空即有、有即空。宇宙人生的真实状况就是亦空亦有，非空非有。再者，用中道观看问题，还应看到，真谛与俗谛、性空与假有是相互联系、不可分割的，有性空才有假有，有假有才有性空。能这样看问题，就可排除两种极端：恶空观与实有观，就不会把“空”理解为空无所有，也不会把“有”理解为实存实有。如此既不偏于“有”，亦不偏于“空”；既不偏于“假”，也不偏于“真”，这就是二谛中道观。龙树曾用“水中月”来比喻这种中道观：一方面，水中月不是真正的月，因为它没有月亮的自性，所以是空的；但另一方面，水中月又确是人们所看到了的，作为月的幻影、影像，即作为幻月、假月，它是存在的。说水中真有月亮是不对的，说水中根本就没有月亮也是不对的，只有说水中无真月而有假月，才是合乎中道的说法。

中道观是佛教的世界观和方法论。佛教认为，确立这样的世界观、掌握这样的方法论对人生解脱非常必要，它可指导人们树立正确的人生观，可引导人们走上正确的人生道路，从而通向解脱。而不懂得中道观的人在人生实践中往往会走向两种极端：一是执人生为实有，从而追求人生；一是认人生是虚幻，从而舍弃人生。

大部分人所走的是前一种极端。他们执“我”为实有，执外在环境为实有，执万事万物为实有。用佛教的话说，就是陷于“我执”与“法执”之中。存有“我执”者，就会有分别、有计较、有争夺，就会分别这是我的、那是你的，就会计较是我得到的多、还是你得到的多，计较是我占了你的便宜、还是你占了我的便宜。如果只有一个东西，那就会引起争夺，你争我夺，争来夺去，如此就会产生烦恼与痛苦。陷于“法执”者，则会滋生欲求、贪爱、厌恶与恼怒，产生喜、怒、哀、乐、爱、恶、欲等情感。人一旦认为某个东西是实在的，就会对它产生占有或排斥心理，对自己有利的或是自己喜欢的，就想占有；对自己不利的或是自己厌恶的，则会排斥。想占有而占不到，想排斥却排斥不掉，都会引起烦恼与痛苦。所以，“我执”与“法执”是导致人生烦恼与痛苦的思想根源。而“我执”与“法执”又根源于认万法与人生为实有的片面极端认识。所以，从思想上说，要消除烦恼，解脱痛苦，就必须从世界观与方法论上解决问题，必须确立中道观。

另一种极端是少数人将宇宙人生及万事万物都判定为虚无。这种人一般是在遭受了人生的巨大挫折与打击之后才产生这种心理与意识的。比如某人曾拥有一段至深至厚的恋情，他对这段恋情的未来充满了信心，并作了种种美好的憧憬。忽然有一天，事情发生了变故，他所钟爱的人移情别恋了，从而使得被他视为至珍至贵的恋情断了、完结了。他可能因此而从人生的巅峰一下子摔落到深谷，他的人生大厦会在瞬息之间倒塌，他会觉得一切都是虚幻不实的、靠不住的，一切都没有意义，他会因自己恋情的挫败而否定一切恋情的真实，甚至连人间一切真情都一概予以否定。因为人生大厦倒塌了，他所否定的就不仅仅是这个大厦的一部分——恋情，而是连人生的其他部分也一并弃之，他会觉得做什么事都没有意思，整个人生的前景一片黑暗，他甚至会感到自己来到人世间简直是一场梦，而他这段人生经历就是一场噩梦。佛教也认为人生如梦，但主张这人生之梦是虚中有实，实中有虚，并不纯粹是虚无、是空幻。这种人则认为,他所做的完全是一场空幻的梦,他因为恋情的不能继续而否定它的存在,因这段恋情没有现在与未来而否定它的过去,以其现在之无而否定过去之有,进而对人生的其他方面也一概予以否定。这种人往后的人生道路多半只有一条:自杀。大凡青少年走上这条路的,不少都是出于这种原因。说到底,这就是错误的片面的世界观、人生观害了他。用佛教的话说,就是他的"恶取空观"、"断灭空观"葬送了他的生命。佛教所提倡的人生观是既不要过于执著,亦不要否定人生,而要人们在这两者之间取其中,要人们同时看到人生的两面性。而要树立这样的人生观,就必须有中道世界观与方法论作指导。这就是二谛中道观在人生观中的作用。

(二)八不中道观

佛教中道观除被表述为"二谛中道"以外,还有一种表现形态,这就是"八不中道",这是从另外一些角度对世界人生所作的两面观。

"八不中道"也是龙树在《中论》中提出的:"不生亦不灭,不常亦不断,不一亦不异,不来亦不去。"这一中道观同样是在批判各种片面见解如"生见"、"灭见"、"常见"、"断见"、"一见"、"异见"、"来见"、"去见"的基础上提出来的。在古印度,宗教气氛极为浓郁,各种宗教观念同时并存。在对宇宙万物的认识上,有人认为万物是自生的,不承认缘生法,这是"生见";有人指出事物消灭了,也就不存在了,这是"灭见"。婆罗门教强调"我"常住不变,灵魂不灭,这是"常见";顺世论者则认为人生、人的生命是断灭的,人没有灵魂,所以"我"可以不受果报,这是"断见"。数论派主张事物因果相续,因中有果,果从因来,故因果是一,这是"一见";胜论派则认为因果性质相异,果是由多种因积累而成的,任何一个单一的因中都无果,这是"异见"。天命论者认为事物之因由外而来,如人就来自"自在天",这是"来见”;宿命论者则提出因由自出,不在身外,有其因必然有其果,因而人生无法摆脱苦果,这是“去见”或“出见”。龙树认为,这些见解都各陷于一端,都是一种执著、一种极端,都没有揭示出生灭、常断、一异、来去之间的正确关系,因而都是错误的。正确的见解应该是在生灭、常断、一异、来去之间取一种思辨的两面的看法,而不执著于任何一边。

按一般观点,生灭、常断、一异、来去是任何事物都具有的四种相反相成的特性。佛教否认事物的自性,所以就用这四对范畴来显示一切现象都无自性的道理。《中论》等佛典对这四对范畴之关系作了具体的说明:

1.不生亦不灭

《中论·观因缘品》一开头就解释了“不生”的含义,龙树以当时存在的种种“外道”为对照,提出并回答了下列问题:宇宙万法从何而来?是“自在天”或“韦纽天”创造的吗?不是。是毫无原因地“自然”生出的吗?也不是。是由最小的“微尘”聚积而成的吗?仍然不是。龙树认为,这些“外道”所主张的宇宙起源论一律不能自圆其说。同时,对小乘佛教的缘起论,他也作了否定。小乘说一切有部认为,宇宙万法是由“四大”缘生而来的。但在龙树看来,“四大”本身也是从缘而生的,依此推论,其他的任何“缘”也都是缘生的,所以并不存在第一因、第一缘。既然一切事物都是缘生而非自生,也不从他而生,那就说明并无实有自性的“生”,所以宇宙万法是不生、无生。譬如,谷是从无始(无限遥远的时间以前)辗转相续而来的,而不是从某粒种子生出的,也不是随时有特异的新种从无生有。这说明,谷物是不生的、无生的。不生、无生也就无所谓灭,如以前的谷物既辗转相续,延存至今,可见原来的谷物并未消灭;同样,现在的谷物也会从今延存至往后,所以也是不灭的。这就是“不生亦不灭”这一中道观的道理。

2.不常亦不断

龙树指出,宇宙万法既然“不生”,也就“不常”;既然“不灭”，也就“不断”。譬如谷子的生长是从谷种到发芽，到生茎、长叶、结果，在这一过程中，种子不断地在改变形态，其各阶段的形态各不相同，所以是“不常”；但另一方面，谷种长芽是依种长芽，又由芽而有茎，进而有叶、有果，这每一种形态之间都是相互联系、相续不断的，所以又是“不断”。这就是“不常亦不断”这一中道观的道理。

3. 不一亦不异

“不一”是指事物的因果有异，如谷种不同于芽，芽不同于茎，茎不同于叶，叶不同于果；“不异”则是指事物的因果有内在联系，如由谷种所长出的果实同属于谷类，为谷芽、谷茎、谷叶、谷子，而不是树芽、树茎、树叶以及树，同一类属的各种形态之间没有本质差异，同属于一大类。“不一亦不异”的道理就好比一个人的一生，要经历婴儿、童年、青年、壮年、老年等许多阶段，这些阶段看起来既有中断（异），又有相续（一），但实际上，这既没有中断也没有相续。如果仅仅是中断，那么人的生命在某个阶段就终结了；如果仅仅是相续，那人的一生又不可能区分出不同的阶段。所以，人的一生既不是“一”也不是“异”，而是“不一亦不异”。

4. 不来亦不去

这着重是说明事物不存在从一种形态（来）向另一种形态（去）转化的问题。《中论》对此作了这样的论证：“已去无有去，未去亦无去；离已去未去，去时亦无去。”意思是说，事物形态的转变，过去的转变已经过去了，不存在于现在；未来的转变尚未发生，也不存在于现在。所以就“现在”来说，事物不存在“来”与“去”的形态转变。而时间就是由无数个“现在”组成的，过去是已经过去的“现在”，未来是尚未到来的“现在”；既然事物在“现在”没有“来”与“去”的形态转变，那么，它在过去的“现在”与未来的“现在”也不存在“来”与“去”的形态转变问题。这就是“不来亦不去”的道理。

以上就是佛教“八不中道”的主要内容和论证方式。从哲学上说，这一理论揭示了四对八个范畴之间的辩证关系，它颇似康德的“二律背反”，均深具思辨色彩。所不同者，康德的“二律背反”在于论证两个相反的命题都同样能够成立，从而显示出人类理性的自相矛盾；龙树的“八不中道”则在于论证两个相反的命题都不能够成立，从而显示“中道”的真理性。东方的“八不中道”说的产生早于西方的“二律背反”说达千年之久，这是东方理性思维的骄傲。从思维方式上说，“八不中道”说肯定一切事物都是相对的，并从普遍的相对性中看到了否定的作用。这一理论意识到了事物具有对立面，认识到了此现象只有在与彼现象的对比中才能显示出自身的性质；它还揭示了事物发展的间断性与连续性的统一，这些都是符合辩证思维的。当然，“八不中道”同“二谛中道”一样，也存在着根本性的错误，这就是否定了一切事物的真实性、客观性，这是由佛教根本观念“空”观所决定的。

从人生哲学上说，“八不中道”说的启示意义就在于，它告诉我们要辩证地看待人生，辩证地看待人生的祸福、得失、苦乐等等关系，要求我们对任何一种人生现象都要持一分为二的两面观，而不可陷于一端，不可钻牛角尖。人生是“不生亦不灭”的，所以，我们既要着眼于今生，也要考虑到后世。胡适曾提出过一种有意思的观点：个人的影响是无限的，吐一口痰也会害死一个村庄的人。痰化成灰尘，灰尘中便会有无数个有害的细菌，这细菌会被很多人吸进肺部，从而导致死亡。这当然是一种十分夸张的近似荒诞的说法，但胡先生的本意是欲告诫人们要对自己的行为负责，要担当起历史的责任，这一点还是很可取的。佛教关于“不生亦不灭”的道理亦一样，它告诉我们既不要将自己的生命看得太重，同时又要对自己的生命负责。因为我们的形体虽会灭于今生，但我们的所作所为、我们的思想言论却可能会在身后某段时间里“不灭”，会影响后人。好的言行会有益于后人，坏的言行，则会有害于后人。这样理解和对待人生，就可减少失误，从而也就可减少遗憾与痛苦。同时，人生是“不常亦不断”的，所以，我们既要抓住眼前，又要把握永恒。一方面，人生是“不常”的，我们不可执著于“常”。一切我们想得到而又已经得到的东西，都不会常存，权力是无常的，财富是无常的，名利是无常的。在这方面，人们最容易犯错误。一些美好的我们想得到的东西，当我们真的拥有时，并不一定能感到它的珍贵，以为它已经是“我”的了，它永远会属于自己，所以不知珍惜。不知珍惜，就容易失去，或是自己亲手将它放走了，或是它不知不觉地从自己身边溜走了，最终，我们失去了它。这时，我们又觉得它那么珍贵，十分想再度拥有它。然而，一切都是无常的，我们怎么可能总是会失而复得呢？所以，当我们已经拥有一种珍贵的东西时，就应珍惜它，现在就应把它抓住。一旦真的失去了，我们又应坦然以对。我们应该这么想：一切都是无常的，凭什么它就应该永远是属于自己的呢？它为什么就不能属于别人呢？对于一切美好的东西，我们如果能做到得之珍惜，失之淡然，那么人生会减少多少烦恼与痛苦！另一方面，人生又是“不断”的。对于这句话，我们应作这样的理解：个体的生命是有限的，但人类的生命却是无限的；个人的生命不可永恒，它会“断”，但人类的生命却可永恒，它能“不断”。任何个人要想使自己的生命“不断”，就必须将个人的“小我”融入人类的“大我”之中，将个人的小生命融注到人类的大生命之中，这样才能超越有限与“断”，达到无限与“不断”。能这样看待人生，就能超越个人的荣辱得失与喜怒哀乐，就能破除“我执”，了断“身见结”（执身为实、执我为有的见解），就能消除因“我执”与“身见结”而带来的种种烦恼与痛苦。因此，若能真正了悟“不常亦不断”的道理，那就是看破人生了。顺便说一句，不少人将佛语“看破人生”理解为一种消极人生观。其实，这如同上述种种片面之见一样，也是片面的看法。“看破人生”的真正含义是已窥透人生之本质，了悟人生之真谛，对人生的本本原原已有清晰明达的洞见。这样的人可能会走向消沉，但也可能会走向超越，而佛教所提倡的恰恰是后者。

上述“二谛中道”观与“八不中道”观是印度佛教中道观的主要表现形式，中国佛教天台宗将这一理论发展为“一心三观”。

（三）一心三观

对于《中论》中“因缘所生法，我说即是空，亦为是假名，亦名中道义”的偈颂，中国佛教天台宗作出了自己的解释。他们首先将所观之法一分为三，即分为空、假、中“三谛”。“空谛”亦称“真谛”、“无谛”，指宇宙万法皆是因缘和合而成，空无自性；“假谛”亦称“俗谛”、“有谛”，指宇宙万法虽空无自性，但并非绝无所有，仍有假象存在；“中谛”亦称“中道第一义谛”，指既看到万法性空的一面，又看到其假有的一面，亦空亦假，不空不假即是“中谛”或“中道”。天台宗认为，此三谛“虽三而一，虽一而三，不相妨碍”，“一念心起，即空，即假，即中”（《摩诃止观》卷一下）。这就叫做“三谛圆融”。该宗指出，我们观察问题、看待事物，就应采取这种三面观法，即于一念心中同时观悟到事物的空、假、中三个方面，这就是所谓“一心三观”。《摩诃止观》卷五对“一心三观”作了这样的阐述：

> 若一法一切法，即是因缘所生法，是为假名假观也；若一切法即一法，我说即是空，空观也；若非一非一切者，即是中道观。一空一切空，无假中而不空，总空观也；一假一切假，无空中而不假，总假观也；一中一切中，无空假而不中，总中观也。

这里所谓“一法一切法”，是指真如随缘形成一切现象，皆不实在，故为假；观此则称“假观”。所谓“一切法即一法”，是指一切现象皆真如显现，没有独立实体，故为空；观此则称“空观”。所谓“非一非一切”，是指一切现象都同时具有上述两方面性质，此为中道；观此则称“中道观”。这三者相互交融，不可分割，观假的同时即观到空与中，观空的同时即观到假与中，观中的同时也即观到假与空。这就叫做“一心三观”，所谓“夫三观者……唯于万境观一心，观境虽殊，妙观理等”（《止观义例》卷下）。

天台法师还用三读“十如是”的方法来表现“三观”。所谓“十如是”，是指探究诸法实相应把握的相、性、体、力、作、因、缘、果、报、本末究竟等十个方面，此语出自《法华经·方便品》：“佛所成就第一稀有难解之法，唯佛与佛，乃能究尽诸法实相，所谓诸法如是相、如是性、如是体、如是力、如是作、如是因、如是缘、如是果、如是报、如是本末究竟等。”“如是相”亦称“相如是”，“相”为形相，容易察别；“如是性”亦称“性如是”，“性”为本性、理性、佛性，它具有不可更改性；“如是体”亦称“体如是”，“体”指众生之体质；“如是力”亦称“力如是”，“力”指事物所具有的功能；“如是作”亦称“作如是”，“作”指身、口、意三业的作为；“如是因”亦称“因如是”，“因”指招致果报的业因；“如是缘”亦称“缘如是”，“缘”指招致果报的助因；“如是果”亦称“果如是”，“果”指由业因所得的结果；“如是报”亦称“报如是”，“报”指善恶之业因所招致的苦乐果报；“如是本末究竟”亦称“本末究竟如是”，“本”指“相”，“末”指“报”，本末皆由因缘而生，故本末皆空，此即为本末之“究竟”。天台法师为了处处显示“一心三观”，在读经文时，常用颠来倒去的不同读法，连读三遍，他们认为如此就能悟得空、假、中“三观”。譬如对于上述“十如是”，他们便采取这样的读法：“一云：是相如，是性如，乃至是报如”——空观；“二云：如是相，如是性，乃至如是报”——假观；“三云：相如是，性如是，乃至报如是”——中观（《法华玄义》卷二上）。至于他们是如何从“三读”中悟出“三观”的，确实只有他们自己知道，这种走入玄区的“三观”，一般人是难以把握的。

天台宗认为，修此“三观”，可以灭掉“三惑”。“三惑”是指“无明惑”、“尘沙惑”、“见思惑”，它们分别掩覆了“三谛”：“无明惑”是最根本的迷惑，它掩覆了中谛；“尘沙惑”是众生易存之惑，它掩覆了假谛；“见思惑”是执著于有而生的迷惑，它掩覆了空谛。天台宗指出，若能修空、假、中三观，就能灭“三惑”而显“三谛”。湛然曾在《始终心要》中对此作了这样的说明：

> 无明翳乎法性，尘沙障乎化导，见思阻乎空寂。然兹三惑，乃体上之虚妄也。于是大觉慈尊喟然叹曰：真如界内，绝生佛之假名；平等慧中，无自他之形相。但以众生妄想，不自证得，莫之能返也。由是立乎三观。

天台宗“一心三观”的主旨与龙树“中道观”并无区别，它只是“中道观”的具体化而已。这一理论告诉我们，对于任何一种事物与现象，都要同时看到它的三个方面：正面、反面以及正反两面的综合——中面。这样看问题既全面，又透彻，既抓住了事物的本质，又不遗事物的现象，同时也不至于在本质与现象之间走极端，因为在把握本质与现象这两极的同时，还掌握了中间状态——中道。譬如有人问道，我们的人生究竟是真还是假？佛教“三观说”告诉我们，我们的人生既有真的一面，也有假的一面，还有亦真亦假的一面。它认为这样看人生很重要，如果一味地认人生为真，就会走向重生贪生的极端；而若一味地执人生是假，又会走向轻生弃生的极端。而这两种走入极端的人生观都会滋生种种烦恼与痛苦。因为人生的真实相状是真真假假，假假真真，真的不会十足的真，假的也不会完全的假，而是真中有假，假中有真，亦真亦假，此即是“中”。认识到了这一点，才可能将真的东西看透，将假的东西看透，将亦真亦假的东西看透，如此才不会为纷繁复杂的人生现象所迷惑，不会产生种种的“惑”。无惑才无烦恼、无痛苦。所以佛教认为，掌握“一心三观”的方法论亦是走向人生解脱之道的前提条件。

（四）五重唯识观

“五重唯识观”是法相宗建立的方法论，是为确立世界万法“唯识所变”之宗旨而设立的五个层次的思想方法。这一理论是窥基在其《大乘法苑义林章》卷一中提出来的，具体内容包括以下五个方面：

1.“遣虚存实识”

“遣”即遮遣，是否定的意思。此观指的是，观“遍计所执自性”为虚妄，无体亦无用，情有理无，此为“遣虚”；观“依他起自性”与“圆成实自性”，则诸法体实，理有情无，此为“存实”。这里，首先对上述三种“自性”稍作解释。“遍计所执自性”、“依他起自性”及“圆成实自性”总称为“三自性”，这是印度佛教瑜伽行派和中国法相宗理论体系的中心观念。《成唯识论》卷八对此“三自性”的解释是这样的：“遍计所执自性”又称“普观察性”，含义是“周遍计度，故名遍计”，也就是指普遍观察思量主客观一切事物的意思。普遍观察思量的结果是对事物妄加分别，即执实我、实法种种差别，这就叫做“所执”，也就是执一切事物为各有自性差别的客观实在，这指的是一般人的世俗认识。在瑜伽行派及法相宗看来，这种认识是不真实的。“依他起自性”又称“他根性”，指“依他众缘而得起”的一切现象，也就是依赖于多种因缘的聚合而生起的各种现象。“众缘”即指前文提到的“因缘”、“等无间缘”、“所缘缘”及“增上缘”等四缘，特别是指作为“因缘”的阿赖耶识种子及其能够引起心识、派生万事万物的活动。佛教认为，一切现象都是“众缘所引心，心所虚妄变现”的结果，所以虚妄不实，似有而非有。“圆成实自性”也称“成就相”，指“二空所显，圆满成就，诸法实性”，即指在“依他起自性”上，远离“遍计所执自性”的谬误，认识到一切现象既无“人我”，亦无“法我”，由此而显示出真如实性就是“圆成实自性”。意思是说，我们要在认识宇宙万法皆依因缘而生起、故无自性与实在性的基础上，远离因普遍观察事物所产生的种种分别，破除种种执著，从而显出真如实性。佛教认为，通过这“三自性”，就可以成立“唯识无境”观。“依他起”就是以心识为因缘而派生的现象界，对此现象界加以分别，执其为客观实有，则名“遍计所执自性”；如果能排除客观实有的观念，体认到一切皆虚，唯有识性，就能契合“真如”，达到“圆成实自性”。法相宗“五重唯识观”中的第一重“遣虚存实识”即是指要否定“遍计所执自性”的虚妄，也就是要否定世俗的人们对宇宙万物普遍观察而产生的分别心、执著心，由对这第一“自性”的否定而存留第二、第三“自性”即“依他起自性”与“圆成实自性”。

2.“舍滥留纯识”

“舍滥留纯识”是指，在宇宙万法中，事理皆不离心识，心识有境（即“相分”）、有心（即“见分”与“自证分”）。此内境与外“妄境”相滥涉，一般人“迷执于境，起烦恼业，生死沉沦”，故应“舍滥”；认识到“一切唯有识，无余”，此为“留纯”。这里又涉及几个概念，即“相分”、“见分”、“自证分”等。瑜伽行派和法相宗将人的认识分为四个环节：相分、见分、自证分和证自证分。它们认为，在认识发生时，要有认识的主体和对象两个方面，前者被称为“能缘”，后者被称为“所缘”。“八识”中的每一识体都既具有“能缘”的一面，名为“见分”；同时也具有“所缘”的一面，名为“相分”。人的认识活动就是识体自身的“见分”（主体）去缘虑自身的“相分”（对象），或者说是“相分”引起“见分”。主体与对象都是主观的，这就是所谓的“二分说”，最早是由古印度高僧难陀提出来的。后来陈那又认为，见、相二分应有其所依的“自体”，即自己能够证知自己有认识活动的“自体”，此名“自证分”。譬如量度物体，既应有“能量”（见分）作为尺度，亦应有“所量”（相分）作为对象，还应有“量果”（自证分）以得知大小长短，这就是所谓“三分说”。再后来，护法又在此基础上提出了“证自证分”的概念，它就是“自证分”的再证知，也是证第三分的“量果”，由此构成“四分说”。“五种唯识观”中的第二观“舍滥留纯识”的目的，就是要舍境留识，即舍去“相分”，唯留“自证分”（亦即心识）。

3.“舍末归本识”

“舍末归本识”是说，“相分”为心识所取之境，“见分”为心识能取之用，二者皆为“末”，皆依识体而起，此识体即“自证分”是“本”。法相宗主张，认识活动应舍离见分、相分，归于自证分，即要舍境归识，舍用归体。

4.“隐劣显胜识”

“隐劣显胜识”是说，“心王”（即识体）与“心所”（即识体的活动）都有变现事物的能力，但只讲“唯心”而不讲“唯心所”，是为了显示心王“胜”于心所，心所“劣”于心王，故应隐劣不彰。

5.“遣相证性识”

“遣相证性识”是说，心王虽胜，但它“有事有理”。事为相用，即“依他起自性”；理为性体，即“圆成实自性”（真如）。应舍遣“依他起”的事相而体证“圆成实”的真如。

总的来说，这五重观法的主旨都是为了从不同角度来确立“万法唯识”的世界观：第一重是空有相对，通过否定有而存留空来确立“万法唯识”的世界观；第二重是心境相对，通过否定境而存留心来确立“万法唯识”的世界观；第三重是体用相对，通过否定用而归于体来确立“万法唯识”的世界观；第四重是心王与心所相对，通过否定所而显示心王来确立“万法唯识”的世界观：第五重是理事相对，通过否定事而体证理来确立“万法唯识”的世界观。从“三自性”方面来说，前四重观法是舍遣“遍计所执自性”而存归“依他起自性”的观法，称为“相唯识”；后一重观法是舍遣“依他起自性”而证得“圆成实自性”的观法，称为“性唯识”。总之，法相宗建立“五重唯识观”的目的是要通过层层取舍的方式，一步步否定外在事物的客观性、实有性，从而确立宇宙万法“唯识所变”的世界观。

从人生哲学上说，这“五重唯识观”与前述“中道观”的意义是一样的，都是要否定执著，否定世俗的世界观。但侧重点不同，中道观所要否定的是对两种极端的执著；唯识观所要否定的是对外在事物的执著，力图通过对外境为空为幻、一切唯识都变成这一论题的观想，将主体心力全部转移到主体心识上来，阻止人们对外境的执著；又通过阻止对外境的执著而消除人们的种种欲望、贪恋、追求等等，从而防止烦恼与痛苦的产生。这也是一种拔除烦恼之源与痛苦之根的方法，被法相宗视为人生解脱的重要方面。

信仰与世界观决定着一个人对人生方向的选择。佛教认为，确立了上述佛教信仰与世界观以后，就会继续选择佛教所指出的人生道路，这就是觉悟之道、解脱之道、离苦得乐之道、通向涅槃之道。走这条道路需有一定的方法，以下介绍佛教关于人生解脱之道的第三方面的内容：人生解脱的道路与方法。

第十章

道路与方法

> 净五眼，得五力，唯证乃知难可测。镜里看形见不难，水中捉月争拈得。
>
> ——《永嘉证道歌》

在佛教人生哲学的理论体系苦、集、灭、道“四谛”之中，苦谛揭示了人生的本质即是苦；集谛追究了人生之苦的根源是“无明”；灭谛描述了灭除人生诸苦以后的境界；道谛则指出了人生解脱的道路、途径与方法。在古印度，宗教发达，教派林立，各派教徒纷纷出家修道。而他们所修之道又各有不同：有的奉行苦行主义，进行自我虐待，企图通过对肉体的摧残以求得精神灵魂的解脱；有的则相反，试图通过纵欲、满足感官需求来解脱人生之苦；也有的信仰天神，认为天神能主宰自己的苦乐人生，祈祷和祭祀天神就能离苦得乐。对这些主张，释迦牟尼都持否定态度。对于禁欲主义的苦行哲学，他曾尝试着践行过，但并未因此而获得解脱；对于纵欲主义、享乐主义，他过去在宫廷中见到的更多，但他所看到的情形是，人们越是纵欲、越是享乐，就会在欲海中陷得越深，从而人生之苦也就越多。至于祈求天神保祐的宿命主义，那更是一种毫无自信、软弱无力的人生信条，它经不起任何力量的打击，更不能为人们带来解脱的希望。所以，对这些所谓的解脱之道，释迦牟尼均统统弃之不顾。他在菩提树下证得了另一种解脱之道，这就是“八正道”。在后来的发展中，佛教又在“八正道”的基础上增加了“四念处”、“四正断”、“四神足”、“五根”、“五力”、“七觉支”，合称“七科三十七道品”。这三十七道品就是佛教认定的通向涅槃解脱的菩提正道。

一、三十七道品

“三十七道品”又称“三十七菩提分”、“三十七觉支”，是佛教提出的达到觉悟、趋向涅槃的三十七条途径。它们可分为七类，即上文提及的“四念处”、“四正断”、“四神足”、“五根”、“五力”、“七觉支”、“八正道”。

（一）四念处

“四念处”亦称“四念住”、“四意止”。“念处”或“念住”是以智观（观察、思虑）境的意思，“四念处”是指在精神专注的状态中，观察特定的四种对象，以对治“常、乐、我、净”这“四颠倒”即四种错误认识。这四种观察对象是：身、受、心、法。佛教认为，众生对身、受、心、法四境缺乏正确的认识，往往会生起四种颠倒妄见，即认为身体是清净的、感觉是快乐的、心是恒常的、法是有自性的。由于对这四者妄加肯定，因而便产生了无明和贪爱，引起诸多烦恼和痛苦。为了对治这四种颠倒妄见，人们就必须在精神专注的状态中，以高度的智慧去观察和思考身是不净、受是不乐、心是无常、法是无我的道理。具体来说，所谓“观身不净”，就是要把观察的对象集中在身体上，并且只观察其不净的一面。譬如，肉身之种是由过去的业力和父母的精血结合而成，是为不净；肉身生于母腹子宫之内，邻近膀胱大肠，是为不净；周身毛孔流液，九窍污秽，是为不净；毛发爪齿，肮脏积垢，是为不净；死后发臭，腐烂成粪土，是为不净。由这种观察，而得出身是不净的结论。所谓“观受不乐”，就是把观察的对象集中在主观对客观的感受上，并且只观察其痛苦的一面。具体来说，就是要做到“观于乐受而作苦想，观于苦受而作剑刺想，观不苦不乐受作无常想”(《杂阿含经·四六七》)。总之，是要把各种感受都观想成是痛苦的，由此而得出受是不乐的结论。所谓“观心无常”，就是要把观察的对象集中在心上，并且只观察其不断变化的一面，即人心前念刚灭，后念又起，刹那不停，“日夜日刻，须臾转变，异生异灭”(《杂阿含经·二八八》)。由这种观察而得出心是无常的结论。所谓“观法无我”，就是把观察的对象集中在法上，并且只观察其缘起性空的一面。这里所谓“法”是指身心及善恶行为。佛教认为，人的身心是“五蕴”相聚合而成的假合之物，构成人的“六根”、“六境”及“六识”均是内外皆空的，人的行为也是善恶俱不可得，“我”并非真实存在。通过这种观察，便可得出法是无我的结论。这便是小乘佛教所理解的“四念处”。后来，大乘佛教又从空观的角度对小乘佛教的这种“四念处”作了发展，强调身如虚空，受是内外空，心是但名字，法为善恶俱不可得。《法门名义集》对大小乘佛教的四念处说作了这样的总结：

> 四念处大小乘名有异，观身不净，观受有苦，观心生灭，观法无我，是小乘四念处；观身如虚空，观受内外空，观心但名字，观法善恶俱不可得，是大乘四念处。

(二)四正断

“四正断”也称“四正勤”、“四意断”、“四正胜”等。“断”是指断绝世俗烦恼对于修道的干扰。“四正断”是指四种正确的能断恶生善的修习方法。据《增一阿含经》卷十八的介绍，四正断的具体内容是这样的：①对于未生之恶，应当采取方便手段，努力防止它产生，即“未生弊恶法，求方便令不生”。②对于已生之恶，要使用清净之法，努力断除，即“已生弊恶，求方便令不生”。③对于未生之善，要努力使它生起，即“未生善法，求方便令生”。④对于已生之善法，应当支持到底，使之圆满，即“已生善法，求方便令增多，不忘失，具足修行，心意不忘”。四正断的意思很简单，就是要采用“方便”的手段，不断地去恶（已生之恶和未生之恶），不断地修善（已生之善和未生之善），不懈地前进，直至完满。在修行过程中，要严格控制自己的意志，使自己的“六情”不再摄取“六欲”，不断地散去恶念，不断地增益善法。

（三）四神足

“四神足”中的“神”是神通的意思，“足”犹如身依足而立，意为赖以产生的凭借或基础，特指禅定。“四神足”就是指四种可以得到神通的禅定。“四神足”又称“四如意足”，“如意”是定慧均等、所愿都能得到满足的意思。据《法门名义集》所载，“四如意足”是指：①欲如意足，这是指由希求达到神通的意欲之力所引发起的禅定。②念如意足，亦称“心如意足”，是指由心念之力所引发起的禅定。③精进如意足，是指由不断止恶进善之力所引发起的禅定。④慧如意足，亦称“观如意足”或“思维如意足”，是指由思维佛理所引发起的禅定。四如意足的修行目标是要根除“十二因缘”这一世俗人生和世俗世界得以产生的根源。据《阴持入经》所称，修此四神足，可以得到如意自在的能力和变化无穷的神通：“内秽尽净明盛，眼能洞见无极之表，耳能彻听，身能飞行，变化万端，心明往古来今，以及众生心念、口言、身诸所更，无微不察”。较早出现的《沙门果经》则说，修此禅定之功可获下列神通：可以一身变多身，也可多身变一身；

可以显身，也可以隐身；可以穿墙透壁，也可以横渡河水；可以出没大地，也可以遨游空中。这种无拘无束、任意自在的神通变化，据说是在禅定中通过幻象的自由飞翔而实现的。由于这一境界与我国古代文化所宣传的神仙境界颇为相似，故传入中土后，在中国早期佛教中成了最受注意和欢迎的部分。

不仅如此，中国早期佛教学者还将小乘佛教的这种"四神足"修行方法及其所得的"神通"与当时中国流行的神仙方术紧密结合起来，把禅定当做成仙的手段。例如，汉代著名的译经家安世高便以中国的神仙方术观念去译解《安般守意经》，使经中出现了诸如"断生死，得神足"，"得四神足者能飞行故，言生死当断也"之语，故"四神足"被称为"不死药"。这与小乘佛教的本意并不相同。其本意认为，修"四神足"当然会得到各种神通，但得神通者并非都能"断生死"，安世高显然是把"四神足"乃至整个"安般行"看做成仙之术了。这种误解，其影响持续了一段时期，三国康僧会在《安般守意经》序言中对此曾大加发挥，直到东晋道安为此经作注作序时，还在对这种修行方法作种种神化，如说"举足而大千震，挥手而日月扪，疾吹而铁围飞，微嘘而须弥舞"(《安般注序》)。应该说，这种"神通"与其说是佛教宣扬的，倒不如说是中国方士道术和道教所宣扬的，因为只有中国的方士道和道教才充满了入世精神，他们修炼神通的目的是为了肉身成仙，永断生死，永享人间欢乐，这还是为了入世；而佛教修行"四神足"以得"神通"，目的则是为了断灭烦恼，超越三界，这表现了出世的特征。所以，"四神足"也好，"神通"也罢，在佛教那里，这都只是一种修行的方便，一种人生解脱的手段。这种方便与手段不能离开断灭烦恼、消除贪欲、解脱人生之苦、超脱生死轮回这一目标。偏离这一目标，就会走火入魔，就像佛经中所说的波旬魔王一样。这是佛教所极力反对的，这样的修行之道就不是解脱之道，而是邪门歪道了。

以上是小乘佛教所说的通过"四神足"而得到的"神通"。

大乘佛教也讲“神通”，如《大智度论》、《俱舍论》均讲“六神通”，这是指通过修行“四神足”而得到的六种特殊功能：①“神足通”，亦称“神境通”、“身通”，是说身能飞天入地，出入三界，变化自在。②“天眼通”，是说能见六道众生此生彼死的情形及世间一切有形色的东西。③“天耳通”，是说能听到六道众生苦乐忧喜的语言以及世间各种声音。④“他心通”，是说能知六道众生心中所念之事。⑤“宿命通”，是说能知自身一世二世三世乃至百千万世的宿命及所作之事。⑥“漏尽通”，是说能断除一切烦恼惑业，永远摆脱生死轮回。大乘佛教认为，通过修行“四神足”，菩萨可得前面所说的五神通，佛可得六神通。

（四）五根

“根”是根源、根据、条件的意思，“五根”是指修行佛教、产生善法所依靠的五种内在条件。具体是指：①信根，指对佛教的信仰，此已于上文论及。②精进根，亦称“勤根”，指的就是上述“四正断”。③念根，此处“念”的含义指的是于境忆持，具体地说，就是指上述“四念处”。④定根，“定”的含义是专注所缘，指的是“四禅”（下文将述）。⑤慧根，“慧”的含义是简择得失，指的是“四谛”。这样一来，“五根”就把“四正断”、“四念处”、“四禅”及“四谛”都统一起来了。在这“五根”之中，最重要的是“信根”，它为“五根”之首。《阴持入经注》说：“树非根不生，道非信不成，信为道德之根。信根立，道乃成，故信为首。”

（五）五力

“力”即力量，“五力”是指由于五根的增长所产生的维持修行、达到解脱的五种力量。具体是指：①信力，指的是信根增长，信仰虔诚，便可破除一切迷惑与“邪信”。②精进力，指的是精进根增长，可破除种种身心懈怠。③念力，指念根增长，能破邪念，获得正念。④定力，指定根增长，能破除各种杂乱惑想。

⑤慧力，指慧根增长，能破除各种迷惑，成就智慧，达到解脱。《阴持入经注》对此“五力”解释说：“五根立，道力即成：天女玉色不能乱其目，名乐妓声不能灾其耳，众香上甘、魔王之尊、飞行皇帝之荣，六情不为违。志如虚空，莫能动者，谓之力。”简单地说，“五力”就是由“五根”中生长出来的能够抵御一切世俗邪恶诱惑和干扰的五种“道力”。

（六）七觉支

“七觉支”亦称“七觉分”、“七菩提分”。“觉”是觉悟、觉了的意思；“支”是品类的意思。“七觉支”就是指达到佛教觉悟的七种次第或组成部分。具体是指：①念觉支，指忆念佛法不忘。②择法觉支，指根据佛法标准，分辨是非真伪善恶。③精进觉支，指努力修进，坚持不懈。④喜觉支，指由悟善法，心生喜悦。⑤轻安觉支，指因断除烦恼，身心安适愉快。⑥定觉支，即心注一境，思悟佛法，灭去贪欲。⑦舍觉支，指舍弃一切分别，用佛教观点平等待物，心无偏颇。修持“七觉支”的目的在于由智慧而入禅定，达到一种无所思虑、精神平静的境界。

（七）八正道

“八正道”是佛教用以断灭人生之苦、达到涅槃解脱的最主要的修行途径与方法。佛教“四谛”中的“道谛”是说明人生解脱之道的，它所说的主要解脱之道就是“八正道”。《圣谛经》说，所谓“道谛”，就是通过修习正见、正志（正思维）、正语、正业、正命、正方便（正精进）、正念、正定这八正道而达到止灭痛苦、通达涅槃的境界。“八正道”亦称“八支正道”、“八圣道”、“八圣道分”，指的是八种通向涅槃解脱的正确方法或途径。这是释迦牟尼在鹿野苑初转法轮时向弟子所说的法。

1. 正见

正见是指对佛教“四谛”等真理的正确见解，也就是指具有佛说的四谛知识，远离唯神、唯我、唯物等见解。《圣谛经》说，所谓“正见”，是说诸弟子在修炼苦、集、灭、道四谛时，观察自己本性及所作所为，无所执著，没有杂见与邪见。通俗地说，所谓“正见”，就是指对宇宙万物、社会人生、周围发生的一切现象要有一个正确的认识，要看破宇宙人生的真相和实相，这真相和实相就是苦、空、无常。

2. 正思维

正思维是指对“四谛”等佛教真理的正确思维。具体来讲，就是要求人们离开世俗的主观分别，离开邪妄迷惑，作符合佛教真理的思考。《圣谛经》说，所谓“正思维”，是说圣弟子观察善心解脱之时，用心关照爱护除己离欲的正确思维，留存正当的思念志愿。通俗一点说，所谓“正思维”就是要在正见的指导下思维，使自己的思维纯正、真实、清净，摒弃一切不纯不正、不真不实、不清不净及肮脏龌龊、自私自利、偏颇极端的思维。

3. 正语

正语是指修口业，不说一切非佛理之语，也就是要不妄语、不漫语、不恶语、不谤语、不绮语（花言巧语）、不暴语，远离一切戏论，而说纯正净善、合乎佛理的言语。《圣谛经》说，所谓“正语”，是说圣弟子观察善心解脱之时，去除十恶事中由口而生的四种邪行，即妄语、两舌、恶口、绮语，出语要自然真实，友善有益。语言是思维的表现，代表了一个人的心声。凡是有正见和正思维的人，应该也有正语，也就是说正确的语言、说善良的语言、说真诚的语言、说干净的语言，不要出口伤人，出口肮脏。现在有不少美女俊男，外表不凡，就是开不得口，一开口便满嘴脏话，而那外表带给人的好印象也会在顷刻之间崩塌。这就是缺少正语的结果。

4. 正业

正业是指从事清净的身业，一切活动均应合乎佛教的要求，不杀生、不偷盗、不邪淫，不作一切恶行。《圣谛经》说，所谓

“正业”，是说圣弟子在观察善心解脱之时，去除由身体而生的三种恶行（杀生、偷盗、邪淫），从事合乎道义的、光荣和平的职业。那些偷抢扒拿、劫财杀人、赌博卖淫、敲诈勒索、拐卖欺骗等等就是不正之业、肮脏之业，是恶业。恶业必招恶报，这无论是就佛法还是就世法来说都是如此。

5. 正命

正命是指过符合佛教戒律规定的正当合法的生活，对衣食住行之必需品的需求，应按佛教标准来取得，远离一切不正当的职业。《圣谛经》说，所谓“正命”，是说圣弟子在观察善心解脱之时，不提无理要求，不去满足非分之欲，不求非法之利，不以种种有害他人的邪恶伎俩为生计，而以光明正大的方法求得衣食生存之必需品。不按佛理按常理说，也应该是这样。人生短促，短促的一生应该是诚实善良、干干净净、坦坦荡荡、光明磊落的一生，而不应是虚伪欺骗、肮脏罪恶构成的一生。正命是正见、正语、正思维、正业的融合体，要想拥有一个正命，就必须从上述每一个环节入手。

6. 正精进

正精进是指勤修涅槃之道法，止恶修善，向解脱的目标精进。具体是要求努力防止恶心的生起，已经生起的要把它断除；要努力使善心生起，并使其发展，臻于完善；要按照佛教的标准辨别善恶，并主张自觉努力，反对懈怠与昏沉。《圣谛经》说，所谓“正精进”，是说圣弟子在观察善心解脱之时，集中心力，勤勉精进，向着高尚的目标，专心执著，不舍不退，保持正直向上之心。人生几十年很快就过去了，但这几十年怎么过，应该引起每个人的深思。是脚踏实地、勤勤恳恳地干一番事业，还是飘浮放荡、苟且懒惰的度过一生？是创造一个积极进取的人生，还是编织一个消极堕落的人生？这是每个人都必须选择的人生态度。要想拥有前者，就必须时时精进，否则就会成为后一种人生。

7. 正念

正念是指有正确的念法，即要坚持正法，牢记四谛等佛教真理。《圣谛经》说，所谓“正念”，是说圣弟子在观察善心解脱之时，心境平顺地念诵经典，不以刹那之念而胡思乱想，要保持端正无邪的心念。人时时刻刻都有意念活动，你那意念是什么样的？是正确的还是错误的？是光明磊落的还是阴暗狡诈的？是干净纯真的还是肮脏虚伪的？这一“念”之差会影响到一个人的思想言行甚至整个人生。

8. 正定

正定是指修正确的禅定，即要正身端坐，专心一志，身心寂静，使心专注于一境，远离散乱之心，思想集中，深入沉思，观察四谛之理，并以佛教智慧观察整个世界。世界在心中犹如一泓清水，鱼群和沙石均清晰可见，从而洞见人生的真谛，领悟四谛的道理，获得身心的解脱。

上述“八正道”可以分为两类，第一类是有关精神生活的，其中以正见为主，以正思维、正念、正定为辅；第二类是关于物质生活的，其中以正命为主，以正业为辅。所以正见与正命分别构成精神生活和物质生活的主要点，在八正道中具有至关重要的意义。其余的正语和正精进是两个方面都关涉到的。

在佛教修行的三十七道品中，“八正道”是最重要的，而“八正道”又可归结为戒、定、慧三学：正语、正业、正命属于“戒”；正念、正定属于“定”；正见、正思维、正精进属于“慧”。

二、戒、定、慧三学

戒、定、慧三学通常被认为是学佛修持的全部内容。其中，慧学大体上就是关于佛教世界观和人生观的学问，是佛教对智慧的特殊理解；戒学则基本上代表了它的修养论；定学基本上代表了它的方法论。三学之间密不可分，而又以慧学为根本，戒、定二学为方法。在佛教发展史上，大、小乘佛教对三学的理解是有区别的，小乘佛教将戒和定看做机械的规范，大乘佛教则是灵活地运用，以其支配一切行为；小乘佛教严格区分戒、定、慧，大乘佛教则将戒和定都归属于慧，使三学合成一体。

在本章里，主要介绍佛教的戒、定二学，慧学将在下章论及。

(一)戒学

“戒”是佛教为出家和在家信徒制定的防止身、口、意三业不净的戒规，其作用是防非止恶。此语为梵文的意译，意思为“惯行”、“行为”、“习惯”、“道德”、“虔敬”等。释迦牟尼当年认为，人们在世俗社会中要实践“八正道”是很困难的，种种世俗的欲望、世事的纷扰会妨碍“八正道”的进行。因此，他要求那些诚心修道的人出家，即“走出”家门，“走出”现实社会，“进入”僧团生活。当时的僧团有一定的组织原则，后来还逐渐形成了僧侣日常生活的行为准则。为适应僧团生活的需要，释迦牟尼便亲自为僧人们制定了戒律。后来的佛教学者为适应僧团生活的变化，又陆续增设戒律，以致使得戒律成了佛教经、律、论“三藏”中的一藏，即律藏。律藏对于戒体、戒法、戒行、戒相、受戒仪式等各方面均作了详细规定，戒律便成了一门学问。

戒有大、小乘之分。小乘佛教根据信徒的在家与出家之别以及男女之分，制定了五戒、八戒、十戒和具足戒等；后来的大乘佛教称这些戒条为“声闻戒”，虽亦遵循，但又另行制定了大乘戒即“菩萨戒”加以补充。这里先介绍几种主要的小乘戒：

1. 五戒

五戒是佛教为在家男女教徒制定的终身应遵守的五个戒条：①不杀生，即应尊重、珍惜一切有生命的东西，不可杀害。②不偷盗，也称“不与取”，指不擅取他人的东西。③不邪淫，即尊重所有的异性，不发生不正当的男女关系。④不妄语，即对自己不知道的事情，不随便乱说，要努力做到句句实言，诚实待人。⑤不饮酒，不能饮用有刺激性的、易于麻痹神经、扰乱心志的饮料，以时时保持心神的宁静状态。《大乘义章》卷十二对此五戒介绍说："言五戒者，所谓不杀、不盗、不邪淫、不妄（语）、不饮酒，是其五戒也。此五能防故名为戒。前三防身，次一防口，后之一种通防身口，护前四故。"

2. 八戒

八戒也是佛教为在家的男女教徒制定的戒条。与五戒不同的是，八戒的内容虽更严格，但它不像五戒那样须终身受持，而是临时奉行，多者几天、几周，最少者一昼夜。这主要是考虑到，一般信徒由于为俗务所缠，难以每天坚持五戒，因而便规定每个月六天斋日，在此六天内要远离一切声色尘器，遵守五戒，并再加上三戒，合为八戒。增加的三戒是：①不坐不卧高广华丽的大床。②不装饰打扮，不做任何赏心悦目的娱乐活动，如不视听歌舞音乐、不看戏剧、不着花香、不涂擦粉脂等。③不食非时食，也就是正午之后不吃饭。三者之中，前二条是戒，后一条是斋，连同前五戒，又合称"八大戒斋"或"八关斋戒"。在斋戒期间，信徒过一种近似出家僧人的宗教生活。

3. 十戒

十戒是佛教为沙弥和沙弥尼所制定的戒条。出家男子，七岁以上至二十岁以下者称为"沙弥"，俗称"小和尚"；二十岁以上者称为"比丘"，俗称"和尚"。出家女子，七岁以上至二十岁以下者称为"沙弥尼"，俗称"小尼姑"；二十岁以上者称为"比丘尼"，俗称"尼姑"。十戒便是专为沙弥和沙弥尼制定的，内容与上述五戒、八戒有一致的地方：①不杀生。②不偷盗。③不淫，指不乱搞男女关系乃至娶嫁结婚。④不妄语。⑤不饮酒。⑥不涂饰香鬘。⑦不视听歌舞。⑧不坐高广大床。⑨不非时食。⑩不蓄金银财宝。

4. 具足戒

具足戒也称"大戒"，是佛教为比丘和比丘尼制定的戒条。

因与沙弥、沙弥尼所受十戒相比，此戒戒品具足，故称“具足戒”。出家人只有依戒法规定受持具足戒，才能取得正式僧尼的资格。在佛教各种律典中，具足戒的戒条说法不一。中国僧人隋唐以后都依《四分律》受戒，比丘戒共二百五十条，比丘尼戒共三百四十八条。这些戒条从行为(身)、言论(口)、思想(意)三个方面对比丘和比丘尼的修行及衣食坐卧等做了详细而繁琐的规定，并规定了对违犯者应采取的惩罚方式：重者驱逐出僧团，轻者在一定时期被剥夺僧籍并须向僧众忏悔。

5. 二十犍度

戒按其内容可分为止持戒与作持戒两大类。所谓止持戒，“止”是防止、止息的意思，意即止非防恶的各种戒，上述五戒、八戒、十戒、具足戒等，都是止持戒。所谓“作持戒”，“作”是修习行善的意思，指奉行一切善行的戒，这里的二十犍度即是“作持戒”。两者各有特定作用，前者止恶，后者作善，联系起来就能起到止恶作善的作用，所以应相辅相成，不可偏废。

所谓“二十犍度”，“犍度”是“聚”的意思，即按类编集的戒条，相当于“品”或“节”，主要是关于僧团修法的仪式及僧尼生活的礼仪的规定。《四分律》列有二十类，故称“二十犍度”。具体内容是：①受戒犍度。指受具足戒法，称“大犍度”。②说戒犍度。僧众每月要说戒忏悔，称“布萨”，此为布萨法。③安居犍度。印度佛教规定，夏天雨季是生物生长的季节，僧尼禁止外出，以免伤害百物，要在寺内坐禅修学，称为“夏安居”，时间为每年的四月十六日至七月十五日。④自恣犍度。每年安居期结束时，要举行检举忏悔集会，请别人尽情(恣)揭发自己的过失，自己进行忏悔。⑤皮革犍度。这是对使用由动物皮革制成的器具的规定。⑥衣犍度。这是对着衣的规定。⑦药犍度。这是对因病用药的规定。⑧迦绨那衣犍度。这是指安居后，僧尼受在家居士赠功德衣。⑨拘睒弥犍度。这是对有关制止比丘之间争斗的规定。⑩瞻波犍度。每时评论不正确的做法。

⑪呵责犍度。这是指七种惩罚方法。⑫人犍度。这是对行忏悔法人数的规定。⑬覆藏犍度。指治罚隐瞒犯罪的事。⑭遮犍度。指禁止罪人进入僧侣行列中来。⑮破僧犍度。即说佛陀弟子提婆达多背离僧团的事。⑯灭诤犍度。指灭除七种争论。⑰比丘尼犍度。是关于比丘尼行事的规定。⑱法犍度。是关于比丘种种行为仪则的规定。⑲房舍犍度。是关于僧房卧具的规定。⑳杂犍度。有关其他种种杂事的规定。

以上是小乘戒的主要内容。大乘戒在小乘戒的基础上有了进一步的发展。小乘佛教重在解脱生死,而其推究生死的根源又是贪欲,因此以断除个人贪欲为戒规的基本内容。大乘佛教以普度众生为目标,它强调图谋一己私利而妨碍、侵害、毁坏他人利益亦即自私自利的贪心是一切恶行的根源,所以规定戒律必须以断除私心、贪心为根本,并相应地提出了“摄众生戒”,也称“饶益有情戒”,以教化济度众生。

大乘戒分为重戒和轻戒两部分。重戒有十条,称为“十重戒”。具体是指:①杀戒。②盗戒。③淫戒。④妄语戒。⑤酤酒(卖酒)戒。⑥说四众过戒,“四众”指的是比丘、比丘尼和男女居士。⑦自赞毁他戒。⑧悭惜加毁戒,即吝啬施财施法,并加以诽谤诋毁的戒。⑨嗔心不受悔戒,即仇恨和损害他人并且不受对方忏谢的戒。⑩谤三宝戒,即诽谤佛、法、僧三宝。大乘佛教规定,犯十重戒者,要受到开除僧籍、驱逐出僧团的重处,所以称为“重戒”。

与十重戒相对的是四十八轻戒,它分为“摄善法戒”和“饶益有情戒”两种。前者是按照布施、持戒、忍辱、精进、禅定、智慧这菩萨“六度”而设立的,分别为:①轻障施戒,指妨碍布施的轻戒,如不信三宝、不敬长老等;②轻障戒,指妨碍持戒的轻戒,如不乐涅槃、戚仪不静等。③轻障忍戒,指妨碍忍辱的轻戒,如报复、打骂等。④轻障精进戒,指妨碍精进的轻戒,如贪图睡眠、虚度时光等。⑤轻障定戒,指妨碍禅定的轻戒,如不求教授、不除障碍等。⑥轻障慧戒，指妨碍智慧的轻戒，如诽谤佛教教义、不精研佛教而学异端异学等。这六种戒旨在引导僧众摄取善法，所以称“摄善法戒”。另一种是利益有情众生、帮助他人的戒，称为“饶益有情戒”，内容包括以下几种：①轻障同事戒，指对他人痛苦不闻不问，如不帮助同伴、不看望病者苦者等。②轻障布施戒，前一“轻障施戒”是指妨碍布施佛法，这一戒是指妨碍布施财物等。③轻障利行戒，指对不良行为不予制止。佛教规定，犯四十八轻戒者，按佛教有关规定进行忏悔，而不受开除僧籍的处分。

佛教认为，修持戒学对一个人的一生非常重要，“持戒”与“犯戒”虽只一念之差，却能导致两种不同的人生状况。《游行经》说：“凡人犯戒，有五衰耗。何谓为五？一者求财所愿不遂；二者设有所得，日当衰耗；三者在所至处，众所不敬；四者丑闻恶声，流闻天下；五者身坏命终，当入地狱……凡人持戒，有五功德。何谓为五？一者诸有所求，辄得如愿；二者所有财产，增益无损；三者所住之处，众人敬爱；四者好名善誉，周闻天下；五者身坏命终，必生天上。”

（二）定学

“定”是梵文的意译，亦译为“等持”，音译为“三摩地”、“三昧”，是指心专注一境而不散乱的精神状态和调练心息的功夫，佛教以此作为取得正确认识、作出确定判断的心理条件。《俱舍论》卷四给“定”下的定义是：“心一境性。”《大乘百法明门论忠疏》解释说：“于所观境令心专注不散为性，智依为业。谓观得失，俱非境中，由定令心不散，依斯便有抉择智生。”佛教宣传的“定”有两种，一是“生定”，即人们与生俱来的一种心理功能，指与心相应而起、专注于所对之境的状态。我们每个人生来都有一种专注于某一对象的心理功能，这就是“生定”。二是“修定”，这是专为获得佛教的智慧、功德、果位、神通而勤行修习所得的工夫与功能。我们这里所说的“定学”是就修定而言的，它是“三学”与“六度”的内容之一。

“定”与“禅”往往是联系在一起的。本来，这二者是有区别的，“禅”是梵文的音译“禅那”的略称，意译为“静虑”、“思维修”、“弃恶”、“功德丛林”等，其含义是心注一境，正审思虑。但中国佛教习惯于把“禅”与“定”并称为“禅定”，它包含了更广泛的含义，主要是指通过精神集中，观想特定对象而获得佛教悟解或功德的一种思维修习活动。大乘佛教又将“禅定”与“般若”(智慧)结合起来，主张以“智慧”指导“禅定”，提倡止观并重，定慧双修。中国禅宗还以“禅”命宗，进一步扩大了禅定的含义，重在“修心”、“见性”，而不再局限于静坐凝心、专注观境等形式。

佛教历来都十分重视禅定，认为禅定是获得正确认识、对宇宙人生作正确判断、根治迷惑烦恼、消除无明贪爱、成就各种功德的心理条件和修行方法。并且，大小乘佛教各派别关于“禅定”的说法很多，禅定的种类各异。下面介绍几种主要的禅定。

1. 四禅

亦称“四禅定”、“四静虑”、“四定静虑”，是佛教用以对治迷惑、成就功德的四种基本禅定。在修行过程中，从初禅到四禅，人的心理活动会逐渐发展和净化，形成四种不同的精神境界。《佛说四十二章经解》记载了当年释迦牟尼通过修习四禅而证成菩提之智的情形：

> 深入四禅，观察四谛，于腊月初八夜，明星出时，豁然大悟，证无漏道，是为佛宝初现世间也。次又作是思维等者，乃追叙坐树下时，以无师智、自然智，了知离欲寂静为胜。故先诃弃欲界恶不善法，与觉观俱而入初禅。次复离于觉悟，内净一心而入二禅。次又离喜而证妙乐，入于三禅。次又双弃苦乐，舍念清净

入第四禅。从四禅中,顿发三明,破魔王之网,断外道之见缚也。或初成道句,是根本智,自证菩提。次作是思维等,是后得智,重视四谛,以为说法之本。

这是对“四禅”起源的记载及其含义与境界的说明。从心理活动上说,四禅可分为三类十八支,列表如下:

三类 十八支	对治支	利益支	自性支
初禅	寻(觉)、伺(观)	喜、乐	心境性
二禅	内等净	定生喜、乐	心境性
三禅	行舍、正念、正知	离喜妙乐	心境性
四禅	舍清净、念清净	不苦不乐	心境性

现对表中“四禅”略作解释。

(1)初禅。初禅的思维形式是“寻”(寻求、觉)、“伺”(伺察、观),由寻求伺察而厌离“欲界”,并进而感受到离开欲界生活的“喜”与“乐”,即产生喜乐心情。这里所谓“寻”,是指对事理的粗略思考作用。《俱舍论》卷四说:“心之粗性名寻。”所谓“伺”,则指对事理的细密深入的思考作用。《俱舍论》卷四说:“心之细性名伺。”初禅虽离欲界,但仍有“寻”与“伺”这两种粗细分别的心理活动,所以还应加以对治(根除)。

(2)二禅。二禅的思维形式是“内等净”,这是指以名言为思维对象的“寻”、“伺”作用已断灭,形成内心信仰,确立信根,称为“内等净”。由此所得的喜乐是对此禅定自身的感受,故称为“定生喜乐”。

(3)三禅。三禅的思维形式是“行舍”(非苦非乐)、“正念”(正确的记忆)和“正知”(正确的智慧活动)。此禅舍去二禅的喜乐感受,住于非苦非乐的“行舍”境地,并运用正念、正知,继续努力修习,从而产生“离喜妙乐”的感受。

(4)四禅。四禅的思维形式是“舍清净”、“念清净”。此禅舍去三禅的妙乐感受，名为“舍清净”；唯念修养功德，名为“念清净”。由这两种清净而得“不苦不乐”的感受。

“四禅”是通过特定系列的思维形式，引导人们将全部注意力均严格固定在佛教信仰上，形成一种特殊的心理感受。其总的特征是已离欲界感受，而与色界之观想与感受相应。佛教宣称，修此四禅者，死后可脱离欲界，生于色界四禅天。四禅天的情形已在前文提及。

2. 四无色定

四无色定亦称“四空定”，是对治“色”的束缚、灭除一切对处境的感受和思想的四种修行方法及由此而达到的四种精神境界。“无色”即指没有任何物质性的东西。佛教宣称，高于色界四禅天的是“无色界”，也称“无色天”。此天没有任何物质性的东西，住在这里的均是无形体的高级生物。此天共分四等，分别是修习四种“无色定”的众生死后所住的地方。这四种“无色定”是：空无边处定、识无边处定、无所有处定、非想非非想处定。《杂阿含经》卷十七对此四定的解释是：“空入处正受时，色想寂灭；识入处正受时，空入处想寂灭；无所有入处正受时，识入处想寂灭；非想非非想入处正受时，无所有入处想寂灭。”现稍作解释：

(1)空无边处定。此定是指在思想上排除对一切物质形态的观想，而以无边虚空即“空无边”为观想对象，超越四禅的色想。修此定者死后可生于“空无边处(天)”。

(2)识无边处定。指舍去“空无边处”的思维，转到思维“识无边”所达到的心理状态。也就是以内识为观想对象，作超越“空无边处”的观想。修此定者死后可生于“识无边处(天)”。

(3)无所有处定。这是指超越“识无边处”的观想，静观“无所有”的禅定。也就是进一步觉悟到，不仅物质和虚空不存在，而且连心识也不存在，一切思维的对象都不存在。修此定者死后可生于“无所有处(天)”。

(4)非想非非想处定。这是指超越“无所有处”的观想而达到的非有想、非无想的绝对寂静状态。“无所有处定”舍弃一切观想,叫做“非想”。但“非想”也是一种“想”,也应舍弃,这叫做“非非想”。“非想非非想处定”就是要超越“无所有处定”的观想而进入任何观想都不存在的绝对寂静状态。修此定者死后可生于“非想非非想处(天)”。

上述“四禅”和“四无色定”合称为“八等至”。佛教宣称,众生修习这些禅定与其死后所居的境界有直接的因果关系,即修“四禅”,死后就能升入四禅天;修“四无色定”,死后就可升入四无色天。

3. 五停心观

五停心观是指在修“四念处”(见前述“三十七道品”)之前应首先修习的五种禅观,以清除世俗心绪和欲望,使心思安定下来。五观是指:不净观、慈悲观、因缘观、界分别观和数息观。五观的作用是分别对治贪欲、嗔恚、愚痴、我见和散乱之心。

(1)不净观。修不净禅观的目的是对治贪心,其方法是在禅定中观想自身与他身从内到外、从生到死都是污秽不净的。观自身不净是:观身死、尸发胀、变青瘀、脓烂、腐朽、虫吃、骨锁等一系列死后身体腐败的过程。观他身不净包括:观种子不净(以过去惑业为因,以父母精血为种)、观住处不净(住于母胎)、观自相不净(身具九孔,有唾涕大小便等)、观自体不净(由三十六种不净物组成身体)、观终究不净(身死后或土埋成土,或虫吃成粪,或火烧成灰)。修此禅观是为了消除人们对人生的贪恋,坚定出世修行的决心。佛教认为,贪欲重的人应修此禅观。

(2)慈悲观。修此禅观是要在禅定状态中观想一切有情众生的可怜之相,产生慈悲、怜悯和爱护之心,尽力给众生以欢乐,为众生拔除痛苦,以此种方法对治嗔恚。佛教认为,嗔恚多的人应修此禅观。

(3)因缘观。修此禅观就是要在禅定状态中观想“十二因缘"之理，认识三界因果相续的道理，以对治愚痴。愚痴者不明佛理，以为人生具有永恒的实体，这种人应修此禅观。

(4)界分别观。此禅观亦称"界方便观"，是指在禅定状态中观想"六界"及"十八界"诸法皆由地、水、火、风、空、识"六大"和合而成，聚散不定，生灭无常，以此来对治"我见"。佛教认为，"我见"多的人应修此禅观。

(5)数息观。此观亦称"持息观"，是指在禅定状态中专心计数呼吸(出入息)次数，使分散浮躁的精神专注下来。佛教认为，心意散乱者应修此禅观。

4.八背舍与八胜处

"八背舍"亦称"八解脱"，是指通过八种禅定而舍弃对色和无色的贪欲。据《大智度论》卷二十一介绍，八背舍是指：

(1)"内有色，外亦观色，是初背舍"。即为解脱内身对色的贪想而观身外不净，如观死尸等，以使贪心不起。

(2)"内无色，外观色，是第二背舍"。即内身虽无对色的贪想，但为了使这种状态更加牢固，亦须再观身外不净。

(3)"净背舍，身作证，第三背舍"。这是观净色(指青黄等八种颜色)，于定中去除不净相，对净色亦不贪，称为"净背舍"；证得此背舍性于身，名"身作证"。

(4)空无边处背舍，相当于"四无色定"中的空无边处定。

(5)识无边处背舍，相当于"四无色定"中的识无边处定。

(6)无所有处背舍，相当于"四无色定"中的无所有处定。

(7)非想非非想处背舍，相当于"四无色定"中的非想非非想处定。

(8)灭受想背舍，即受、想皆灭，相当于下文将要论及的"灭尽定"。

"八胜处"亦称"八除入"、"八除处"，与"八背舍"有类似的部分，指通过对欲界色的观想而断除贪心的八种禅定。"胜处"指的是制胜烦恼以引起佛教认识的所依处。《大智度论》卷二十一介绍这“八胜处”是：

(1)“内有色想观外色少”胜处，指内心色想尚未舍除，通过观外界色的少的部分，以断灭对色的贪爱。

(2)“内有色想观外色多”胜处，指内心色想尚未舍除，通过观外界色的多的部分，以断灭对色的贪爱。

(3)“内无色想观外色少”胜处，指内心色想已经舍离，通过观外界色的少的部分，以巩固这种心理状态。

(4)“内无色想观外色多”胜处，指内心色想已经舍离，通过观外界色的多的部分，以巩固这种心理状态。

(5)“内无色想观外色青”胜处，指内心色想已经舍离，通过观外界的青色，以断灭对“净色”的贪爱。

(6)“内无色想观外色黄”胜处，指内心色想已经舍离，通过观外界的黄色，以断灭对“净色”的贪爱。

(7)“内无色想观外色赤”胜处，指内心色想已经舍离，通过观外界的赤色，以断灭对“净色”的贪爱。

(8)“内无色想观外色白”胜处，指内心色想已经舍离，通过观外界的白色，以断灭对“净色”的贪爱。

“八胜处”中，前二胜处相当于“八背舍”中的第一背舍，次二胜处相当于第二背舍，后四胜处相当于第三背舍。

5.灭尽定与无想定

“灭尽定”亦称“灭受想定”，是克制思想使之停止活动的一种禅定。修此禅定，“心”和“心所”皆灭。《俱舍论》卷五对此下的定义是：“如是复有别法，能令人心所灭，名灭尽定。”《成唯识论》卷七作了更详细的解释：“由此息想作意为先，令不恒行(指前六识)、恒行(指第七识)染污心、心所灭，立灭尽名；令身安和，故亦名定。由偏爱受想，亦名灭彼定。”修此禅定的目的在于“为求静住”，即停止一切思想活动。

“无想定”与“灭尽定”相似，是指使一切思想心识活动全部停止、以求证得“无想果”所修的禅定。“无想果”是指死后升入无想天处的一种果报，这里“心”与“心所”皆灭。佛教认为，要证得此果，就必须修无想定。关于此定，《俱舍论》卷五作了这样的解释：“有别法能令心、心所灭，名无想定。无想者定，名无想定。或定无想，名无想定。”

6. 一行三昧与三三昧

“一行三昧”，亦称“一相三昧”、“一相庄严三摩地”，是指以“法界”、“真如”、“实相”为观想对象与唯一行相的禅定。《文殊般若经》对此所下的定义是：“法界一相，系缘法界，是名一行三昧。”修此禅定要通过“观佛现前定”来实现，即于坐禅时，“专心一佛，称念名号……即于念中见一切佛”。由此得知“离心别无佛”的道理。其后的《大乘起信论》对此作了进一步的发挥：“当知唯心，无外境界；即复此心亦无自相，念念不可得”。由此而把握诸法“空性”之本质，探得诸法“唯心”之本源，证实“一切诸佛法身与众生身，平等无二”，没有差别，这就叫做“法界一相”，亦即真如、佛性、本觉、真心等。据称，得此三昧者，可使自己心地平静，于物无所分别，称为“安心”。这一禅法曾受到中国北宗禅的重视而被大加弘扬。

“三三昧”，亦称“三解脱”、“三解脱门”、“三空”，是三种通向涅槃解脱的禅定。《大乘义章》卷二所介绍的“三三昧”即“三解脱”是：空解脱，指观我（人）法二空；无相解脱，指观诸法无相，本无差别；无愿解脱，指观生死可厌，不可愿求。

7. 般舟三昧与首楞严三昧

“般舟三昧”也称“佛立三昧”，“般舟”为梵文音译，意为“出现”、“佛立”、“念佛”。修此禅定的方法，是借助于佛教智慧，专心观想佛的三十二种相、八十种好。佛教宣称，佛陀生来容貌神异，不同凡俗，其明显特征有三十二个，称“三十二种相”；其细微隐秘难见之处有八十个，称“八十种好”，合称“相好”。“三十二种相”亦称“三十二大相”、“三十二大丈夫相”、“三十二大士相”、“四八相”等，指的是：①足下安平立相。②足下二轮相，即脚心有轮宝（神奇的战车轮）的肉纹。③长指相。④足跟广平相。⑤手足指缦网相，即手足指间如蹼状。⑥手足柔软相。⑦足趺高满相。⑧伊泥延腨相，股骨如鹿那样纤好。⑨正立手摩膝相。⑩阴藏相。⑪身广长等相。⑫毛上向相。⑬一孔一毛生相。⑭金色相。⑮丈光相，身光照四面各一丈远。⑯细薄皮相。⑰七处（两手、两足、两肩、脖颈）隆满相。⑱两腋下隆满相。⑲上身如狮子相。⑳大直身相。㉑肩圆好相。㉒四十齿相。㉓齿齐相。㉔牙白相。㉕狮子颊相。㉖味中得上味相。㉗大舌相。㉘梵声相，声音清净深远。㉙真青眼相。㉚牛眼睫相。㉛顶髻相。㉜白毛相，眉间有白毛，也称"眉间白毫相"，平时卷缩，伸开达一丈五，从这里放出的光叫"毫光"、"眉间光"。"八十种好"也称"八十随相好"、"八十微妙种好"、"八十种小相"，主要是讲佛陀的头、面、鼻、口、眼、耳、手、足等长相奇特。如，第一好是，佛陀的指甲狭长薄润，光洁明净，如花色赤铜；第三好是，手足指头圆而细长柔软，不见骨节；第二十八好是，唇色红润光泽，上下相称；第三十一好是，声音宏伟，明朗清澈；第三十三好是，鼻梁修长，不见鼻孔；第三十六好是，眼睛青白分明；第四十二好是，耳轮阔大，成轴锤形；第四十七好是，头发修长，稠密绀青；第五十七好是，面形长宽匀称，皎洁如秋月；第七十三好是，以一音说法，有情之类各得其解；第八十好是，手足及胸，皆有吉祥喜旋之相。《般舟三昧经》指出，修行般舟三昧，一昼夜乃至七天七夜一心念佛，就可使十方诸佛现立眼前。中国天台宗据此立"常行三昧"修持方法，以三个月为一修行期。修行期间，一心常念阿弥陀佛，绕佛像常行不停，据称死后可生于"阿弥陀国"。

"首楞严三昧"亦称"健相三昧"，是诸佛和十地菩萨所得的禅定，"健相"比喻其性质坚固，诸魔不能破坏；"首楞严"是健行亦即健步如飞的意思。《首楞严三昧经》宣称，修持首楞严禅法，可为成佛的行动增加力量，易于达到成佛的境界。又称此三昧统摄一切三昧、禅定，得此三昧可了知一切众生的利钝、因果，拥有一切神通。

以上禅定之学中，有的为小乘佛教所特有，如四禅、四无色定等；有的主要是大乘佛教的禅法，如般舟三昧、首楞严三昧等；而有的则是大小乘佛教均提倡的禅法。总的来说，小乘佛教的禅定比较拘泥于固定的形式，认为只有静坐才能集中注意力，防止心意散乱；而大乘佛教则扩大了禅定的意义，认为禅定不拘于形式，不限于动静，甚至散心也能发挥定力，其用功的重点在于内心。

如果说小乘佛教的解脱之道主要是禅定的话，那么大乘佛教的解脱之道便主要是“六度”。

三、六度

“六度”是梵文的意译，亦译作“六度无极”、“六到彼岸”；音译则为“六波罗蜜”、“六波罗蜜多”，指六种从生死此岸到达涅槃彼岸的方法或途径，是大乘佛教修习的主要内容。具体包括六个方面：布施（檀那）、持戒（尸罗）、忍辱（羼提）、精进（毗梨耶）、禅定（禅那）、智慧（般若）。《佛说大乘金刚经论》对此作了这样的说明：

> 文殊菩萨问佛：“云何修证得六波罗蜜？”
>
> 佛言：“若有众生，能舍酒肉不食，能舍财物不贪，能舍恩爱不恋，能舍诸恶不作，能舍人争我不争，名得第一布施波罗蜜。复有众生，能持佛戒，能习佛仪，能降六贼，能断邪非，名得第二持戒波罗蜜。复有众生，能受人亏，能忍人骂，非来正对，逆来顺受，都无怨恨，反加度脱，名得第三忍辱波罗蜜。复有众生，能学如来，十二部经，受持读诵，书写讲说，未通务通，未证务证，名得第四精进波罗蜜。复有众生，能断殊缘，能止妄想，能除昏散，能习禅定，定力如山，魔扰不乱，名得

第五禅定波罗蜜。复有众生，能破无明，能空诸相，能通理法，能决是非，言言得当，字字无差，名得第六般若波罗蜜。若人能具六波罗蜜者，名出生死，名到彼岸，名超三界，名登十地，成佛之数也。”

在佛教那里，这六度是分别用来度治六种烦恼业的，布施度治悭贪，持戒度治毁犯，忍辱度治嗔恚，精进度治懈怠，禅定度治散乱，智慧度治愚痴。

(一)布施

这里所说的“布施”不一定仅仅是指施舍财物，也指舍弃一切贪爱之物以及布施佛法、智慧、体力等。“布施”的确切含义是指施予他人以财物、体力、智慧和佛法，为他人造福成智，以此积累自己的功德，求得人生的解脱。《大乘义章》卷十二对此所下的定义是：“以己财事分布与他，名之为‘布’；辍己惠人目之为‘施’。”大小乘佛教修行布施之法的目的有异，小乘佛教追求的目标是个人解脱，所以其布施的目的在于破除个人的吝啬和贪心，以免除“未来世”的贫困。《翻译名义集》说：“若内有信心，外有福田，有财物，三事和合，心生舍法，能破悭贪，是为檀(布施)”；“此人行施，越贫穷海”。大乘佛教以普度众生为目标，宣扬慈悲精神，故其布施的目的是“超度众生”。《六度集经》第一章说：“布施度无极者厥则云何？慈育人物，悲愍群邪，喜贤成度，护济众生，跨天逾地，润弘河海。”这里所列的布施对象大大超出了人类的范围，遍及于一切生灵。并且，大乘佛教不同派别、不同典籍对“布施”的理解也不尽一样。瑜伽行派将布施分为三种：财施、法施、无畏施。《佛说大乘金刚经论》则将布施理解为不贪，认为人可以有七种不贪，也就有七种布施，叫做“七宝布施”：

佛言：不贪是布施。所谓眼不贪好色相奇物，是色宝布施；鼻不贪好上妙香，是香宝布施；耳不贪好乐音乐，是声宝布施；舌不贪上好美味，是味宝布施；身不贪妙好衣服，是触宝布施；意不贪名利恩爱，是法宝布施；性不贪世间欲乐，是佛宝布施。若有人能悟自身中七宝布施，所得福德，胜如世间金银琉璃；珍珠玛瑙、珊瑚琥珀。七宝布施之福，百千万分，不及其一。

需要强调指出的是，仅仅为求功德、福德而布施，是佛教所反对的。历史上有许多豪门巨富曾重金施舍，却得不到佛门的赞赏，更得不到预想的果报。这方面最突出的例子是梁武帝。梁武帝对佛教极感兴趣，他在位时曾花巨资用于建寺、写经、译经、度僧、造像等佛事活动。普通年间（520～526年），南印度高僧菩提达摩（亦称达摩）航海东来，在广州上岸，梁武帝派人专程将他迎至京师金陵。他见到达摩后便问："我为弘传佛法做了很多事，花了很多钱，请问我积了多少功德？"达摩说："无功德。"武帝不解地问："何以无功德？"达摩说："这些是有为之事，不是实在的功德。"武帝又问："如何是圣谛第一义？"达摩答曰："廓然无圣。"武帝不解。达摩见与他机缘不投，就离开金陵而北上了。而梁武帝果然未积到功德，他一生信佛，一生布施，最后在侯景之乱中，竟饥病交加，死于寺中。在佛教看来，这正好说明布施不可有个人目的。

（二）持戒

"持戒"音译为"尸罗"，意译为"戒度"、"戒度无极"，是去恶从善的一种修行方法，是超脱世间的一种手段。《大乘义章》卷一说："言'尸罗'者，此名清凉，亦名为戒。三业炎火焚烧行人，事等能烧，戒能防息，故名清凉。清凉之名，正翻彼也，以能防禁，故名为戒。"相传佛陀名下有一位"持戒第一"的弟子优婆离，他原是王宫里的一名理发匠，在古印度属于最下等的奴隶。他想当佛陀弟子，可又担心佛陀不接收他这个下等的奴隶，就问："请问佛陀，我这样的下等人，能否做您的弟子？"佛陀说：

"你为什么想做我的弟子呢?"优婆离说:"以心传心,见性成佛。"佛陀见他出语不凡,就收下了他。从此,优婆离发奋磨炼自己,持戒极为严格、恒久。经过长期的修行,他终于觉行圆满,修成正果,成为佛陀足下与摩诃迦叶、舍利弗、目犍连、须菩提、富楼那、迦旃延、阿那律、阿难陀、罗睺罗齐名的"十大弟子",并因其戒行最为突出而被誉为"持戒第一"。相传佛教第一次结集时,就是由他诵出律藏的。

(三)忍辱

"忍"有"忍受"、"认可"等意思。《成唯识论》卷九说:"忍有三种,谓耐怨害忍、安受苦忍、谛察法忍";"忍以无嗔、精进、审慧及彼所起三业为性"。这是把安于受苦受害而无怨恨的情绪以及能体认佛法的信仰当做"忍"的内容。推而广之,对于其他一切事物的信受认可亦可称为"忍"。但作为佛教普遍宣传的一种美德,"忍"的重点还是在于安于苦难和甘受耻辱,故亦称为"忍辱"。《六度集经》第三章说:"忍不可忍者,万福之原。"

在佛教史上,修"忍"者很多,其中禅宗初祖达摩与二祖慧可之间的故事,一直被传为佳话。慧可原名叫神光,他曾在洛阳设立道场,讲经说法。上文曾言,菩提达摩在金陵与梁武帝机缘不投,乃北上至洛阳。达摩经过神光的道场时,见他口若悬河,侃侃而谈,就问:"请问法师这是在干什么?"神光当时很傲慢地说:"你没听到我正在讲经吗?你这个老比丘是从哪里来的?"达摩说是从印度来的,并说印度不讲这种有字之经,而讲无字之经,还说:"你讲的这种有字之经,黑的是字,白的是纸,你讲它干什么?"神光听了很生气地说:"我讲经说法是为了教人了然生死。"达摩反驳道:"你连自己的生死尚未了然,怎能教人了然生死?"神光脾气暴躁,拿起念珠就朝达摩打去,打掉了他的两颗门牙。达摩忍辱吞下了两颗牙,一言不发就走了。他来到嵩山少林寺,执意修成壁观禅法,一修就是九年。据称,后来有一个无常鬼告诉神光:“你打的不是别人,恰是一位正果菩萨,他当时并不是说不过你,而是在修忍辱法门。现在你得罪了他,阎王要见你!”神光听后吓得脸色惨白,求无常鬼代为说情。无常鬼说:“我说不了情,只有达摩能救你。”神光便急速赶到少林寺,请求达摩宽恕,并求他收下自己做弟子。达摩只当做没听见,继续修壁观。这时,外面正下着大雪,神光站在雪中,立雪数宵,雪深至腰。达摩对他说:“求法之人,应不以身为身,不以命为命。我要等到天降红雪时,才传法于你。”神光听了,便斩断了自己的左臂以示求法的决心。一时血涌如泉,白雪变成了红雪。达摩这才将壁观“安心”法门传授与他,并改其名为“慧可”。慧可受法后说:“祖师,我的心还不太宁静,你看我该怎么修行呢?”达摩说了两个字:“禅、忍。”

(四)精进

“精进”是梵文的意译,亦译为“勤”,指按佛教教义,在修善断恶、去染转净的修行过程中坚持不懈地努力。《百法明门论忠疏》解释为:“云何精进?于善恶品修断事中,勇悍为性,能治懈怠,满善为业。‘勇’表胜进,拣诸染法;‘悍’表精纯,拣净无记。即显精进,唯善性摄。”佛教认为,精进是“能一向专修诸善”的动因,所以被视为修行佛道、成就正果的必要条件。

在佛陀弟子中,能勇于精进的突出代表是他的儿子罗睺罗。罗睺罗见父亲修成佛道后,具有无上智慧,很是羡慕,便与母亲一起双双剃发出家,加入了他父亲传法弟子的行列。佛陀问他:“罗睺罗,你怎么也想起来要出家呢?”罗睺罗说:“随缘度化,体解大道,发无上心,求得现世乐,求得后世乐,求得究竟乐。”佛陀又问:“你既已剃发,可知五戒是什么?”这个英俊潇洒的小沙弥对答如流:“不杀生,不偷盗,不邪淫,不妄语,不饮酒。”佛陀又谆谆教导他:“归依三宝并不是剃了头发就了事了,也不是知晓佛法就定成正果,而是要把佛法戒行贯彻到每时每刻的生活中去，不懈地努力，不懈地修行。”罗睺罗将这一切都记住了。在其后的日子里，他时刻静听佛陀的教诲，时时探求佛法大意，日夜禅修，进步神速。他却并不因自己的进步而生骄心，而是一直不懈地修行着。后来，他记录了佛陀的说法，佛陀所传的浩如烟海的三藏经法，大都出于罗睺罗及另一大弟子阿难陀之手，而罗睺罗也被称为“密行第一”或“精进第一”。

（五）禅定

关于禅定，上文已言及，是指集中思虑、专注一境、观想特定对象，以对治散乱之心、获得佛教悟解的一种修行方式。在佛教修持方法中，禅定占有十分重要的地位。释迦牟尼当年在菩提树下静坐冥思，正是经过七天七夜的禅定，才证得了无上菩提。禅定在古印度是一种很普遍的修行方式，并非为佛教所特有。古印度文化的特点之一就是注重苦思冥想，而其表现方式就是禅定。所以，各种类型的古印度典籍中都有对“禅定”的描述。通过这些描述，我们可知晓禅定的大体方法是：身体的胸、颈、头三个部分要一直保持挺直；要盘膝端坐，一腿加于另一腿之上；双手交握，置于小腹下方；肾囊悬空，勿受挤压；坐好之后，要进行调息，呼吸要均匀；要让各种感官的感觉和意识均注入内心，放下一切杂念。一般来说，高度集中思想、放下一切杂念是很困难的，初学坐禅者若做不到这一点，可运用数息或念佛的方法迫使自己的注意力集中。数息的方法是，坐定之后，将注意力全部集中到鼻息上，然后开始数息，一呼一吸为一息，二呼二吸为二息，以此类推。数到十以后，又从头再开始数。呼吸是全身的需要，而数息是心的作用，这样身心合一，就自然能剔除杂念。念佛的方法是，坐定之后，不断地称念佛的名号，如念“南无阿弥陀佛”，把全部心力都放在佛的名号上，就可集中思想，摒弃杂念。

禅定是为了平息散乱之心，证悟无上正觉。但并非每个人修行禅定都可以成就这样的功德。因为摒弃任何杂念,使心达到寂静状态,这谈何容易!按照佛教的说法,在禅定中,人们常常会遇到一个叫波旬的魔王,他总是企图扰乱人的心志,将人的定力毁于一旦。相传这波旬魔王原是古印度西高止山上的一个婆罗门信徒,他立志修道,历尽千辛万苦,不料却走火入魔,修成了邪门歪道。他召来四方男女邪魔,身居魔宫,自称唯我独尊,故号曰"波旬魔王"。据说当年悉达多太子在菩提树下跏趺而坐,进入禅定状态到第六天的时候,忽然祥光普照,缤纷的光艳刺透了波旬魔王的魔宫。魔王一夜之间做了四十八个噩梦,梦见悉达多太子正在尼连禅河畔的菩提树下修行菩提道,修成后要灭尽天下邪魔,便心里害怕了起来。正在这时,突然间乌云蔽日,天色阴沉;继而狂风大作,飞沙走石;接着又雷电交加,大雨瓢泼。魔王的宫殿一下子摇晃了起来,他预感到自己的末日即将来临,便决心与悉达多太子决一死战。于是,他先派出一群魔兵,持枪舞棒地直逼悉达多座前。悉达多镇定自若,忽然间大喝一声,魔兵们慌忙后退。魔王见此招失败,又出新招。他有三个女儿,个个美丽无比。魔王企图以美色来扰乱太子的心,妨碍他修成正觉,便派三个女儿来到太子身边,围着他跳起了舞。舞罢,她们又一齐扑到太子怀里,异口同声地说:"太子,我们奉父王之命来陪伴你修道。"悉达多却心如止水,波澜不起,对三魔女说:"你们的容貌虽很美丽,但心地却很肮脏,好比一只精美的瓶子里装满了粪便,是徒有其表。而这貌似美丽的外表也会在倏忽之间变老、变丑,最后变成一堆腐臭的尸骨。"三魔女听后,妖艳尽退,自惭形秽而去。波旬魔王见一计又败,仍不甘心,便又发动魔军猛兽,向悉达多扑来。太子仍定力十足,纹丝不动。而那些魔军猛兽只要一接近太子,就立刻化为无形。魔王勃然大怒,一箭射向了太子。然而意想不到的是,那箭不仅没射中太子,反而变成了太子座下的一朵莲花,形成了 座金碧辉煌的莲花宝座。悉达多终于用自己的禅定之功战胜了邪魔恶道，成就了无上正觉！

这就是禅定的功力，这就是禅定的艰难。当然，所谓“波旬魔王”，未必实有其事。但是，每个人心中确有个“魔”，这就是欲望、杂念、烦恼。所以禅定之修也可以看做自己向自己宣战、自己同自己搏斗，自己的正念、净心同自己的邪念、贪欲搏斗。正念、净心战胜了邪念、贪欲，禅定之功也就修成了。

（六）智慧

“智慧”是梵文的意译，音译为“般若”、“波若”，是指以“假有性空”之理去观察认识一切现象的特殊观点和方法。关于这一点，将在下一章专门论述。

第十一章

智慧与觉悟

> 大丈夫，秉慧剑，般若锋兮金刚焰。非但空摧外道心，早曾落却天魔胆。
>
> ——《永嘉证道歌》

据说，当年的悉达多太子决定结束苦行生活时，他跳到尼连禅河洗了个澡，洗去了六年的积垢。洗完澡，他浑身清爽，心旷神怡，有一种脱胎换骨的感觉。就在他上岸穿衣的时候，忽然有一位鹤发童颜的老者对着他大声呼喊“释迦牟尼”。他感到很惊异，就说：“我叫悉达多·乔答摩，不叫释迦牟尼。老人家，您认错人了。”老者说：“我没有叫错，你今后就叫释迦牟尼了。”悉达多迷惑不解。老者说：“你既已决定修炼正法，追求人生解脱之道，就不要那个俗气的姓氏，改名释迦牟尼吧！”聪明的悉达多当然知道，这不是一个普通的名字，而是有着特定含义的：“释迦”是他的种族名称，“牟尼”意为“能仁”、“能忍”、“能寂”、“有智”等。两者合起来，就是指释迦族中能仁能忍、最有智慧的人。后来,“释迦牟尼”这个包含了忍辱精神、仁慈胸怀及大智大慧的名字就与他所创立的佛教一起并存于历史的长河中,世世代代流传了下来。

释迦牟尼不是神,他只是一个普通的人。然而,他又不同于一般的普通人,而是一个智者、一个慧性高超的人。佛教是一种宗教,但它又不是那种仅仅流于信仰的宗教,而是一种充满着智慧的宗教,是帮助人们获得智慧的宗教。“智慧”二字在佛教中占有重要位置,极受重视,它是佛教人生解脱之道中的重要一环。

佛教全部修行法门可归结为戒、定、慧三学,三学相依相持,不可分割。戒学是定慧之所依,由戒而生定,由定而生慧,由慧而得菩提觉悟,由觉悟而得解脱,这是一个完整的修行过程和阶梯。《游行经》说:“修戒护定得大果报,修定获智得大果报,修智心净得解脱,尽于三漏:欲漏、有漏、无明漏已,得解脱生、解脱智,生死已尽,梵行已立,所作已办,不受后者。”

上一章介绍了三学中的戒定二学,本章再介绍一下佛教的慧学以及由慧学而衍生的觉悟。

一、五花八门的佛教智慧

慧学中的“慧”是梵文的意译,它有几层含义:一是指人们普遍具有的辨认事物、判定是非善恶的能力,即通常所说的“智慧”;二是特指由修习佛教道理所引生的辨别现象、判定是非善恶的认识能力,这一意义上的“慧”也译为“智”或“智慧”;三是指以“假有性空”之理去观察认识一切现象的特殊观点和方法,这一意义上的“慧”也音译为“般若”或“波若”。为叙述方便起见,本书将这几种含义的“慧”糅合在一起。不管是哪种意义上的“慧”都是与“智”联系在一起的,特别在汉译佛典中,更是“智”、“慧”、“智慧”通用,含义并无区别,只是在语词表述上,有的地方用“智”,有的地方用“慧”,有的地方用“智慧”而已。

(一)有漏智与无漏智

"漏"是梵文的意译,原意为泄漏,是"烦恼"的异名,它有"流"和"住"两种意思。"流"指流出"不净",即由于烦恼业因的作用,众生不断从"六疮门"(指眼、耳、鼻、舌、身、意"六处")流出"不净",从而造成新的业因,如此流转生死。《俱舍论》卷二十说:"从有顶天到无间狱,由彼相续于六疮门泄过无穷,故名为漏。若善释者,应作是言:诸境界中,流注相续,泄过不绝,故名为漏。""住"是指留住"三界",即由于业因的作用,众生留住"三界",不能超脱生死轮回。

"漏"是怎么形成的呢?佛教认为,"漏"产生于不悟"四谛"之理。不悟"四谛"之理的人通过修习,也可能具足某种智慧,但不可能发生认识上的根本转变,其所得之智仍为世间智慧,这种智慧就叫做"有漏智"。佛教所谓"有漏智"是指在"见道"以前、未现观"四谛"真理时所具有的认识。这里所说的"见道"是位于"有漏智"与"无漏智"之间的分水岭,此前的智慧为凡夫的智慧即"有漏智",此后的智慧为圣者的智慧即"无漏智"。"见道"亦称"见谛"、"见谛道",是佛教修行的阶位之一,它与"修道"、"无学道"合称"三道"。这一阶位的修行以现观"四谛"为目标,所依靠的智慧就是"有漏智"。经过"四善根位"的修行进入此道以后,众生就由凡夫升为圣者,所获得的智慧即为"无漏智"。"无漏智"是指断除烦恼、证得佛教真理的智慧。由"有漏智"转为"无漏智",中间要经过"四善根位"的修行。"四善根位"也称"四根位",是佛教修行的四种阶位,其修行方法具体是指"暖法"、"顶法"、"忍法"、"世第一法"。佛教认为,众生修行"四念住"以后,通过观想"四谛十六行相",便可先后顺次产生四种善性功德,即这里所说的"暖"、"顶"、"忍"及"世第一"四法。"四谛十六行相"中的"四谛"即指苦、集、灭、道四谛,观悟"四谛"之理是小乘佛教修行的全部内容。在观悟过程中,众生对“四谛”中的每一谛都能产生四个方面的理解和观念，四谛共可产生十六个方面的理解和观念，称为“十六行相”。“行相”即指摄取认识对象所生起的表象、观念。“十六行相”具体是指：苦谛四相为一苦、二非常、三空、四非我；集谛四相为一因、二集、三生、四缘；灭谛四相为一灭、二静、三妙、四离；道谛四相为一道、二如、三行、四出。佛教认为，通过观想“四谛十六行相”，即可依次产生“暖”、“顶”、“忍”、“世第一”四种善性功德。“暖法”比喻为接近“见道”之火，能烧惑薪，此位虽还会堕于恶道，然而流转不久必达涅槃；“顶法”之“顶”指山顶，比喻处于进退之际，既可上进于“忍法”，亦可退转诸恶道；“忍法”指确认“四谛”是真理，不再堕于诸恶道；“世第一法”是四善根位中的最高阶位，修至此位，必生“无漏智”，入于“见道”。

（二）“八忍八智”与“无分别智”

“八忍八智”也称“十六心”，是小乘佛教对修行“见道”者所得智慧的分类，它是指修行者进入“见道”以后，以“无漏智”现观“四谛十六行相”所得的十六种智慧，分为“八忍”和“八智”：①“苦法智忍”与“苦法智”。现观欲界的苦谛，断除迷惑苦谛的见惑（指修习“见道”所要破除的烦恼），即可得到“苦法智忍”；现观欲界的苦谛，印证苦谛之理而得“苦法智”。②“集法智忍”与“集法智”。现观欲界的集谛，断除迷惑集谛的见惑而得“集法智忍”；现观欲界的集谛，印证集谛之理而得“集法智”。③“灭法智忍”与“灭法智”。现观欲界的灭谛，断除迷惑灭谛的见惑而得“灭谛智忍”；现观欲界的灭谛，印证灭谛之理而得“灭法智”。④“道法智忍”与“道法智”。现观欲界的道谛，断除迷惑道谛的见惑而得“道法智忍”；现观欲界的道谛，印证道谛之理而得“道法智”。⑤“苦类智忍”与“苦类智”。现观色界与无色界的苦谛，断除对苦谛的见惑而得“苦类智忍”；现观色界与无色界的苦谛，印证苦谛之理而得“苦类智”。⑥“集类智忍”与

“集类智”。现观色界与无色界的集谛，断除对集谛的见惑而得“集类智忍”；现观色界与无色界的集谛，印证集谛之理而得“集类智”。⑦“灭类智忍”与“灭类智”。现观色界与无色界的灭谛，断除对灭谛的见惑而得“灭类智忍”；现观色界与无色界的灭谛，印证灭谛之理而得“灭类智”。⑧“道类智忍”与“道类智”。现观色界与无色界的道谛，断除对道谛的见惑而得“道类智忍”；现观色界与无色界的道谛，印证道谛之理而得“道类智”。概括地说，现观欲界四谛的智，称为“法智”；现观色界与无色界的四谛的智，称为“类智”。“法智”与“类智”各有“忍”与“智”两种，合为“八忍”、“八智”。所谓“忍”就是忍许、认可的意思，指以“忍”断烦恼；所谓“智”就是以智慧印证真理。这“八忍”与“八智”合称“十六心”。“十六心”中，前十五心为“见道”所得的智慧，据称这种智慧可破除八十八种烦恼；具足这十五心即十五种智慧，就可步入“见道”修行果位中的“预向流”（“预向流”是指正在断除见惑并趋向“预流果”的修行者）。“预流果”是小乘佛教的修行果位之一，指通过思悟四谛之理而断灭三界见惑所达到的最初修行果位。若获得“十六心”中的最后一心，即可证得“预流果”。

“无分别智”是大乘佛教对修行“见道”者所得智慧的称谓，它属于“出世间智”和“无漏智”，其具体含义是指对“真如”所得的认识。大乘佛教认为，“真如”远离名想概念等“虚妄分别”的世俗认识。所以对它的认识能“如实”而“无分别”，获得这种认识的智慧就是“无分别智”。根据其作用的不同，“无分别智”又可分为“根本无分别智”与“后得无分别智”两种。“根本无分别智”又称“根本智”、“如理智”、“真智”、“实智”等，为修习“见道”现观佛教真理所得的智慧，属于全部修习中带有突变性质的认识。由于这种智慧与所证得的佛教真理契合为一，主观与客观已无任何差别，所以叫做“无分别智”；又由于这种智慧能成就佛教功德，为此后按照佛教观点分析种种现象奠定了基础，故又称为“根本无分别智”。据说，这种智慧不需要通过名言概念的中介，而能通过直观亲证佛教真理而得到。与此相对的是“后得无分别智”，亦称“后得智”、“俗智”或“权智”，这是指将“根本无分别智”证得的佛教真理运用于分析各类个体现象的智慧。由于这种智慧能运用“根本智”一一分析事物，并在“根本智”之后发生，故称“后得无分别智”。它的作用在于保障对佛教真理的信仰，不再为各类具体事物所迷惑。从本质上说，“根本智”与“后得智”属于同一种智慧，只是作用不同而已，且两者的作用是相互依存的，“后得智”只有依据“根本智”才能把握佛教真理，而“根本智”也只有依据“后得智”才能在世俗世界的认识中发挥作用。

（三）“三智”与“一心三智”

“三智”亦称“三种智”，是指证得真如、断除烦恼的三种特殊的佛教智慧，具体是指“道种智”、“一切智”和“一切种智”。

“道种智”是“一切智”和“一切种智”的基础，贯穿于佛教修行的始终，它包括一切有关佛教的思想修养。《大智度论》卷二十七作了这样的解释：“初发心乃至坐道场（成佛），于其中一切善法尽为名道；此道中分别思维而行，是名道智。”

“一切智”是指对事物现象之共性的认识。《大智度论》卷二十七说：“总相是一切智，总破一切法中无明暗。”而对佛教来说，事物的总相、共性也就是“空性”或者说“真如”，所以《法华经义疏》卷六又说：“一切智者，谓空智也。”

“一切种智”是相对于“一切智”而言的，它有时指用佛教义理对具体现象之个性的认识，所谓“别相是一切种智”，“一切种智，观种种法门，破诸无明”（《大智度论》卷二十七）；有时又是指对事物个性与共性的综合认识，即所谓“佛尽知诸法总相、别相故，名为一切种智”（《大智度论》卷二十七）。这一意义上的“一切种智”是指，它既能把握一切现象之“空性”本质，又能了解每一个人、物、事的诸种因果、体性、作用、善恶等等，从而达到无所不知的认识。

对于“三智”之间的关系，《大般若经·初品》认为是这样的：“欲以道种慧（智）具足一切智……欲以一切智具足一切种智，当习行般若波罗蜜。”《大智度论》卷二十七对此解释道：“一切智是声闻、辟支佛事，道智是诸菩萨事，一切种智是佛事。”这些经论认为，此三智虽可为“一心”一时所得，但仍有次第之分，即由“道种智”生“一切智”，由“一切智”生“一切种智”，由“一切种智”而灭除一切“烦恼习”。

中国佛教天台宗对印度佛教的这种“三智”说作了发挥，提出了“一心三智”说。据说天台宗先驱慧文在读到《大品般若经》中的“三智”说时，联系《大智度论》对“三智”的解释，理会到“三智”可由“一心”中得，由此提出了“一心三智”说。慧文认为，众生修行以佛教般若为因，可于“一念心”中顿得“三智”之果，用不着分阶段地获得。《佛祖统记》记载了慧文对“一心三智”的解释：“《论》（指《大智度论》——引者注）中三智，实在一心中得，且‘果’既一心而得，‘因’岂前后而获？故此观成时，证一心三智。”后来，智顗结合《中论》中的“三是偈”所表达的空、假、中“三谛”，对慧文的“一心三智”说作了发挥，认为观悟“假谛”而得“权智”（道种智），观悟“空谛”而得“实智”（一切智），观悟“中谛”而得“非权非实智”（一切种智）；此三智融通交会，于一心中获得。他说：“若因缘所生一切法者，即方便随情道种权智；若一切法一法，我说即是空，即随智一切智；若非一非一切，亦名中道义者，即非权非实一切种智。例上一权一切权，一实一切实，一切非权非实，遍历一切，是不思议三智也。”（《摩诃止观》）按照智顗的理解，“三智”均是“佛智”一心的表现，只是观照对象的侧重点有所不同而已，“佛智照空，如三乘所见，名一切智；佛智照假，如菩萨所见，名道种智；佛智照中，假、空皆见实相，名一切种智。故言三智一心中得”。

（四）“转识成智”与“四智”

印度大乘佛教瑜伽行派及中国法相宗认为，通过特定的修行，领悟佛教真理，众生就可以将有漏有烦恼的“八识”转变为无漏即摆脱烦恼的“八识”，从而得到四种智慧，这就是所谓“转识成智”或“转识得智”。据《大庄严经论》卷三、《成唯识论》卷十等所载，这四智及其功能分别是：①前五识即眼、耳、鼻、舌、身识由有漏转变为无漏时，可得“成所作智”或称“作事智”，这种智慧是“为欲利乐诸有情”的，即是为有情众生带来利益与欢乐的，所以具有这种智慧者能于十方以身、口、意三业为众生行善。②第六识意识由有漏转为无漏时，可得“妙观察智”或称“观智”，此智“善观诸法自相、共相，无碍而转”；具足这种智慧者能根据有情众生的不同根基，自在说法，教化众生。③第七识末那识由有漏转成无漏时，可得“平等性智”或称“平等智”，此智“观一切法，自他有情，悉皆平等，大慈悲等，恒共相应”；具足这种智慧者，能平等地普度一切众生。④第八识阿赖耶识由有漏转为无漏时，可得“大圆镜智”或称“镜智”，此智“离诸分别，所缘行相微细难知，不妄不愚，一切镜相，性相清净，离诸杂染”；具足这种智慧者，拥有如大圆镜般的光明，能遍映万象，纤毫不遗。瑜伽行派及法相宗认为，具此四智者，即可得佛果。

密教于此“四智”的基础上再增加“法界体性智”，或称“清净法界智”，即成“五智”。这第五智来源于佛教的第九识。南朝陈代、真谛等译经家在翻译“八识”时，于第八识之外另立第九识，名“庵摩罗识”。“庵摩罗识”是梵文的音译，也可译为“阿末罗识”，意译为“无垢识”、“清净识”或“真如识”，指的是纯粹的清净之心。密教吸取这一说法，认为“庵摩罗识”由有漏转变为无漏时，可得“法界体性智”。“法界”指的是世界万法，“法界体性智”指的是与世界万法的体性相契合的智慧。

（五）慧

“慧”是梵文的意译，为智慧的意思。佛教所谓“智慧”与我们理解的“智慧”有一定区别，它指的是能够辨别真理、简择正法、断除疑妄、体悟佛教真理，从而根绝无明烦恼、获得人生解脱的特殊认识能力和思维方法。《俱舍论》卷四说，“慧谓于法能有简择”，即能辨别选择正法与善法。

“慧”是佛教“三学”之一，“三学”都属于解脱法门。但在戒、定、慧三学中，早期佛教特别重视慧学，修行慧学往往被看做获得解脱的决定性环节。根据其产生的途径，佛教通常把“慧”分为三种：

闻所成慧。这是指听闻佛法，学习“五明”而得的智慧。“五明”是印度佛教教授学徒的五种学问，具体是指：①声明，指音韵学和语文学。②工巧明，指工艺、技术、历算之学。③医方明，即医药学。④因明，相当于逻辑学。⑤内明，即佛学。“闻所成慧”指的就是通过学习和实践这些学问而从外界获得的智慧。相传，释迦牟尼在七岁时就开始跟随古印度一位大学者学习这“五明”，并在很短的时间里就掌握了这些庞杂而又深奥的学问，为他后来探索人生解脱之道打下了坚实的基础。

思所成慧。这是指在“闻所成慧”的基础上，进行深思熟虑的思考、咀嚼融会、条理贯通而得的智慧。这是一种得于自己之思考的智慧。

修所成慧。这是指依据由“闻”和“思”所得的智慧，进一步修习禅定，由定生明，由明证悟，由证悟宇宙人生真理而得的最高的智慧。佛教认为，证得了这种智慧就可断绝一切无明烦恼，进入涅槃解脱境界，成就佛道。

佛教三学的关系是：由戒而生定，由定而生慧。那么，获得了佛教智慧又是为了什么呢？这就是为了达到最终的目的：菩提觉悟！

二、菩提觉悟

相传，释迦牟尼经过六年的苦行而仍未找到人生解脱之道，便决定放弃苦行。后来经过长时间的沉思，他终于战胜了最后的烦恼魔障，证悟了“四谛”及“十二因缘”之理，成就了佛道。他曾在一棵毕钵罗树下进行沉思，因此该树也被称为“菩提树”或“觉树”，并且所有的毕钵罗树从此都叫做“菩提树”，“菩提”即是“觉”的意思。而释迦牟尼成佛处，则被称为“菩提场”或“菩提伽耶”。为什么要将释迦牟尼与“觉”联系在一起呢？因为释迦牟尼作为一名宗教领袖，他与一般人最大的不同点就在于：他是一个觉者，一个达到无上正觉而不再迷惑的人。

这一特征在他成道后所获得的称号“佛”中得到了明确的体现。“佛”是“佛陀”的简称，为梵文音译，亦译作“佛驮”、“浮陀”、“浮屠”、“浮图”等，它的意思是“觉”、“觉者”、“智者”。这一词语在印度早就有了，但佛教赋予它三种特殊的含义：①正觉，指对一切法的性质相状均无增无减地如实觉了。②等觉或遍觉，指不仅自己达到了这样的觉悟境界，而且还能平等普遍地帮助他人达到同样的觉悟境界。③圆觉或无上觉，指上述两种觉悟都已达到最高、最圆满的境地。概括地说，这三种“觉”也可以称为“自觉”(自己觉悟)、“觉他”(帮助他人觉悟)、“觉行圆满”(自觉、觉他的智慧和功行都已达到最圆满的境界)。据说，这三种觉悟，凡夫一无所有，声闻乘、缘觉乘缺少后两种，菩萨缺少后一种，只有佛才三觉俱足，觉性圆满。所以，“佛”就是指有着最高觉性的人，是能够自觉、觉他且觉行圆满的人，“佛”就是“觉悟”的代名词。

“佛”是佛教修行的最高果位，成佛是佛教修行的终极目标，但成佛并不意味着成就什么神通妙术，而是要成就觉性，使自己成为一个有着高超觉性的人。“觉悟”二字是佛教的精髓和灵魂，它是佛教区别于那种仅仅陷于信仰的宗教的本质内容。所以，在人生解脱之道上，佛教以修习“三学”为方便、为手段，而以达到觉悟为目标、为终归。

（一）觉悟的内容

佛教要人们觉悟，那么觉悟什么呢？其内容很多，都是关于宇宙人生之理的。《八大人觉经》提出了“八觉说”，论及了八种觉悟对象：一是“世间无常觉”，即觉悟到世间万法、宇宙人生都是处于变化无常之中的，不可执为实有与恒常；达此觉悟，则可破除法我二执，树立空观。二是“多欲为苦觉”，这是指认识到一切爱欲、欲望都会给人带来痛苦，由欲望而生执著，由执著而生烦恼，由烦恼而生诸苦；若能觉悟到多欲为苦的道理，则能舍弃执著，消除烦恼，解除痛苦。三是“心无厌足觉”，即觉悟到贪得无厌、毫不知足是最严重的欲望，它会给人带来诸多的恶果，使人陷于轮回之中而不能自拔；有了这种觉悟，就可少欲知足，常保心灵的清净和宁静。四是“懈怠堕落觉”，即认识到懒惰懈怠、不求精进，必不能修道悟法、不能获得人生的解脱，而只能在轮回中堕落于恶道；觉悟到这一道理，便能勤奋修学，精进不已。五是“愚痴生死觉”，即认识到不悟真谛、愚痴无明是造成人生之苦的最终根源；觉悟了这一道理，便能以佛教智慧断除愚痴无明，从而跳出生死苦海。六是“贫苦多怨觉”，即达到贫苦不滞于心、不生怨心的随遇而安的境界。七是“五欲过患觉”，即认识到感官的欲望会带来无穷的祸患，从而舍弃五欲，清心寡欲。八是“生死炽燃苦恼无量觉”，指对生死问题已大彻大悟，不会再为其所苦恼，从而超脱生死，达到解脱。

如何才能达到这种觉悟境界呢？按照佛教一般的理解，觉悟要通过修行才能达到，正常的途径是修行上述戒、定、慧三学，由戒而生定，由定而生慧，由慧而达到觉悟。但在佛教史上，人们对这一问题的理解又存在着差异，有渐悟与顿悟之分。

(二)印度佛教中的渐悟说

渐悟说是印度佛教的一贯主张,它认为人们达到对宇宙人生的觉悟是一个非常漫长的过程,这一过程之长简直让人难以计算,一般有所谓“十地修行说”,这是一个十分漫长的步步修行、渐渐觉悟的过程。“十地”有两种说法:一是三乘十地,也称“共地”,指的是声闻、缘觉、菩萨三乘共修的阶位,具体包括:①“乾慧地”,亦称“过灭净地”、“寂然杂见现入地”,相当于小乘佛教的“三贤位”。修至此地,虽有智慧,但“未得理水”,所以叫做“乾慧”。②“性地”,亦称“种性地”,相当于小乘佛教的“四善根位”。修至此地,初伏见惑与思惑,始悟法性之理。③“八人地”,亦称“第八地”、“八地”。“人”即“忍”,相当于小乘佛教的“见道”十五心之位。修至此地,已体悟到四谛十六心中的八忍七智,达到“预向流”位。④“见地”,亦称“见见地”,相当于“修道”第十六心“道类智”。“修道”是佛教修行的阶位之一,与“见道”、“无学道”合称“三道”。“见道”是领悟四谛之理,在此之后再反复修习,以断“修惑”,便是“修道”。“修道”所要破除的烦恼,主要是指对世俗事物所具有的贪、嗔、痴等情欲。小乘佛教认为,在现观四谛产生的十六心中,前十五心属于“见道”,后一心属于“修道”;前十五心是小乘修行果位的“预向流”,第十六心则为“预流果”,由此至修成阿罗汉果位以前的修行过程统称“修道”。而修至阿罗汉果位则是“无学道”,意即修行至此,已断三界烦恼,达到最高觉悟,无须再修行了。所以“三道”之中,修“见道”能达到初步的觉悟,修“修道”能达到中等的觉悟,修“无学道”能达到最高的觉悟。这里所说的三乘十地中的第四“见地”就相当于“三道”中的“修道”。修至此地,已断三界见惑,达到“预流果位”。⑤“薄地”,亦称“柔软地”、“微欲地”。修至此地,已断“欲界九种烦恼”中的一部分,剩余的烦恼已很微薄,故称“薄地”。修行至此,可得“一来果位”。⑥“离欲地”,亦称“离贪地”、“灭淫怒痴地”。修至此地，已断欲界的所有“修惑”，得“不还果”。⑦“已作地”，亦称“所办地”。修至此地，已得“尽智”、“无生智”，可得阿罗汉果。⑧“辟支佛地”。修至此地，能观悟十二因缘法，得辟支佛果。⑨“菩萨地”。这是大乘佛教菩萨无数劫修“六度”万行之地。修至此地，得菩萨果。⑩“佛地”。这是菩萨修行的最高果位，修至此地，就达到了最高的觉悟，成就了佛果。

另一种说法是指大乘菩萨十地：即菩萨修行的十个阶位，具体是指：①“欢喜地”，也称“极喜地”、“喜地”，此时初证圣果，了悟我法二空之理，能够自益益他，从而生大欢喜。②“离垢地”，亦称“无垢地”、“净地”，此时已远离能起任何犯戒之烦恼，使身心无垢清净。③“发光地”，亦称“有光地”、“明地”，此时已成就殊胜之禅定，能发出智慧之光。④“焰胜地”，亦称“焰慧地”、“焰地”，此时慧性增盛，如同火焰。⑤“难胜地”，亦称“极难胜地”，修至此地，已能使“俗智”与“真智”合而相应，但极难做到。⑥“现前地”，亦称“现在地”、“目见地”，能由“缘地”之智而衍生“无分别智”，令“最胜般若”现前。⑦“远行地”，亦称“深行地”、“深入地”，能住于“无相行”，即在禅定中悟空寂无相之理，远离世间二乘。⑧“不动地”，修至此地，能使无分别智“任运相续”，不为一切事相烦恼所动。⑨“善慧地”，亦称“善根地”，此时已成就“四无碍解”，具足十力，能遍行十万说法。⑩“法云地”，此时已成就“大法智”，具足无边功德，法身如虚空，智慧如大云。

印度佛教认为，对于这十地，修学者要分阶段地逐步修行，修到什么程度，就能达到什么样的觉悟并取得相应果位。从时间上说，这一过程十分漫长。譬如，就菩萨十地来说，从地前菩萨修至初地菩萨，要历时一阿僧祇劫。“阿僧祇”是无数的意思，“劫”表示时间。《释迦氏谱》说：“劫是何名？此云时也。若依西梵名曰‘劫波’，此土译之名大时也，此一大时其年无数。”

"劫"一般分为三种:小劫、中劫、大劫。按世上人的寿命计算,佛经上说,世上人的寿命有增有减,人寿自十岁开始,每百年增一岁,增至八万四千岁为"一增";相反,人寿自八万四千岁开始,每百年减一岁,减至十岁为"一减"。每一增和每一减各为一小劫,合一增一减为一中劫。一大劫则包括"成"、"住"、"坏"、"空"四个时期,通称"四劫";这四劫中的每一劫各包括二十中劫。就是说,一大劫包括八十中劫。所以,"阿僧祇劫"即表示无数的劫。从地前菩萨修至初地菩萨要经过无数的劫,而从初地修到八地又要历时一"阿僧祇劫",从八地修至十地还要历时一"阿僧祇劫"。印度佛教认为,达到彻底的觉悟,就必须经过这无数时劫的修行,慢慢地修行,渐渐地觉悟,这可真是"渐悟"了。渐悟的时间如此漫长,几人能有如此的恒心与耐心?这无疑是说,每个人在其能预见的身后,都不可能达到彻底觉悟,从而也就不可能得到彻底的解脱。这样一来,还有多少人能信仰佛教呢?所以,渐悟说自身的弊端蕴含着它必然为顿悟说所扬弃的内在根据。

(三)魏晋时期的顿悟说

我们知道,相对印度民族来说,中华民族是一个比较注重现实的民族,印度佛教这种渐悟理论根本引不起中国人的兴趣。所以,佛教传入中国后,自魏晋时起,中国佛教徒便在传统的渐悟法门中加入了顿悟的成分。例如,东晋支道林便提出了"七地顿悟"说,认为在菩萨修行的十地中,七地以内必须循序渐进地修行,修至七地而烦恼顿断,道慧具足,得"无生法忍",也就是发生小顿悟;然后再修三地,即可功德圆满,成就佛道。这一小顿悟说相对于印度佛教的渐悟说,无疑是一大改进;但它仍未否定七地修行的漫长过程,尤其是它将悟道成佛分作两截,缺乏贯通性。当时的僧肇等人不满意支道林将顿悟佛理分做两截,但他也认为顿悟发生在七地。在僧肇看来,"六地以还，有无不并；无二之理，必未全一，故未始悟理也。若七地以上，有无双涉，始名理悟”（慧达《肇论疏》）。“理”即指佛教真理，僧肇认为，佛教真理不可分，所以对它的觉悟也不能一分为二；修至七地顿悟，是以全一之心悟不二之理，而不是将十地修行分做两次顿悟。这一观念在当时具有一定代表性。当时出现的《首楞严三昧经注序》也宣传了这种顿悟观念，它指出“至理”、“法身”是浑然一体、不可分割的，所以对它的觉悟也应该一次性地全体完成。当时的另一位佛学大师竺道生也正是在这种认识的基础上，提出了与此小顿悟说不同的大顿悟说。他指出，佛教真理不可分割，对它的觉悟必须一次完成，“夫真理自然，悟亦冥符，真则无差，悟岂容易？”（《大般涅槃经集解》卷首《序题经》）这是说，所谓“觉悟”就是用主观意识去印证客观真理，真理是一个整体，所以对它的觉悟也必须是一次性的全体性的顿悟。在顿悟的具体环节上，竺道生的观点与支道林及僧肇等人的观点均有别。他认为在菩萨修行的十地中，十地以内不可能顿悟，须是修至十地，最后一念“金刚道心”时，方可烦恼尽除，顿悟成佛，这就是所谓的“大顿悟”。

然而，大顿悟说除了强调理不可分以外，在本质上与小顿悟说并无多大差别，因为它们都没有否定十地修行本身，都没有否定渐修的过程。譬如，竺道生顿悟说本身就包含了“积学无限”和“不废渐悟”的内容。谢灵运在转述竺道生顿悟说时指出：“释氏之论，圣道虽远，积学能至；累尽鉴生，方应渐悟。孔子之论，圣道既妙，虽颜殆庶；体无鉴周，理归一极。有新论道士以为寂鉴微妙，不容阶级；积学无限，何为自绝。”（《与诸道人辨宗论》，见《广弘明集》卷一八）这是说，在佛教看来，成佛的道路虽很遥远，但通过长期的学习还是能够达到的；只要摆脱所有的人生束缚，就会获得认识上的彻底觉悟。儒家也认为，成圣的道路十分玄妙，即使是孔子的高足颜渊也只能达到“庶几”的境界。所以，欲成圣者应该全面地体认虚无的本体，领悟宇宙的究竟。谢灵运进而将这两方面的见解结合起来，来理解竺道生的顿悟说，认为竺道生“今去释氏之渐悟，而取其能至；去孔氏之殆庶，而取其一极。一极异渐悟，能至非殆庶。故理之所去，虽合各取，然其离孔、释矣”（《与诸道人辨宗论》，见《广弘明集》卷一八）。意思是说，竺道生的顿悟说一方面舍去了印度佛教的渐悟之说，取其“能至”即能悟思想；另一方面又舍去了儒家的“殆庶”之说，取其“一极”思想。经过这样一舍一取，就使他的顿悟说既不同于儒家，也不同于印度佛教。应该说，这一理解掺入了谢灵运自己的见解及其调和儒佛的思想倾向。事实上，竺道生正是把“积学”当做最后“不容阶级”而“顿悟”的先决条件。在竺道生看来，所谓“积学”也就是“闻解”、“信解”，即对佛教知识的信仰、学习和见闻。他说：“见解名悟，闻解名信。信解非真，悟发信谢”；“悟不自生，必藉信渐”（慧达《肇论疏》）。这一方面强调了悟解离不开信解，顿悟离不开渐修渐悟，因为信解渐修是达到顿悟的桥梁，没有这座桥梁，永远也达不到顿悟的境界。但另一方面他又指出，信解渐修不是目的而只是手段，它只是通向顿悟这一目标的桥梁而不是目标本身。所以他强调，修行者不能忘记学习佛理、修行佛道的最终目的，这便是为了获得彻底的觉悟。

（四）禅宗对“觉悟”的独特理解

在佛教各宗各派中，觉悟问题，不管是渐悟还是顿悟，在中国禅宗那里都受到了空前的重视。禅宗内部虽有不同的派别之分，但所有的派别都无一例外地强调“觉悟”二字。觉悟是禅宗始终一贯的修行目标，也是其始终一贯的认识方法、修行方法、解脱方法。就是说，在禅宗那里，觉悟既是目的，也是方法，具有方法论意义。

早在禅宗初祖菩提达摩的“安心”法门中，“悟”便作为一条原则而确定了下来。达摩禅法以“藉教悟宗”为宗旨，其“壁观”

安心法以“与道冥符”为目标。其“四行”安心法提倡“冥顺于法”，这里的“悟宗”、“冥符”、“冥顺”都体现了“悟”的直觉性。达摩开创这一“藉教悟宗”法门后，历代禅师递相传承，其间只有具体手段与方式的改变，而无根本宗旨的分别。禅宗发展到东山法门之后，便分为南北两宗。造成这种分别的根本原因在于，神秀北宗禅与慧能南宗禅对“悟”的看法不同，在“悟”是否要以“修”为基础这一问题上存在着重大分歧。北宗主张以“修”达“悟”，提倡“渐悟”；南宗认为“悟”不由“修”，提倡“顿悟”。

神秀以《楞伽经》为依据，践行“息想”、“摄心”之禅修，认为通过摒弃一切凡情俗念，泯除一切差别和世间万缘，便可达到“一切皆如”即与真如同体之境界。这里的“息想”、“摄心”为“修”，“一切皆如”为“悟”。在“修”与“悟”之间，相对来说，神秀更重视“修”。根据后来神会的概括，神秀的禅修从主体心境上看要经过“凝心”、“住心”、“起心”、“摄心”四个修行阶段，从修行每个阶段来看要经历“入定”、“看净”、“外照”、“内净”四个步骤。神秀认为通过这些修行步骤，便能“绝三毒心，永使消亡；闭六贼门，不令侵扰”（《绝观论》）。“三毒”、“六贼”皆灭，则可染杂皆除，顿现清净之心。这显然是一种由“修”而达到“悟”的“渐悟”功夫。以量变质变的关系来看，神秀主张通过渐修之量变而最终实现顿悟之质变。他认为渐修是关键，而顿悟则是顺理成章、水到渠成之事。

与北宗神秀强调渐修、由修达悟不同，南宗慧能力倡顿悟，他把顿悟视为悟道成佛的根本方法，并说自己便是由顿悟而得禅门法传的，所谓“我于忍和尚处，一闻言下便悟，顿见真如本性，是以将此教法流行，令学道者顿悟菩提”（《坛经》）。由于本身有这一经历与体验，再加上他一字不识，不可能走钻研经文、由解而悟这条道路，故慧能得到禅门法传后，便大倡“直指人心”、“见性成佛”的顿悟之旨，使得顿悟法门成了后期禅宗的根本法门。不仅如此，禅宗的顿悟法门对“觉悟”问题的理解相当特别，在后期禅宗那里，这种独特性中还包含着某些反常规乃至反理性的成分。这里，简单介绍一下禅宗关于“觉悟”的理解：

1. 觉悟佛理不藉经论、不关文字

这一禅风是从六祖慧能时确立的。相传，慧能一字不识，然而悟性极高。当初他到黄梅山投奔五祖弘忍时，弘忍为了试探他的根性深浅，故意问：“你来这里干什么？”慧能说是来修学成佛的。弘忍又故意轻蔑地说：“你这个岭南（今广东一带）人居然也想修学成佛？”慧能当即反驳道：“人虽分南北，难道佛性也分南北吗？”这真是一语说中了禅门宗旨。后来在高僧林立、人们激烈地竞争禅门衣钵时，他果然以其高超的悟性得到了五祖的衣钵与密法传授。慧能对“悟”的作用深有体会，故在执掌南宗禅以后，他特别强调一个“悟”字。并且，他还因此而否定了经论典籍及语言文字在修行中的作用，认为：“一切经文及诸文字，大小二乘，十二部经，皆因人置……一切经书，因人说有。三世诸佛，十二部经，亦在人性中本自有之。”（《坛经》）在经论文字与人心人性之间，慧能选择后者作为众生解脱成佛的依据。依据人心人性如何能解脱成佛？关键就在于人心人性能否觉悟，只要觉悟到自心自性与佛心佛性无有差别、平等齐一，也就达到解脱境界。慧能本人既这样理解解脱之道，故在教授弟子时，也自然只强调觉悟而不令其读经阅论。他说：“心迷《法华》转，心悟转《法华》；诵经久不明，与义作雠家。”（《坛经》）受慧能的影响，后世禅宗大多崇尚觉悟，而否定经论。希运认为：“古人心利，才闻一言，便乃绝学，所以唤作绝学无为闲道人。今时人只欲多知多解，广求文义，唤作修行。不知多知多解，反成壅塞。”（《宛陵录》）

2. “觉悟”是自觉自悟，不假外求

据《坛经》记载，慧能得到衣法传授后，辞祖南行，惠明等百人追赶其后，欲夺法衣。慧能掷下衣钵，惠明却提掇不动，便说："行者行者，我为法来，不为衣来……望行者为我说法。"慧能说："汝既为法而来，可屏息诸缘，勿生一念，吾为汝说。"但他并没有说法，过了很久才问道："不思善，不思恶，正与么时，哪个是明上座本来面目？"惠明闻言大悟。这里慧能之所以未正面说破一句法，是因为禅门最高的佛法大意是"即心即佛"之理，每个人善恶不思时的本真之心便是佛心，这个道理凭借语言是说不透的，必须自己去体悟自己的"本来面目"，亦即善恶不思之"心"。所以当慧能让惠明体会自己的"本来面目"时，实际上已通过令其自悟的方式而授予了"即心即佛"之理。恰巧惠明悟性很高，深得慧能心迹，所以才得"言下大悟"。但惠明此悟尚未达到极致，故又问："上来密语密意外，还更有密意否？"慧能说："与汝说者，即非密也。汝若返照，密在汝边。"说出的"密意"已非"密意"，它同庄子所说的言外之音一样，是不能言之于口的，只能自己去体悟。所以慧能对此问仍未正面回答，而是让惠明再去反观自心。惠明这下彻底大悟了，说："惠明虽在黄梅，实未省自己面目。今蒙指示，如人饮水，冷暖自知，今行者即惠明师也。"惠明通过"省自己面目"，得出"如人饮水，冷暖自知"的感受，说明他真正达到了悟法境界，也真正得到了慧能的心传。在这里，师徒之间没有任何正面说法，但师心却传予了徒心，这里所依靠的便是主体自身的觉悟。所以慧能强调："若自悟者，不假外求；若一向执谓须他善知识望得解脱者，无有是处。何以故？自心内有知识自悟，若起邪迷，妄念颠倒，外善知识虽有教授，救不可得。"（《坛经》）

觉悟靠自己。那么，依靠自己觉悟以后又会怎么样呢？佛教认为，那就成佛了！

第十二章

现世解脱 现世成佛

> 江月照，松风吹，永夜清宵何所为。佛性戒珠心地印，雾露云霞体上衣。
>
> ——《永嘉证道歌》

佛教修行的全部目的在于解脱人生之苦，在于悟道成佛，甚至整个佛教的终极目标也就在此。然而，解脱究竟意味着什么？佛又在哪里？这并不是每个对佛教有兴趣的人都真正了解的。很多人在这一问题上都存有误解，以为解脱人生之苦就意味着舍弃人生，或是斩断各种社会关系，削发出家，躲到深山老林，不入凡尘一步。其实，这样看问题是大错特错的，如果心不解脱，即使形体出家了，心照样是痛苦的。

在人生的旅途上，任何人都有过或多或少的烦恼与痛苦，都有过或大或小的挫折与打击。面对烦恼、痛苦、挫折与打击，有人咬着牙挺了过来，继续往前赶路，这种人是坚强的；也有人从此就深陷在烦恼痛苦之中而不能自拔，或是被挫折与打击彻底击垮了，从此站不起来，这种人是软弱的；又有人因此而看破红尘，遁入空门，逃到深山古刹里，让青灯木佛陪伴自己度过余生，这种人是消极的；还有人则干脆抛弃妻儿老小，一死了之，这种人是自私的。这大概是对待烦恼、痛苦、挫折与打击的几种常见态度，也是几种常见的人生境界。固然，选择其中的任何一种，都是每个人的自由和权利，别人不能从根本上加以干涉和阻止。但是，经过改革后的中国佛教告诉我们，除了这些选择外，还有一种选择，它能将上述种种选择的长处集中起来，而又能避免上述几种选择的短处。这就是：生于斯世、超于斯世。

一、解脱就是生于斯世、超于斯世

人生之苦的解脱源于对人生真谛的领悟，领悟的对象既是有关“人生”的真谛，那么领悟的过程就不能脱离人生实践。并且，这里所说的“人生”就是平常人生，而不是指某种特殊的如宗教式的人生。所以在中国佛教看来，解脱的获得不能通过舍弃现实生活，躲到深山老林来达到，而只能通过自己对现实人生进行亲身的感受体味，从而将人生的道理、人生的究竟慢慢体悟出来。因为人不得解脱的原因就在于不能洞见人生之究竟而常为生老病死及情感欲望所缠绕，不能解开生死之结、病老之结、情感之结及各种纷争之结。这些结一天不解开，就一天不得解脱；即使遁入空门，这些结依然存在于心中，人生便依然不得解脱。而所有这些结都是在现实人生中产生的，俗话说，“解铃还需系铃人”，其实这只说对了一半；解铃不仅要依靠系铃人，还须系铃人在系铃之处解铃。同样，人生之结源于人生，解开人生之结也须在人生实践中进行。道理很简单，对人生的领悟、对生活的体味、对各种人生情结的释解当然必须在现实生活中进行，必须在日常的活动和普通的行为中进行。

当然，这种解脱观在印度佛教那里是不具备的，它是具有入世精神的中国佛教的产物，它在禅宗那里受到了特别的重视。在禅宗看来，悟道成佛、解脱自由是不需要任何特殊环境、特殊条件、特殊方法的，人人都可以随处得解脱，随时得自由；即使是出家人，也不需要通过种种外在的修行去刻意寻求解脱。譬如，禅宗就反对坐禅，认为“生来坐不卧，死去卧不坐；一具臭骨头，何为立功课？”(《坛经》)在他们看来，僧人也好，俗人也罢，最好的解脱方式就是顺应自然地生活着。什么叫做“顺应自然地生活着”？《景德传灯录》里有一段对话给我们作了最通俗的揭示：

问：“和尚修道，还用功否？”师曰：“用功”。曰：“如何用功？”师曰：“饥来吃饭，困来即眠。”曰：“一切人总如是，同师用功否？”师曰：“不同。”曰：“何故不同？”师曰：“他吃饭时不肯吃饭，百般须索；睡时不肯睡，千般计较。”

饿了就吃饭，则可免于饥饿之苦；困了就睡觉，则可免于困倦之苦。这就从饥饿困倦之苦中解脱出来了，解脱就是这么平常、这么自然，平常自然得让人不屑一顾。但仔细想一想，自古以来，一切人生实践中的所作所为不都是为了解脱人生之苦吗？大而言之，人类的一切作为都是为了人类之苦的解脱。韩非在其名篇《五蠹》中说过的一段话颇能反映这一点：

上古之世，人民少而禽兽众，人民不胜禽兽虫蛇。有圣人作，构木为巢，以避群害，而民悦之，使王天下，号之曰有巢氏。民食果蓏蜯蛤，腥臊恶臭而伤其腹胃，民多疾病。有圣人作，钻燧取火，以化腥臊，而民悦之，使王天下，号之曰燧人氏。中古之世，天下大水，而鲧禹决渎。近古之世，桀纣暴乱，而汤武征伐。(《韩非子》)

无房而构木为巢、无火而钻燧取火、有洪灾而决渎洪水、有暴君而征伐暴虐，这些行为是多么现实、多么自然，然而却又那么真真切切地给人们带来了免于禽兽之害、腥臊之苦、洪水之灾及暴君之虐的解脱。这就是生于斯世，而于斯世得解脱，不需逃避，也无需出世。小而言之，我们每个人的劳动、工作及日常生活也都是为了使自己免于各种人生之苦，如衣食不足之苦、精神空虚之苦等等，也就是要使自己从这些人生之苦中解脱出来。饥而求食，渴而求饮，寒而求衣，热而求凉，无居而求房屋楼舍，无行而求车船乘具，这是很自然的需求。需求满足了，衣食住行之苦也就解脱了。而衣食住行问题的解决需要人的劳动，于是我们去耕田种地，去养蚕织布，去建筑房屋，去制造车船。这是很自然的选择。就是说，当我们身受来自衣食住行的各种痛苦时，我们知道不需出家，不需出世，而是在此地此世，就可解决，就能解脱。这就是生于斯世则于斯世求解脱，而不需到出世间去求解脱；生于现世则于现世求解脱，而不需等到来世才能解脱。解脱就是这么自自然然、平平常常。如果有人认为解脱不是这么自然、这么平常，而是很玄远的不与现实生活沾边的，那他就永远不可能得到解脱。假如有人像禅师们所说的那样，"吃饭时不肯吃饭，百种须索；睡时不肯睡，千般计较"，那么这种人就永远不能从饥困之苦中解脱出来。所以在真正领悟解脱真谛的禅师们看来，追求解脱不仅不需脱离现实世间、现实生活，相反还必须寓于现实生活之中。慧能说："见性之人，立亦得，不立亦得，去来自由，无滞无碍，应用随作，应语随答，普现化身，不离自性，即得自在神通，游戏三昧。"(《坛经》)禅宗认为，解脱之道不仅与生活之道不相违背，而且与世俗人伦之道也不相违背，所谓"心平何劳持戒，行直何用参禅；恩则孝养父母，义则上下相怜，让则尊卑和睦，忍则众恶无喧"(《坛经》)。

那么，这是不是说所有生于现世的人、所有不脱离现实生活的人都能获得人生的解脱呢？也不是。假如是这样的话，任何有关解脱的话题就都不会出现了，佛教人生哲学也将从根本上失去其存在的价值。事实上，将解脱置于现实生活之外，这种理解是偏颇的；但将解脱理解为仅仅按自然状态生活，那也是片面的。那样的话，则所有自自然然生活的人也就自自然然地都达到解脱境界了。其实不然，许多饥来则食、渴来则饮的人并未达到解脱。其原因就在于，对大多数人来说，不仅仅是饥来求食、渴来求饮，而且是饮食之时求美味，此一美味厌腻之后，又求彼一美味，如此求之不已，没有满足之时，心灵便一直处于奔驰状态，如何能达到人生的解脱呢？何况，饮食之欲还只是人类最基本的欲求，人类还有许许多多其他的欲求，如美色欲、名利欲、权力欲、财物欲等等。有这么多的欲望存滞于心，还想得到人生的解脱吗？并且还不仅仅如此，欲望会引起纠葛、纷争与冲突，这些都时时困扰着人们，要解脱谈何容易！所以说，脱离现实生活不可能解脱，但仅仅陷于现实生活之中也不能解脱。真正的解脱者是这样生活的：他既不脱离现实生活，而又超越了现实生活，他生于斯世而又超于斯世。

怎么叫做既不脱离现实生活而又超越现实生活、怎么叫做生于斯世而又超于斯世呢？如果用佛教的话说，那就是用出世的精神过入世的生活；用我们的话说，就是用超越的心灵来面对现实生活。

这里首先是要超越自我，即超越自己的种种邪心妄念，诸如禅宗所说的邪迷心、不善心、嫉妒心、谄曲心、诳妄心、轻人心、慢他心、邪见心等，也就是要超越自己的不良心绪和心态，时时保持心灵的清净与宁静。我们知道，种种的痛苦与烦恼都是在心绪不宁或心有阴影时产生的；一旦心境平静下来，开朗起来，就会感到海阔天高、风清月明，就会发现以前所谓的烦恼和痛苦其实不过如此。诚如一位诗人所言："一切都是瞬息，一切都将会过去；而那过去了的，就会成为永久的怀念。"心念一放下，一切都会随之而放下；而一切放下之后，就会有一种一身轻松的感觉。这就是解脱感。当然,如果没有相应的精神境界作底蕴,这种解脱感只能是暂时的,而不可能保持长久,不是根本的解脱。所以,超越自我的内容并不仅仅是限于超越自己的不良心绪与心态,还要不断超越自己的较低层次的思想、情感与境界,不断向着较高层次迈进。这样就不会为种种眼前的欲望和苦恼所困扰,就能在淡泊的心境中不断迈向新的人生目标。

然而,仅仅是这样超越自我,还不足以获得解脱。因为人是环境的产物,是群居的高级动物,每个人时时刻刻都要受到环境与群体的影响。即使是心境再宁静再淡泊的人,有时也不免为环境、为世事所困扰。所以,要获得解脱,仅仅超越自我是不够的,还要超越环境。这里所说的"环境"并非指我们赖以生存的空间环境、自然环境,而主要是指人文环境,严格地说,是指我们周围的环境以及自身的价值尺度。这把尺度像一把无形的绳索,在我们每个人的周围织下了一张网,将我们紧紧地束缚在其中,并使我们时时要分辨出东西南北,分辨出谁是谁非,分辨出谁善谁恶。分辨到最后,连自己身在何处都分不清楚了。并且在佛教看来,有分辨、有分别就会有执著,有执著就会有烦恼与痛苦。我们要获得人生的解脱,就必须超越世俗的价值标准,超越环境中的种种分别。生活于现实世界之中,却又不为现实世界的种种分别与纷争所困扰,这就是生于斯世而又超于斯世,也就是佛教所理解的解脱。

超越环境与斯世的哪些分别与纷争呢?根据佛禅的理解,应超越以下内容:

一是要超越万物之分与物我之别。两千多年以前的庄周站在宇宙大道的高度,以"天地与我并生,而万物与我为一"的博大胸襟向人们唱出了一曲"齐物"之论。在《齐物论》中,他以一则有名的寓言"庄周梦蝶"向人们昭示了他的齐物之旨,他说:

昔者庄周梦为胡蝶，栩栩然胡蝶也。自喻适志与，不知周也。俄然觉，则蘧蘧然周也。不知周之梦为胡蝶与？胡蝶之梦为周与？周与胡蝶则必有分矣，此之谓物化。

在梦中，庄周变成了一只胡蝶，那胡蝶栩栩如生，十分可爱，他好不得意，连自己是庄周都不知道了。可一会儿醒来后，他发现自己仍然是庄周。他感到很奇怪：到底是庄周在梦中变成了一只胡蝶呢，还是胡蝶在梦中变成了庄周？这是《齐物论》最后提出的问题。这一问题说明了什么呢？它说明在庄子看来，现实中的种种物象表面看来虽有差别，如“周与胡蝶则必有分矣”；但实际上从“道”的立场来看，它们又是相通为一、没有分别的，因为它们都统一于“道”这一根基之上，都是“道”的“物化”现象。因此，就庄周与梦蝶来说，到底是庄周梦为胡蝶，还是胡蝶梦为庄周，这并不重要。因为从宇宙统一之“道”来看，根本就无所谓庄周与胡蝶之分。不仅无庄周与胡蝶之分，一切事物之间的分别也都是相对的。这是生于中土的庄子所宣扬的超越意识。无独有偶，源于印度的佛教也倡导这种超越意识。佛教最反对的心理状态就是分别与执著之心。在它看来，世间万法皆为一心所现，以“心”观之，物与物之间以及物与我之间原本就是无分别的；所谓物物之分与物我之别，纯粹是世俗众生没有认识这一根本道理而妄加分别的结果。据《坛经》所载，禅宗慧能临终前曾向弟子们列举了世俗之见对万法所作的三十六种分别，名为“三十六对法”，诸如有无、色空、动静、凡圣、僧俗、老少、大小、长短、愚智、曲直、虚实等等，要弟子们“出入即离两边”，即超越这些分别。慧能指出，这种超越一切二元分别的法门便是“不二法门”。这一“不二法门”为后来历代禅师所弘扬，后期禅宗主张“离一切限量分别”，“但于凡圣二境及一切有无诸法都无取舍心”（《古尊宿语录》卷一）。无分别、无取舍，就会无执著、无逐求，这是解脱的关键。如果具有这种超越意识，就能使人们在物物相融及物我相融的融合状态中获得一种高层次高境界的解脱。不仅如此，禅宗还认为，对一切分别与执著的超越程度决定了人们获得解脱的程度，著名的“黄龙三关”就是揭示这两者之间关系的。所谓“三关”，就是指人们超越分别对立、认识一切为心所现的三个阶段以及与此相应的三种解脱境界：一为“初关”，要求破除种种分别的“邪见”，树立一切皆空的“正见”；二为“重关”，进一步明白宇宙万法只是一心所现，具有这种认识便可达到相对解脱的境界；三为“出关”，此时已超越了种种分别对待，认识到境智一体，心物无别，从而达到纵横自如的绝对解脱境界。

二是要超越是非之分与荣辱之别。在禅宗看来，万法皆为一心所幻化，一切是非、善恶皆可泯于一心，所以主张“不念有无，不念善恶”，主张“无是非，无取舍”。它认为，只有摆脱了既定标准及种种现成观念如是非善恶观念的束缚，才能识本心、得解脱，这就是慧能所说的“若识本心，即本解脱……来去自由，通用无滞，即是般若三昧，自在解脱”（《坛经》）。当然，这一价值观念，我们很难认同。禅宗毕竟是一种宗教文化，而我们生活的氛围是一种世俗文化，这两种文化的价值取向有时相一致，有时又有别。作为生活于世俗社会中的人，我们不可能不顾及世俗的价值取向，也不能舍弃现实生活中的是非准则。不管怎么说，做人的基本准则不能动摇，是非善恶的大方向不能模糊。否则，我们所拥有的就是一个糊涂的人生而非解脱的人生了。但这又不是说，佛禅在是非问题上的超越意识就毫无实际价值了。价值还是有的，这就是它启迪我们要不为世俗的是非毁誉而动其心、惑其志、乱其情，要做到“举世而誉之而不加劝，举世而非之而不加沮，定乎内外之分，辨乎荣辱之境”（《庄子·逍遥游》）。这样就不会被外界的是非毁誉扰乱自己的宁静之心，就能使自己站在高于世俗世界的精神层面上俯瞰世俗世界；对其中的是是非非、善善恶恶，能辨别清楚，不为其所困惑，就能置身斯世而又超越斯世。

三是要超越生死之分与苦乐之别。佛教作为一种宗教，它最初的宗旨就是要解决生老病死这些人生最常见、最基本的烦恼。人无不向往具有天地宇宙般的生命永恒性，但个体生命的短暂与宇宙生命的永恒的鲜明对比又现实地摆在人们面前，令人烦恼、令人痛苦。所以，即使是佛教，也把超越生死作为宗教修行的目标之一。所不同者，佛教没有像道教那样希望通过特殊的手段或是食用特殊的物质而企求肉体的长生，而是将注意力投向了认识层面，认为超越生死轮回，这原本就是获得解脱的标志，所以生不可喜，死不可悲。再进一步说，在佛教看来，人的生死犹如宇宙万物一样均是人心的幻化，故原本就没有什么生死之分。悟出了这一无生无死之理，就不会为生老病死所困扰，从而于所谓的生死关头得解脱。这诚如玄觉所言："几回生，几回死，生死悠悠无定止。自从顿悟了无生，于诸荣辱何忧喜。"（《永嘉证道歌》）的确，对于一般人来说，生死问题乃是一切凡情俗念所留滞的根源，一旦于此得解脱，那么一切荣辱得失、悲喜苦乐又何足道哉！如此看问题，便得到了人生究竟问题上的解脱。也许有人会说，佛教这一无生无死的说法并不能使人消除对生死的苦恼。应该说，对一般人而言，所谓生死苦恼确切地说只是对死的苦恼，因为相对于生，死更令人不安与恐惧，于此得解脱也最难。对此，我想重复说一个很多人都知道的道理：当你活着的时候，你只要好好活着就行了，不必考虑死，更不必为不知何时才会到来的死而烦神、而苦恼、而恐惧，也许它离你还远着呢！而当你已经死去时，你什么也不知道了，更不可能有什么苦恼与恐惧。这样，当你处于生死两极时，都不必为生死问题而苦恼。真正使人苦恼的是处于生死之交的那一刻。此时此刻，你虽真真切切地活着，却又明白不久即会真真切切地死去。这时，你留恋生、恐惧死，那是难免的。但如果你早在这一刻到来之前就培养出一种达观的心境，那么你就会坦然地面对这一刻。即使你没有这种心境，不能坦然面对这一刻，那也没有关系，因为这一刻会很快过去。所以归根到底，你只要在生的时候不去过多地考虑死，那么生死问题就不会困扰你，你就能在生死问题上得解脱。

二、解脱就是活得不累、活得自在

无论是站在佛教的立场还是站在世俗观点的立场来看，人不得解脱的主要原因都是在自身而不在外在环境或条件。外在的种种社会关系、社会规范固然会对人起一种束缚作用，但关键还是看你如何去对待它们。现在时常听到人们说："我活得很累。"终日为了各种利益而忙碌，为了各种目的而奔波，深陷于种种纠葛与纷争之中，能不累吗？不仅是累，在庄子看来，这简直是可悲的。他说，人一旦生下来，形成自己的形体后，就一直活到死。可人们是怎么活的呢？是终日"与物相刃相靡"，即终日间追逐物质利益，彼此之间相互斗争残杀；这追逐、斗争、残杀的行为像飞快的车轮一样，无法令其停止，这不是很可悲的吗？庄子还说，人们整天忙东忙西，若是真能忙出个名堂来，那倒也罢了。可大多数人忙了一辈子，也看不到什么成功，他自己却累得疲惫不堪，甚至还不知道自己的归宿在哪里，这不是非常可悲的吗？这种人虽说没有死，可又有什么益处呢？他的形体在不断地变化，由年少而变为年壮、年老直至死亡，他的心也在与形体一同变化，这不是"大哀"吗？人的一生难道就这么愚昧糊涂地度过吗？(《庄子·齐物论》)庄子这段话真是对大多数人的一生的写照。在这个世界上，大多数人的生活都有着某种目的与目标、有着某种执著与追求，有人执著于名利地位，有人执著于金钱财富，有人执著于爱情婚姻。这些人的一生，有的经历过大起大落、大成大败、大悲大喜、大苦大乐；有的则是一辈子平平淡淡，没有经受过人生的狂潮与波澜；还有的介于这两者之间，没有大的波澜与起落，而小的纠葛与纷争则是不断，他虽一辈子没有经历过什么大悲大喜的情感狂潮，却是一生都在小恩小怨的纠葛中度过。不管是哪一种情形，人们都的确活得很累。一个“累”字道出了多少人生的酸甜苦辣！它包含着精神的疲惫、形体的劳苦，包含着义务、责任、负担，包含着工作、追求、理想，人生的一切内容似乎都可以被融进这个“累”字之中。累不仅是劳累季节的青年、中青人的人生感触，即使是刚刚启动人生之帆的少男童女，也都在叫累，他们累于沉甸甸的书包、累于繁重的作业、累于考试的压力、累于家长强加在他们身上的本不爱好的业余“爱好”。而年过花甲、本该清清静静地安度晚年的老年人也不见得就活得轻松，他们也忙，虽然自己的事是不太忙了，但还要忙子女的事；子女的事忙完了，还要忙孙辈的事，他们就这样一直忙到死、累到死。

人生的确很累。正是基于世俗人这种种的“累”，佛教将“解脱”理解为“无累”。《成唯识论述记》卷一说：“纵任无碍，尘累不能拘，解脱也。”无累意味着什么呢？在佛教看来，无累首先意味着少欲。《显扬圣教论》卷三十说：“能脱种种贪得束缚，故名解脱。”“贪”即指贪欲，一点欲望都没有的人是不存在的；但欲望多了，人就会活得很累。佛陀曾谆谆告诫人们：

> 当知多欲之人，多求利故，苦恼亦多。少欲之人，无求无欲，则无此患……少欲之人，则无谄曲以求人意，亦复不为诸根所牵。行少欲者，心则坦然，无所忧畏，触事有余，常无不足。有少欲者，则有涅槃。（《佛说四十二章经解》）

这是说，少欲能使人从多方面获得无累解脱：少欲之人烦恼少，故可免于烦恼之累，于烦恼方面得解脱；少欲之人无须委曲求全，谄媚阿谀，故可免于谄曲之累，于人际关系方面得解脱；少欲之人不会被感官欲望牵着鼻子走，故可免于感官之累，于形体方面得解脱；少欲之人心地坦然，无所忧患与畏惧，故可免于忧患畏惧之累，于精神方面得解脱。总之，少欲之人，常乐不苦，这就是“涅槃”，而涅槃也就是解脱。所以，从佛教看来，要想达到无累之解脱，首先就必须少欲。

其次，要想活得无累，就要了然生命的本质，不为世俗的凡情俗念和功名利禄所困扰。对一个有家室、有事业、有追求的人来说，完全超脱凡情俗念及功名利禄似乎是不可能的，但有一点还是可以做到的，这就是不受这些因素的困扰，有情有念但不困于情念；有事业有功名，但不困于事业功名。对于这些东西，要得之淡然，失之坦然。因为说到底，这些都是身外之物，它们总有一天会离开你，只是迟早而已。如果把这些看得过重，看得比生命还重，那就是本末倒置。那样一来，这些原本你想从中得到欢乐的东西，却反而会给你带来痛苦，它们会变成束缚你的绳索、圈住你的牢狱，你会被它们紧紧地捆住圈住而不得解脱。佛教甚至认为，这些东西有时比牢狱还更加使人不自由：

> 佛言：人系于妻子舍宅，甚于牢狱。牢狱有散释之期，妻子无远离之念。情爱于色，岂惮驱驰，虽有虎口之患，心存甘伏，投泥自溺，故曰凡夫。透得此门，出尘罗汉。(《佛说四十二章经解》)

佛陀又说过另外一段话：

> 吾视王侯之位，如过隙之尘；视金玉至宝，如瓦砾；视纨素之服，如敝帛……佛问沙门：“人命在几间?”对曰：“数日间”。佛言：“子未知道。”复问一沙门：“人命在几间?”对曰：“饭食间。”佛言：“子未知道。”复问一沙门：“人命在几间?”对曰：“呼吸间。”佛言：“善哉，子知道矣!”(《佛说四十二章经解》)

这是对生命本质的真正的体认和领悟：生命短促，就在呼吸之间，一口气接不上，就命归黄泉了。到那时，曾经拥有的王侯之位、金玉之宝都将易主，所谓“雕栏玉砌应犹在，只是朱颜改”。

生命如过隙之尘，是转瞬即逝的。我们所应把握的是生命本身而不是生命之外的名位财富。对于身外之物，我们不应看得太重，更不应让它们累及生命本身。能有这样豁达的心胸，也就达到无累解脱境界了。

要想活得不累，第三点要做到的，是不走极端，常行中道。儒家文化讲究“中庸”，佛家文化讲究“中道”，其间虽有区别，但有一点是相同的，就是两者都主张不走极端。这既是一种合理的思维方式，也是一条合理的人生原则。人们感到活得很累，一个重要原因就是喜欢走极端：苦要苦到极点，乐也要乐到极点；悲要悲到极点，喜也要喜到极点；忙要忙到极点，玩也要玩到极点；爱要爱到极点，恨也要恨到极点。殊不知，这每一个极点就是一个苦海，有一大堆烦恼与痛苦聚集在那里，你走到了这一极点，也就陷入了这个苦海之中。苦到极点、悲到极点、忙到极点、恨到极点固然令人很苦恼、很痛苦、很劳累；而乐到极点、喜到极点、玩到极点、爱到极点又何尝不是如此！许多人累就累在喜欢走极端，不知适可而止，用佛教的话说，就是不能行中道，而不能行中道就不能得解脱。相传，释迦牟尼当年曾对他的第一批弟子憍陈如等人说出了下面一番道理：

> 汝等莫以小道轻量我道成与不成。何以故？形在苦者，心则恼乱；身在乐者，情则乐著。是以苦乐，两非道因。譬如钻火，浇之以水，则必无有破暗之照；钻智慧火，亦复如是。有苦乐水，慧光不生，以不生故，不能灭于生死黑障。今者若能舍弃苦乐，行于中道，心则寂定，堪能修彼八正圣道，离于生老病死之患。我已随顺中道之行，得成阿耨多罗三藐三菩提。（《过去现在因果经》）

佛陀在这里是以他的亲身经历与体验告诉人们一个道理：要“灭于生死黑障”，达到人生的解脱，就不能为苦乐两种极端的情感所困扰、所牵累。深陷于苦，固然有许多恼乱；执著于乐，同样亦有许多恼乱。人们在极苦之时不可能产生智慧与觉悟，在极乐之时同样也不可能有智慧与觉悟。只有不苦不乐的中间状态，才能使人保持心灵的平静与头脑的清醒；而人只有在心灵平静、头脑清醒的时候才可能产生智慧与觉悟，才能进而摆脱诸累，达到解脱。不惟苦乐，广而言之，整个人生亦是如此，任何极端的行为与情感都会扰乱身心、劳累身心、伤害身心，都会妨碍解脱的实现。那么，怎样的状态才是离开两极的中道？才是恰到好处？这一点，谁也无法说清楚，全凭各人的感觉与体验，就如一位禅师所说的那样："如人饮水，冷暖自知。"大概你何时拥有一个清醒的头脑和一颗宁静的心灵，你就何时达到了不苦不乐或不悲不喜或不恨不爱的中道了吧。而人们一般也都知道，头脑清醒、内心宁静的时候也就是无烦恼、无痛苦的时候。由此可知，离开极端、常行中道的确有助于解脱；甚至可以说，这本身就是一种解脱。

关于无累解脱的问题，中国禅宗作了更集中、更深刻的说明，我曾在拙著《道家与禅宗》中作过介绍，这里不再重述。

三、千佛万佛不是佛

在佛教那里，解脱与成佛均是修行的终极目标，两者其实是一回事，只是解脱是就最终的境界而言的，成佛是就最终的人格而言的。一个修行者，若是修至了解脱的境界，修成了佛陀的人格，他的修行就是真正地成功了。关于解脱的意蕴，我已在上面作了介绍，即解脱就是生于斯世、超于斯世，解脱就是活得不累、活得适中。那么，成佛又意味着什么呢？或者说，佛究竟是什么呢？按照最浅层的理解，佛就是在寺庙的大雄宝殿里端坐的那尊佛像，中国的很多老百姓就是这么理解的。他们中的不少人信仰佛，但对于佛究竟是什么，甚至对有释迦牟尼这回事，他们却不了解。他们只知到庙里去烧香拜佛，以为大雄宝殿里端坐的那尊佛像能使他们逢凶化吉，能为他们造福消灾。但我们知道，寺庙里的佛像不是真佛。稍有一些知识而又对佛教感兴趣的人所理解的佛就不一样了。他们知道有许多的佛，如释迦牟尼佛、弥勒佛、阿弥陀佛、无量寿佛、无量光佛、欢喜光佛、智慧光佛、燃灯佛、药师佛、迦叶佛、大日如来佛、卢舍那佛、毗卢遮那佛乃至三世佛、三身佛等等。这每一尊佛，佛经中都有活灵活现的描绘，不由得人们不相信他是真佛。但事实上，这许多佛中，有的是实有其人，他是佛而又不是人们从佛经上所看到的那种佛；而有的则纯系虚构，他只是某宗某派所崇奉的一个偶像而已。不过，我们现在是在讨论成佛的问题，所以对这些最为人们所熟悉的佛，还是要弄清一二，看看这是不是我们所要修成、所能修成的佛；如果不是，那么关于成佛的问题，我们就要另当别论了。

（一）过去七佛

佛经上说，佛如恒河沙数，多得不可计量。其中有所谓“过去七佛”，说是在释迦牟尼之前，有六尊佛：毗婆尸佛、尸弃佛、毗舍婆佛、拘楼孙佛、拘那含佛、迦叶佛；加上释迦牟尼佛，即为“过去七佛”。根据《长阿含经》卷一的记载，毗婆尸佛是过去七佛中的第一佛，他是在“过去九十一劫”时出世的，曾举行过三次说法集会，每次都有数万弟子参加。尸弃佛是第二佛，他是在“过去三十一劫”时出世的，亦举行过三次说法集会。毗舍婆佛是第三佛，亦于“过去三十一劫”时出世，举行过两次说法集会。拘楼孙佛是第四佛，于“此贤劫”（现在之劫）时出世，举行过一次说法集会。拘那含佛是第五佛，于“此贤劫”时出世，举行过一次说法集会。迦叶佛为第六佛，于“此贤劫”时出世，举行过一次说法集会，相传他是释迦牟尼前二世之师，曾预言释迦牟尼将来必定成佛。现在见到的他的塑像往往是骑一狮子。

（二）三世佛

佛教所谓“三世”的意思是，事物灭了为过去世，生了为现在世，来生为未来世。《宝积经》说："云何过去世？若法生已灭，是名过去世。云何未来世？若法生未起，是名未来世。云何现在世？若法生已未灭，是名现在世。"佛教认为，三世均有佛，称为"三世佛"。有两种三世佛，一是"竖三世佛"，二是"横三世佛"。前者是指过去、现在、未来三世之佛。"过去佛"即指"过去七佛"中的前六佛及其他诸佛，寺庙塑像中一般特指燃灯佛。据说燃灯佛出世时，身边一切光明如灯，释迦牟尼前世曾买五茎莲花供奉于他，故被他预言在九十一劫后的"此贤劫"时定当成佛。"现在佛"即指释迦牟尼佛。"未来佛"则指弥勒佛，传说弥勒原出生于婆罗门家庭，后为佛弟子，但他先佛而灭，上生于兜率天内院，经四千岁(据称相当于人间五十六亿七千万岁)当下到人间，于华林园龙华树下成佛，广传佛法。

"横三世佛"是指三个佛世界的佛，即东方净琉璃世界的药师佛、娑婆世界的释迦牟尼佛、西方极乐世界的阿弥陀佛。"药师佛"亦称"大医王佛"、"医王善逝"，《药师经》中说他曾经发过十二大愿，要满足众生一切欲望，拔除众生一切痛苦。"阿弥陀佛"是净土宗的主要信仰对象，据称他是"西方极乐世界"的教主，能接引念佛人往生"西方净土"，故又称"接引佛"。他有十三个名号，即：无量寿佛、无量光佛、无边光佛、无碍光佛、无对光佛、焰王光佛、清净光佛、欢喜光佛、智慧光佛、不断光佛、难思光佛、无称光佛、超日月光佛。

(三)三身佛

"三身"是对"佛身"的分类，"佛身"是释迦牟尼之身。我们知道，释迦牟尼原本是一个人，他同普通人一样有生有死，相传他活到八十岁左右就死了。但他逝世后，佛教徒却开始神化他。先是小乘佛教宣称佛的肉身不同于常人之身，有三十二相、八十种好，同时有了将他分身的倾向。《增一阿含经》说："我释迦佛寿命极长。所以然者，肉身虽取灭度，法身存在故。"

这样，释迦牟尼一身即佛身就有了肉身与法身之分。接下来，大乘佛教继续神化佛身，它所理解的佛身已不再是指释迦牟尼的生身肉身，而是指佛法的体现者和聚积物。人们对佛身的理解，遂渐渐有了分化，一般是将其一分为三，即认为佛有三身。至于“三身”之所指，不同经典则有不同的记述。《成唯识论》等所谓“三身”指的是自性身、受用身、变化身。“自性身”指的是法性、法界，亦即法身。“受用身”有两种，一是“自受用”，指佛累劫积德所得的永恒不灭、能使自己受用“广大法乐”之色身；二是“他受用”，指佛为住十地诸菩萨现大神通、令其受用“大乘法乐”之“功德身”。“变化身”指为度脱世间众生而即时变现之身。较流行的“三身”说是《大乘义章》、《法华经》等所说的法身、报身、应身，亦称“法身佛”、“报身佛”、“应身佛”。“法身佛”是法性的人格化。《大乘义章》卷十九说：“法者所谓无始法性”；“后息妄想，彼法显了，便为佛体。显法成身，名为法身”。这里所说的“法性”或“法”就是指人先天具有的“如来藏”、“真心”、“本觉”等，以此为成就佛身之因，故名“法身佛”。“报身佛”是指以法性或法身为依据，通过精进修习而获得的佛果之身，也就是成就佛德智慧之身。“应身佛”是指佛为度脱世间众生、适应三界六道的不同情况和需要而变现出来的身体，是方便随缘的示现之身。一般认为，释迦牟尼的生身就是应身佛，此身有始有终，是为挽救众生而入世从事教化的。

经过种种神化而形成的上述诸佛中，有我们所要修成、所能修成的佛吗？回答是否定的。因为在众多的佛中，除了释迦牟尼佛以外，其他都是子虚乌有的。至于释迦牟尼佛，虽实有其人，但他作为佛，到底意味着什么呢？翻开历史，我们会发现，他是佛，也是人。他同常人一样，有血有肉、有情感有理智。他在追求至高的人生境界的过程中，也曾走过不少弯路，吃过不少苦头。在修成佛道之后，他的身体仍是血肉之躯，并且他同常人一样，会生病、会受伤、会老死。据《佛说兴起行》所载，当年背叛佛陀的提婆达多从灵山高岩上掷下石头，想砸死佛陀，结果砸伤了他的脚趾。在临终前，佛陀也曾患过病，据说他患的是痢疾。最后，他知道自己快不行了，就让弟子们扶持着，慢慢走到拘尸那城郊的一片树林中，在两棵莎罗树下侧身而卧，精神进入涅槃，肉体也随即死亡了。可以说，佛陀的一生是路途漫漫、上下求索的一生，其中的每一步都是他用智慧、用毅力、用恒心走出来的。他是人，不是神。虽称他为“佛”，但他还是人。只是他有超过常人之处，这就是他用常人难以想象的恒心、毅力和大慈大悲的心肠修成了高超的智慧和无上的觉悟。这高超的智慧和无上的觉悟就是他超过常人的地方。就是说，他是人，但又不是一般的人，而是一个智者、觉者。他之所以被称为“佛”，原因就在于、并仅仅在于他是一个智者觉者。因为“佛”的含义就是“智”与“觉”，而不包含别的什么神通或魔术。

然而在历史的长河中，佛被神化又是一股不可阻遏的狂流。这股狂流湮没了多少修行者的理智，遮蔽了多少信仰者的眼睛，使他们忘却了学佛的关键是要学习佛的大智大觉，修佛的关键是要修出佛陀那样的智慧、觉悟、人格境界；使他们终日在念经拜佛中度过、在打坐修禅中度过、在烧香叩头中度过。如此修白了少年头，也难修出佛的智慧与觉悟，更难以成佛了。

当然，在历史上，也有阻潮截流者，这就是中国禅宗。禅宗为了消解人们对佛的种种神化与盲目崇拜，举起了破佛的大旗，力图破除种种有关佛的偶像崇拜，还指出佛作为智者与觉者的真面目。为了达到这一目的，禅师们敢于呵佛骂佛、辱佛杀佛，乃至烧佛毁佛。以下列举《景德传灯录》中记载的数例：

呵佛骂佛者，以德山宣鉴最突出。一个和尚问他：“如何是佛？”宣鉴说：“佛即是西天老比丘。”并宣称：“我这里佛也无，祖也无。达摩是老臊胡，十地菩萨是担尿汉，等妙二觉（即佛）是破戒凡夫，菩提涅槃是系驴橛，十二分教是鬼神簿、拭疮疣纸。初心十地（菩萨）是守古冢鬼，自救得也无。佛是老胡屎橛。”他还骂道："仁者莫求佛。佛是大杀人贼，赚多少人入淫魔坑，莫求。文殊、普贤是田库奴(无智慧者)。可惜一个堂堂丈夫儿，吃他毒药了。"

辱佛杀佛者，以临济义玄最出名。他认为："求佛求法，看经看教，皆是造业。你若求佛，即被佛魔摄你；你若求祖，即被祖魔缚你；你若有求皆苦，不如无事。"他又说了以下辱佛之言："佛是幻化身，祖是老比丘"；"等妙二觉是担枷锁汉，罗汉辟支犹如厕秽，菩提涅槃如系驴橛。"他还提出了"杀佛"的口号："你欲得如法见解，但莫受人惑，向里向外，逢着便杀。逢佛杀佛，逢祖杀祖，逢罗汉杀罗汉，逢父母杀父母，逢亲眷杀亲眷，始得解脱。"

烧佛毁佛者，以丹霞天然最著名。丹霞天然曾是一介儒生，一年，他去长安赶考，路遇一禅僧，问他去哪儿，他说去选官。禅僧说选官不如选佛，天然问选佛应去哪里，禅僧便介绍他到江西马祖道一处。见到道一后，天然以手托头额，意为要求剃度出家。道一看了好久，知道他禅根不浅，便让他去拜见南岳石头希迁。天然在希迁处剃度出家后，希迁要给他传说戒律，他却掩耳又跑到了道一处。他一进禅堂，未行参拜之礼，便一下骑坐在一个僧人的脖子上，众僧一时大惊，急忙告知道一，道一一看是他，便说了一句"我子天然"，天然这才下地礼拜，感谢师父赐他法号。后来，他便做出了一件毁烧佛像之事。一年冬天，他游方来到了慧林寺，因天气太冷，他便取出寺中木佛，焚烧取暖。寺主见后，厉声斥责道："你为什么烧我寺中木佛？"天然以杖拨灰说："我烧取舍利。"寺主说："木佛哪来的舍利？"天然说："既无舍利，那就再拿两尊来烧。"此事一时间传为佳话，反映了天然具有强烈的反权威、反偶像崇拜的精神。其实，释迦牟尼在世时，从未教人崇拜他。为了防止弟子们日后崇拜他，临死前，他特意向他们强调要"依法不依人"，信佛是要信仰他所立之法，而不是崇拜他这个人。丹霞天然正是有见于此，说："岂有佛可成？佛之一字，永不喜闻……若识得释迦即老凡夫是，阿你须自看取，莫要盲引众盲，相将入火坑。"（《景德传灯录》卷十二、十四、十五）

从佛教本身的立场来看，以上种种破佛之举都是符合其空观的。既然一切都是性空假有，那么佛祖也不例外，崇拜佛祖就是崇拜一个性空假有之物。且崇拜之心一起，自信之心便失，如此便不能觉悟、不能解脱、不能成佛。所以，破佛恰恰是成佛的前提，破的是偶像佛，成的是心中佛；破的是前世佛，成的是现世佛。到了这里，我们就要真正接触到解脱成佛的关键话题了，这就是要实实在在地明白一个道理：佛在世间，佛在心中。

四、佛在世间，佛在心中

对于一般人来说，佛的境界是不可思议、不可企及的，它那么神秘、离我们那么遥远，似与一般的俗人无缘。然而，慧能说过的一句话应能改变我们的这种看法。他说："佛法在世间，不离世间觉。"《坛经》这句话应能令千百双向西方极乐世界眺望的眼睛转回来，转到现实世界中，转向脚下这块土地，转向头顶这片蓝天。它提醒人们：请看清楚你脚下的这块土地、头上的这片蓝天吧，这就是你成佛的天地！离开了这块天地而企求成佛，那是万万不可能的！正所谓"离世觅菩提，恰如求兔角"。因为佛法就在现实生活之中，菩提就在山花野草之间，正是"青青翠竹尽是法身，郁郁黄花无非般若"。理想与现实是完全可以统一的，统一的基础就是现实。理想的境界并不是指有一个终极境界在那里等着，我们跑到了那里，就算实现了理想。即使是以世俗的认识来理解，道理也是这样的，理想就体现在现实生活的过程中，离开了现实生活过程本身，任何理想都将变成空中楼阁。成佛的理想也一样，成佛理想的实现就在现实生活之中，只要自心觉悟，则任何现实活动如搬柴运水、着衣吃饭等都可以实现理想。所以，禅宗提倡出家人应像在家一样过着世俗的生活，“饥则吃饭，困则打眠，寒则向火，热则乘凉”（《密庵语录》）。

不少人还有另一种误解：他虽不认为真有一个什么西方极乐世界，而是认为成佛就是在我们这个地球上、就是在我们的周围发生的，但却把这一理想的实现看做是少数出家僧人的事，认为这与一般俗人无缘。其实这种看法也是错误的。所以在这里，我还须将佛教关于出家为僧与修道成佛之间的关系略作介绍。

翻开印度历史，我们会发现，出家制度并不是佛教创立的，在佛陀以前，出家修道在印度已成为风气。只是佛陀当初以王子的身份出家，便为后来的佛教徒树立了榜样，出家风气才在佛教中得以流行。但佛教并不鼓励修行者出家，按照佛教的教义和制度，出家只是佛教徒中极少数人的事。佛教有五乘教法，即人乘、天乘、声闻乘、独觉乘、菩萨乘。人乘教法指的是五戒教法，即戒杀、戒盗、戒淫、戒妄、戒酒。佛教认为这五戒教法能令修行者得生人间，故名“人乘”。天乘教法指的是十善教法，不犯下列十恶者即为十善。十恶就是杀、盗、淫、妄语、两舌（挑拨离间）、恶口（恶语伤人）、绮语（邪巧之语）、贪、嗔、邪见（否认因果的见解）。佛教认为这十善教法能使修行者得生天界，故名“天乘”。声闻乘教法指的是四谛教法，“声”是言教的意思，听闻佛的言教，悟四谛之理而得解脱者叫做“声闻”。独觉乘教法指的是十二因缘教法。在没有佛法的时代，有人独自悟解到缘起之理而得到解脱，但他不能把自己悟到的真理说出来，这种人就叫做“独觉”。菩萨乘教法指的是六度教法，它能令修行者行菩萨道，最后达到佛的果位。按照佛教的制度，在这五乘教法中，只有修声闻乘者才要求出家。因为根据声闻乘的教法，在家修行障碍多，心意难以专一，不能证得现世涅槃；出家生活自由无累，容易集中精力，从事于无我无欲的修养。

此乘修行的果位是阿罗汉，所以按照佛教的规定，要修成阿罗汉果，就必须出家。除声闻乘以外，其余四乘均不要求出家。如最高乘教法菩萨乘即不要求出家，菩萨包括出家和在家两种。佛教史上固然有许多出家菩萨，但也有一位著名的在家菩萨，这就是维摩诘居士。维摩诘曾以体病为由，在家修行。他认为达到人生的解脱，不一定要过严格的出家修行的生活，关键在于主观修养，在于做到“示有资生而恒观无常，实无所贪；示有妻妾婇女，而常远离五欲淤泥”，他说这是真正通达佛道的“菩萨行”。记述他的这些言论及生平故事的《维摩诘经》在历史上一直受到人们的喜爱。

由上面的介绍可以看出，即使是在出世气息比较浓郁的印度佛教看来，修道成佛与脱离世间、出家为僧也没有必然联系，深山古刹并非成就佛道的唯一场所，黄卷青灯也非悟道成佛的必资之物；能否成佛，关键在于能否在内心达到佛的无欲无贪、清净觉明的境界。

佛教传入中国这块注重现实生活的土地之后，出世精神更是日益为入世精神所取代。早在汉代佛教刚入中土时，它就被少数对其略有所知的人拿来当做长生术。三国以后，不少人又将它当做治理世俗社会的工具。如三国时的康僧会便提出了“正心治国”的口号，这从表面看来极似儒家的修齐治平，但实际上这是对大小乘佛教宗旨的概括。小乘佛教讲自度，主张以禅修正自心；大乘佛教讲度人，主张以六度救他人。康僧会将两者结合起来，将儒家的入世治世精神输入其中，并将其运用于世俗社会之中，由此便形成了他的所谓“正心治国”的佛教观，意即小乘佛教主正心，大乘佛教主治国，两者结合起来，便可达到儒家修齐治平之效果。大概也是生活于其时的牟子同样认为，佛法不仅可以用来修身，而且可以用来治国。他将佛的境界理解为无为的境界，这则又是受道家思想影响所致。东晋时的慧远认为，“释迦之于尧孔，发致不殊，断可知矣”，两者

"虽曰道殊,所以一也"。东晋孙绰对佛及佛道理解的世俗化倾向最为明显。什么是佛?他说:"周孔即佛,佛即周孔,盖内外名之耳。故在皇为皇,在王为王。佛者,梵语,晋训觉也。觉之为义,悟物之谓,犹孟轲以圣人为先觉,其旨一也。"(《弘明集·喻道论》卷三)在一般人看来,佛的境界难以企及;但孟子的境界可能企及?如果能企及,那么佛的境界也同样能企及,这里没有什么出世意味。说到这里,还有一个问题必须解决,这就是佛教中毕竟有出家之人,这与现实人伦是不是背道而驰的呢?孙绰的回答是否定的。譬如在一般人看来,出家与行孝是不能两全的。就是说,修道成佛与现实生活有矛盾、有冲突。但在孙绰看来,这两者是完全一致的,并认为出家修行是更高的孝行。他说:"父隆则子贵,子贵则父尊,故孝之贵,贵能立身行道,永光厥亲。"他认为释迦牟尼出家修道,最后成佛,这都是"荣亲"之事,说:"以此荣亲,何孝如之?"至于一般的人,出家传教修法,亦能"令逝没者得福报以生天,不复顾歆于世纪"(《弘明集·喻道论》卷三),事佛也是在尽孝道。这都是在论证出家修行与现实伦常不仅不相冲突,而且还是对现实伦常的更高层次的实现。这种调和出家与在家、出世与入世及成佛与做人之矛盾的思想倾向一直延续了下来,以后历朝历代都有大批僧人和文人在做这种调和工作。到了唐代禅宗那里,这一演进过程又发生了一个根本变化,即由论证出家与在家、出世与在世的统一而转为专门提倡在家修行,专门提倡入世,由消解成佛与做人之矛盾转而论证两者的直接统一,从而使得出世之佛法被完全拉向了世间,遥远的佛国变得近在咫尺了。慧能认为,无论是出家还是在家,这对人心的觉悟与人生的解脱来说都并不重要。他说:"若欲修行,在家也得,不由在寺。在家能行,如东方人心善;在寺不修,如西方人心恶。但心清净,即是自性西方。"(《坛经》)禅宗虽没有反对出家,却反对脱离现实世间和现实生活。在他们看来,身口意业皆是道场,行住坐卧无非佛事,担水砍柴亦为妙道。

然而，一切人也都在作身口意之业，都有行住坐卧之举或担水砍柴之行，这是不是说一切人都是在从事“佛事”、都是在体悟“妙道”呢？是不是意味着佛与凡人没有区别呢？绝非如此。这里有一个区别，仅仅一个区别，并且这个区别仅仅一字之差：是“迷”还是“悟”。同样是行住坐卧，同样是担水砍柴，不悟而迷时，便只是行住坐卧，只是担水砍柴；已悟之时，则是“佛事”，是“妙道”。百丈怀海说：“未悟未解时名贪嗔，悟了唤作佛慧。故云：不异旧时人，只异旧时行履处。”(《古尊宿语录》卷一)

“不异旧时人”，你还是你，我还是我，他还是他。那么，佛又在哪里呢？修来悟去，还是原来的自己，那岂不是永远成不了佛？可佛教说：非也，佛就在心中，就在每一个觉悟者的心中。求佛不仅不能脱离世间，也不能离开自己的心。“佛”不在西方极乐世界里、不在深山密林间、不在庙宇古刹中，而是就在自己的心中，所谓“佛向心中作，莫向身外求”(《坛经》)。慧能说：“不悟即佛是众生，一念悟时，众生是佛。”(《坛经》)他认为，众生与佛、众生心与佛心在一切可能性上原本都是统一的，凡心佛心同是一心，唯一的差别仅在迷悟不同。其后的荷泽神会说：“众生心即是佛心，佛心即是众生心。”(《神会语录》)曹洞希迁对弟子们说：“即心即佛，心佛众生，菩提烦恼，名异体一。汝等当知，自己心灵，体离断常，性非垢净，湛然圆满，凡圣齐同。”(《景德传灯录》卷一四)临济希运说：“诸佛与一切众生，唯是一心，更无别法……唯此一心即是佛，佛与众生更无别异……此心即是佛，佛即是众生。为众生时此心不灭，为诸佛时此心不添。”(《古尊宿语录》卷二)临济义玄说：“你要与佛祖不别，但莫外求。你一念心上清净光，是你屋里法身佛；你一念心上无分别光，是你屋里报身佛；你一念心中无差别光，是你屋里化身佛。”(《临济录》)在诸多禅师的论说中，黄檗禅师的一席话最为透彻，这里不妨抄于诸君。有人问：“今正悟时，佛在何处？”意即我正在觉悟之中，但却不见佛，佛在哪里呢？黄檗禅师说：

> 问从何来，觉从何起！语默动静，一切声色，尽是佛事。何处觅佛？不可更头上安头，嘴上加嘴。但莫生异见，山是山，水是水，僧是僧，俗是俗。山河大地，日月星辰，总不出汝心。三千世界，都来是汝个自己，何处有多般？心外无法，满目青山，虚空世界皎皎地。无丝发许与汝作见解，所以一切声色，是佛之惠目。（《古尊宿语录》卷三）

心即佛，佛即心，人人都有心，便是人人都可成佛。明白了这一道理，你还向外觅佛吗？

以上文字，是佛教对人生之梦的剖析以及对人们如何从人生之梦中走出来所作的引导。观点不可能完全正确，但也并非全无道理。不知看了这些文字以后，您能否从中受到一些启迪？

后记

这部拙著的书稿早在十年前就完成了。1996年，我的第一本专著《道家与禅宗》出版，得到了学术界和其他读者的认可，很多相识与不相识的读者纷纷给予我热情的鼓励。一些年轻的读者朋友们表示很喜欢读这本书，但因缺乏佛学和哲学方面的背景知识，理解起来比较困难，希望我能专门为他们写一本通俗易懂的佛学读物。当时我第一次得到这么多读者的鼓励，很是激动，马上构思新著。经过一年多的努力，一部当时名为《梦的剖析，苦的解脱——佛教论人生》的书稿（后改名为《佛语人生》）终于完成。但未曾预料的是，书稿的出版远较写作艰难得多。第一家出版社联系好之后，因拿不出资助费而被搁浅。第二家出版社谈妥后，又因其他原因而未获批准。出版一再受阻，我的热情也在慢慢冷却，心想还是任其自然、一切随缘吧。其后，我的客观状况在渐渐发生变化，在先后担任系副主任和主任的同时，还增加了许多社会兼职，担子越来越重，世俗琐事一天天地填充着大脑，这本登不上大雅之堂的通俗读物的出版之事也就被渐渐遗忘了。就这样，书稿一放便是十年。

但是，这毕竟是一本迄今为止最能代表我的人生体验、最能反映我的生命感悟、最能体现我的内心世界的作品。虽然，我并没有任何宗教信仰，也不完全赞同佛教的人生信条，但我在写这部书的过程，确实主要不是在用“手”写，而是在用“心”写；我的思维源泉亦主要不是佛教典籍，而是人生感受；与之相应，这部书稿呈现在读者面前的主要不是佛教知识，而是我个人的生命体悟。这种体悟尽管很肤浅，但它毕竟反映了我的心声，展现了我的价值取向。尤其是这些年来，在获得了一些人生历练之后，我越来越感到世事纷扰的无趣和烦琐俗务的乏味，力图尽可能多地摆脱凡尘俗务的纷扰，静下心来，自我修炼。于是，我坚持步行上班，经常漫步于林荫道上，留意于大自然的冬尽春至和夏去秋来，欣赏着天空的白云、街头的翠绿、河里的清泉和水中的游鱼，思索着生活的真意和人生的究竟。日子一天天过去，曾经为凡尘俗务所充斥的心灵渐渐变得空灵起来，遂又想起了这部书稿，并希望能够出版。

值此拙著出版之际，我的内心充满了深深的感激之情。十分感谢安徽大学出版社的大力支持，这部书稿才得以出版。

我已人到中年，人生已过大半，年龄愈大，感恩之情亦愈浓。借此机会，我还想表达对其他的人和物的感激之情：感谢大自然对我的启迪，自然事物常常以无言的方式开导着我，让我明白了许多人生哲理；感谢父母对我的养育，他们不仅给了我生命，而且教会我如何做人；感谢师长对我的培养，他们的教诲令我终身受益；感谢朋友对我的关心，他们的友谊使我倍觉温暖。最后，还要感谢先生多年来对我工作上的支持和人生中的帮助，感谢女儿带给我的无穷快乐和幸福，他们在我奋进的时候给予鼓励，在我落寞的时予以安慰，为我提供了一个避风躲雨的港湾。

岁月悠悠，人生短暂。在后半生的时光里，继续以真诚之心做人，以超脱之态做事，教书育人之余，或是与朋友共品世事人生之味，或是与弟子同领坐而论道之乐，或是与家人共赏山川草木之美，或是独自听听音乐、看看闲书、写写杂文，以淡定从容的心态，过一种优游、悠闲、幽静而又适意的生活，则吾意足矣。

李　霞

2008年9月20日于幽兰书屋

责任编辑/程忠业
封面设计/孟献辉

ISBN 978-7-81110-433-2

9 787811 104332 >

定价 29.50 元